Transmettre, apprendre

DES MÊMES AUTEURS

Pour une philosophie politique de l'éducation. Six questions d'aujourd'hui, Bayard, 2002.

Conditions de l'éducation, Stock, 2008 ; Hachette, coll. « Pluriel », 2010.

Marie-Claude Blais, Marcel Gauchet,
Dominique Ottavi

Transmettre, apprendre

Stock

Les essais

Collection dirigée par
François Azouvi

Couverture Corinne App

ISBN 978-2-234-06501-7

Avant-propos

Transmettre, apprendre : ces deux mots condensent le problème intellectuel de l'école d'aujourd'hui.

Ils indiquent d'abord un ordre de succession : apprendre a supplanté transmettre. La transformation fondamentale que l'école a connue au cours du dernier demi-siècle a consisté dans la substitution d'un système culturel centré sur la transmission à un système culturel centré sur l'acte d'apprendre, où tout est supposé se jouer entre l'individu et le savoir qu'il a le désir ou le besoin d'acquérir.

C'est cette révolution culturelle silencieuse qu'il s'agissait d'abord de comprendre.

Ses attendus pédagogiques sont archiconnus : l'école traditionnelle s'est trompée, elle a voulu transmettre des connaissances détenues par un maître en les inculquant à des élèves passifs. Cette pédagogie de l'imposition ne marche pas. Il faut lui substituer une pédagogie active faisant de l'enfant l'acteur de la construction de ses savoirs.

Mais au-delà de cette vulgate programmatique, le changement qu'elle exprime est autrement profond, comme ce livre s'attache à le montrer, en revenant à ses sources. Il résulte à notre sens de la conjonction d'un modèle intellectuel parmi les plus puissants de notre culture, et d'un fait social de grande ampleur. Le modèle intellectuel vient de loin. Il plonge ses racines dans la théorie de l'évolution, dont l'impact révolutionnaire n'est plus à souligner, mais dont les retombées dans le domaine éducatif ne sont peut-être pas encore appréciées à leur juste portée. Darwin ne s'est pas contenté d'opérer un décentrement « copernicien » de la place de l'espèce humaine au sein des espèces vivantes. Il a introduit une perspective sur l'hominisation comme phénomène biologique et adaptatif qui a changé le regard sur les enjeux de l'éducation. Par ce canal, l'évolutionnisme est à l'origine des renouvellements les plus importants de la pensée pédagogique au XXe siècle, en lien avec la psychologie de l'enfant, comme le symbolise le nom de Jean Piaget. Il a imposé de nouvelles représentations du rôle du savoir dans l'aventure humaine, mais aussi des voies de son acquisition à l'échelle du développement individuel.

Mais ces conceptions n'ont trouvé leur pleine efficacité que grâce à leur rencontre avec la rupture dans le fonctionnement des sociétés que résume la notion d'« individualisme ». Elle a affecté l'école au même titre que l'ensemble des institutions, le point n'est plus à démontrer, mais ses effets précis restent largement à analyser. L'individualisation des sociétés a entraîné la dissolution de ce qui maintenait l'école dans l'orbite des sociétés de tradition et qui soutenait la démarche de transmission. Elle a consacré en pratique cette idée d'une appropriation purement individuelle des savoirs que l'évolutionnisme avait déjà conduit à mettre en avant, mais qui restait une hypothèse théorique. Bref, elle a assuré le triomphe définitif de l'apprendre aux dépens d'une transmission renvoyée au rayon des antiquités.

Une remarque de vocabulaire à ce propos. Le français ne dispose pas d'un substantif adéquat pour désigner l'opération correspondant au verbe apprendre, à l'exemple de l'anglais *learning*. Le terme d'apprentissage est tellement connoté par son usage professionnel d'une part, et son association aux conditionnements élémentaires d'autre part, qu'il exprime très mal ce qui touche en propre à l'acquisition d'un savoir. Aussi, la moins mauvaise solution nous a-t-elle paru consister à substantiver le verbe afin de souligner la spécificité de cette activité. Il y a un « apprendre » qui mérite d'être distingué des « apprentissages ».

Il y a en ce sens une révolution de l'apprendre qui a banni les inculcations à l'ancienne et mis au centre l'activité du sujet apprenant. Nous sommes à un moment où elle révèle ses limites. L'autoconstruction des savoirs n'est manifestement pas la solution magique qu'il a paru un instant permis d'espérer. L'hypothèse que nous nous efforçons d'asseoir est que les difficultés patentes sur lesquelles bute l'école d'aujourd'hui s'expliquent en dernier ressort par les failles d'une vision de ce que veut dire apprendre qui pèche par unilatéralité.

Si l'école, ainsi, échoue à réduire les inégalités, c'est qu'elle achoppe sur la puissance des transmissions informelles assurées par les familles, transmissions qui conditionnent d'autant plus les performances des élèves que l'accent est mis sur leur démarche individuelle. N'est-ce pas le signe que l'on a enterré un peu vite ladite transmission, ou que l'on a confondu une mise en forme particulière du phénomène, dans un cadre culturel daté, avec le phénomène lui-même ? La transmission est à interroger pour elle-même, en dehors de ses expressions mortes et des clichés polémiques qui l'ont trop facilement disqualifiée. Elle est à repenser à partir des situations qui en font apparaître les fondements anthropologiques et qui justifient d'y reconnaître une donnée interhumaine indépassable.

Les obstacles auxquels se heurte le nouveau cours pédagogique doivent inciter, d'autre part, à revenir sur ces modèles théoriques dont l'autorité s'est imposée sans suffisamment d'examen. Quelle a été exactement leur genèse ? À quelle logique obéissent-ils en réalité ? Sur quelles bases au juste ont-ils établi cette vision de l'apprendre dont nous constatons les carences ? L'analyse fait apparaître un paysage beaucoup plus contrasté qu'il ne semble, vu de loin, traversé qu'il est par des oppositions parlantes. Elle fait ressortir surtout combien ces modèles, et spécialement les plus prestigieux d'entre eux, celui de Piaget par exemple, sont grevés par une confusion entre « connaître » et « apprendre » qui les rend non opératoires.

En fait, nous ne disposons que de très faibles lumières sur ce que veut dire apprendre. Il suffit pour s'en convaincre de se confronter sans préjugés à ces acquisitions « élémentaires » que représentent la lecture, l'écriture et le calcul. Elles relèvent d'une expérience bien différente de celles que mobilise la connaissance scientifique. L'ascendant de cette dernière a fait écran à leur originalité. Il n'est que temps de la dégager.

Éclaircir la place et le rôle de la transmission, élucider la nature de l'apprendre : tel est le programme dont ce livre voudrait modestement établir le bien-fondé et jeter les premières bases. Transmettre et apprendre sont à considérer, en fin de compte, au-delà de leurs contradictions de surface, comme des pôles complémentaires en profondeur. Transmettre sans se préoccuper de l'activité de l'élève est assurément vain, mais apprendre en dehors d'un cadre réglé par une volonté de transmission est infiniment difficile, voire relève de l'exploit. Si l'opposition des termes a eu du sens, la tâche de la pédagogie de l'avenir sera de les articuler.

Ce programme revêt une actualité brûlante à l'heure où l'offre technique, sous les traits d'Internet, relance avec une vigueur sans précédent la promesse d'un libre accès individuel au savoir universel – « ce que je veux, quand je veux, comme je veux ». Miracle ou mirage ? Avant de céder à la voix des sirènes, et de se jeter tête baissée dans la mer sans fond ni rivages des réseaux, c'est le moment ou jamais de se demander ce que signifie et ce que suppose véritablement apprendre.

Ce livre procède d'un séminaire tenu, sous le même titre, au collège des Bernardins en 2010-2011, dans le cadre de la chaire des Bernardins occupée au cours de ces deux années par Marcel Gauchet. Nous remercions le père Antoine Guggenheim, âme du collège, de son hospitalité éclairée, ainsi que les deux animateurs du pôle de recherche éducation, Jacques Arènes et Jacques de Longeaux, pour leur contribution à notre commune réflexion.

Première partie

Le sacre de l'apprenant

1

De la société de tradition à la société de la connaissance

L'individu et le savoir

L'objet de ce livre est double. Il est d'abord d'éclaircir la nature de la transformation profonde qui a bouleversé les systèmes éducatifs depuis une quarantaine d'années. En ce domaine comme dans beaucoup d'autres, les années 1970 ont été le théâtre d'une inflexion majeure, qui est loin de se réduire à un changement de méthodes pédagogiques. L'hypothèse que nous nous proposons d'explorer et d'étayer est que nous sommes définitivement passés d'une *société de tradition* à une *société de la connaissance.* Ce basculement s'est traduit, dans l'ordre scolaire, par la substitution d'un *modèle centré sur l'acte d'apprendre* à un modèle antérieur qui restait commandé, en dépit de toutes ses évolutions, par *l'impératif de transmettre.*

Notre seconde hypothèse est que ce changement fondamental de philosophie est à l'origine de quelques-uns des problèmes les plus lourds qu'affronte aujourd'hui l'entreprise éducative. Ces problèmes, avant d'être pédagogiques, sont de nature épistémique. Ils tiennent à l'idée du savoir et des voies d'accès à celui-ci qu'elle présuppose. C'est l'autre volet de ce livre. Ce saut culturel et civilisationnel d'un modèle implicite à un autre nous oblige à rouvrir en grand la question : *qu'est-ce qu'apprendre ?* Car la mise en avant, aujourd'hui, de l'activité de « l'apprenant » a surtout pour effet de mettre en lumière combien peu nous savons des opérations intellectuelles que nous lui demandons d'effectuer. Apprendre est autre chose que connaître – connaître suppose d'avoir appris. Or c'est un modèle de la connaissance et pas n'importe lequel, celui de la connaissance scientifique que nous tendons toujours à privilégier lorsqu'il s'agit de concevoir l'apprentissage et ses voies, au risque d'en méconnaître la spécificité. Et puis on ne se débarrasse pas si facilement de la transmission. Chassée par la porte, elle revient par la fenêtre. Elle résiste, et pas seulement au titre de l'inertie historique. Elle constitue en réalité une dimension inéliminable que toute démarche pédagogique fondée en raison se doit de prendre en compte.

Bref, le problème de l'accès aux savoirs est à reprendre à nouveaux frais. Notre ambition n'est pas de le résoudre, il est de le faire apparaître et de contribuer à en faire un problème bien posé.

Société de la connaissance : la nature d'une rupture

Bien poser le problème, en l'occurrence, commence par bien en dégager les racines. Il ne tombe pas du ciel. Il ne découle pas d'une lubie qui aurait subitement saisi la tribu des pédagogues. Nous sommes sous le coup d'un séisme qui a révolutionné les bases et les repères épistémiques de nos systèmes d'enseignement. Un auteur allemand, Gerhard de Haan, l'exprime en termes frappants : « Nous vivons la fin de l'éducation de la jeune génération par la génération précédente, qui existait depuis l'origine[1]. » Une donnée

1. Gerhard de Haan, *Die Zeit in der Pädagogik. Vermittlungen zwischen der Fülle der Welt und der Kürze des lebens*, Weinheim, Beltz, 1996, p. 121.

qui paraissait aller de soi s'est évanouie. Un esprit aussi peu suspect de traditionalisme que Gramsci, passionné par les pédagogies nouvelles, n'écrivait-il pas dans ses *Cahiers de prison*, à la fin des années 1920 : « En réalité, chaque génération éduque la nouvelle génération, c'est-à-dire qu'elle la forme, et l'éducation est une lutte contre les instincts liés aux fonctions biologiques élémentaires, une lutte contre la nature, pour la dominer et créer l'homme "actuel" à son époque[1]. » Mais le propos ne faisait que reprendre en substance la définition avancée par Durkheim, dans un texte fameux, quelques années auparavant : « L'éducation est l'action exercée par les générations adultes sur celles qui ne sont pas encore mûres pour la vie sociale. Elle a pour objet de développer chez l'enfant un certain nombre d'états physiques, intellectuels et moraux que réclament de lui et la société politique dans son ensemble et le milieu spécial auquel il est particulièrement destiné[2]. » Une définition sur laquelle les esprits les plus divers eussent pu alors aisément s'accorder.

C'est ce cadre de pensée qui s'est écroulé, avec l'idée de la prévalence de la transmission qu'il impliquait. Il ne relevait pas de la nature, comme il pouvait sembler, mais d'une forme sociale instituée, qui prolongeait jusque dans la modernité avancée l'âme des anciennes sociétés de tradition. Il s'est définitivement disloqué sous l'effet de la poussée de détraditionalisation et d'individualisation caractéristique des années 1970. Une poussée qui a coïncidé avec l'avènement d'une société qu'on a pu dire à bon droit « de la connaissance ». L'expression s'applique surtout, il est vrai, au domaine économique, où elle désigne le rôle prépondérant acquis par les activités de recherche et de

1. Antonio Gramsci, *Carnets de prison*, Paris, Gallimard, 1996, vol. 1, p. 115.

2. Cette définition est extraite de l'article « Éducation » du *Nouveau Dictionnaire de pédagogie* de Ferdinand Buisson, repris, à titre posthume, dans le volume *Éducation et Sociologie* (1922), Paris, PUF, 1989, p. 51.

développement[1]. Il est permis de lui donner un sens plus large, en y reconnaissant la société où les savoirs scientifiques modernes arrivent au poste de commandement au sein du fonctionnement collectif. C'est dans ce nouveau cadre que s'insère la mutation pédagogique qui nous intéresse. Elle consiste à donner le premier rôle, si ce n'est le rôle exclusif, à l'acteur des apprentissages, aux dépens du rôle précédemment attribué à la transmission, sur la base de son assimilation tacite au sujet de la connaissance.

Ce qui s'est passé là, c'est la dissolution du *compromis* qui avait présidé au destin de l'école moderne depuis sa naissance. Elle comportait une face visible et une face invisible, on s'en aperçoit rétrospectivement. Par un côté, le côté visible, elle avait partie liée avec le régime moderne de la connaissance, tel qu'exemplifié par les sciences, un régime centré sur le *sujet de raison* et défini en pratique par l'usage de la *méthode*. Ce dernier concept est à ce point incorporé à notre mode de pensée que nous avons du mal à retrouver la portée de rupture qui amène Descartes à le choisir comme emblème et porte d'entrée de la « nouvelle philosophie ». Il est pourtant le concept où se résume le mieux la spécificité de l'école moderne, qui est de s'organiser autour de l'acquisition de *savoirs méthodiques*. Mais par l'autre côté, le côté invisible, cette modernité n'empêchait pas l'école de composer secrètement avec l'univers de la tradition. Elle s'en était réapproprié le modèle culturel et épistémique pour le combiner avec l'acquis du modèle moderne de la connaissance. Elle a vécu durant quatre siècles sur cette association instable entre la mobilisation de la raison et la transmission de la tradition. Son histoire est celle des renégociations constantes entre ces deux logiques antagonistes. Sans surprise, la figure moderne du sujet de raison

1. Repère chronologique intéressant, son apparition est pointée dès la fin des années 1960 par des observateurs lucides comme Peter Drucker (*The Age of Discontinuity*, 1969) ou Daniel Bell (dans les articles préparatoires à *The Coming of Post-Industrial Society*, 1973).

n'a cessé de gagner en importance, au détriment de la logique ancienne de l'autorité du passé, au point qu'elle a fini par la supplanter sur toute la ligne. La nouveauté de notre situation réside dans cet exclusivisme. Le pilier caché de l'ordre scolaire classique a disparu, ne laissant dans la lice que son axe officiel. Mais loin de simplifier la donne, comme on eût pu l'espérer, ce dénouement d'une longue tension l'a considérablement compliquée. Il a fait surgir une gamme d'interrogations inattendues sur les deux versants du compromis d'origine, relativement à l'action d'apprendre comme à la part de transmission dont il est exclu de se passer – jamais, remarquons-le, on n'a autant parlé de transmission que depuis qu'on y a renoncé en pratique.

Ce tournant nous oblige à tout reprendre à la racine, sans la sécurité qu'apportait à tous ce compromis séculairement et subtilement tressé. Aux praticiens, il fournissait un cadre opératoire éprouvé, tandis qu'il constituait un repoussoir inspirant pour les innovateurs. Les uns et les autres se retrouvent également démunis[1]. Le système d'enseignement est à la peine et l'imagination pédagogique est en panne.

Tradition, transmission

Sans entrer véritablement dans cette histoire qui reste toute à écrire, il est indispensable de préciser quelque peu ces concepts de tradition et de transmission, afin d'éclairer par contraste la portée de rupture de l'idée moderne de la connaissance et de ses suites pédagogiques.

Pas de société qui ne soit confrontée à un problème d'éducation, en ce qu'elle repose sur une culture dotée d'une certaine stabilité et qu'elle est faite de vivants qui

1. Nous avons exploré les retombées de cette détraditionalisation à propos du « sens des savoirs » dans *Conditions de l'éducation*, Paris, Stock, 2008.

naissent et meurent. Il lui faut donc assurer sa reproduction culturelle en procurant aux nouveaux venus les clés et les codes de cet univers dont ils vont un temps endosser la responsabilité. Il se trouve que sur la longue durée de l'histoire humaine, cette transmission qui doit avoir lieu dans tous les cas a pris la forme particulièrement rigoureuse de *l'inculcation d'une tradition*. Entendons par tradition, dans le sens primordial du terme, dans son sens religieux, non pas la simple fidélité à des usages ancestraux, mais l'obéissance à des modèles réputés fondateurs, la reconduction impérative d'un ordre posé à l'origine et destiné à se perpétuer à l'identique au travers du renouvellement des générations. Dans le cadre d'un tel assujettissement à la loi du passé, l'éducation tend à se confondre avec la transmission d'un legs intangible, en lui-même indifférent à la particularité individuelle de ses incarnateurs successifs, dont le seul problème est de se montrer à la hauteur de ceux qui les ont précédés, en même temps que de veiller à la préservation de ce trésor ancestral chez leurs descendants.

Outre l'identité collective garantie par la commune dévotion envers le fondement sacral, ce qui se transmet, de la sorte, c'est d'abord l'identité généalogique, essentielle dans les sociétés de tradition, structurées très généralement par la parenté. La transmission commence par le nom et le sang ; elle passe par l'inscription dans une lignée, par le rattachement charnel à une ancestralité. Avec la naissance, ce qui se transmet, souvent, c'est le statut héréditaire, la place dans la société, le rang qu'on est destiné à tenir et les obligations qui y sont attachées. Statut social communément inséparable d'un état ou d'un métier exercé « de père en fils » selon une formule qui s'est perpétuée jusqu'à nous. Cas particulier, et privilégié, celui de la transmission du patrimoine, des biens familiaux, lorsque la mort survient et, avec elle, l'héritage en bonne et due forme. Mais en dehors de ce moment privilégié, la transmission est de tous les instants dans la vie sociale, en direction des enfants et des jeunes. Elle concerne au premier chef les usages sociaux, les codes élémentaires qui président à la coexistence, ce que nous appelons la civilité. Elle touche aux croyances partagées et aux connaissances de tous ordres, depuis celle du milieu naturel jusqu'à celle relative à l'univers surnaturel. Des connaissances dispensées selon diverses modalités, suivant les domaines, les âges et les fonctions. Sans entrer dans les détails, on discerne d'emblée qu'il va y avoir deux transmissions, deux modalités fondamentales de son exercice. Il va y avoir une transmission spontanée, tablant sur l'immersion dans un environnement qui pénètre et modèle le nouveau venu sans qu'il y ait besoin de plus que d'échanges quotidiens pour interdire, conseiller, expliquer. Et puis il va y avoir une transmission expresse, exigeant une mobilisation spéciale des instructeurs et des néophytes, qu'il s'agisse des gestes d'un métier ou de l'acquisition d'un message réservé au petit nombre (dans l'ordre surnaturel, électivement). Mais cela n'empêchera pas cette transmission expresse de passer pour l'essentiel par le canal de l'imitation et de l'incorporation progressive, à l'instar des activités ordinaires de l'existence collective.

Dans ce cadre, il faut faire une place à part à la transmission et à l'apprentissage d'un genre original qui émergent avec l'invention de l'écriture. C'est avec elle qu'apparaît l'école à proprement parler, en tant que lieu social distinct, tellement l'acquisition du métier de scribe et l'appropriation d'une culture lettrée réclament une initiation qui ne ressemble à aucune autre, à la fois par ses modalités concrètes et par sa durée. L'écriture offre de nouvelles possibilités à la pensée, par la fixation des énoncés et le retour réfléchi sur leur teneur qu'elle autorise, comme il est bien connu depuis les travaux de Jack Goody. Ce faisant, elle apporte, à qui la maîtrise, les moyens d'une réflexion distanciée et personnelle. Mais il faut souligner en contrepartie que la même fixation des contenus peut avoir pour effet de renforcer l'exigence de littéralité de la transmission. Elle est intrinsèquement conservatrice. L'écriture est en elle-même autant un vecteur de conformisme qu'un vecteur d'indépendance.

Ambivalence remarquable qui explique qu'elle ait pu à la fois servir à consolider les édifices traditionnels et fournir le support de l'innovation intellectuelle.

Un dernier mot sur l'idée de la connaissance associée à ce système de la tradition et de la transmission dans sa forme pleine. Pour bien la saisir, il faut marquer sa dimension religieuse plus fortement que je ne l'ai fait jusqu'alors. Si l'héritage du passé détient cette force contraignante, c'est qu'il est investi d'une force surnaturelle. Il renvoie à l'intervention de puissances d'une autre nature que celles des vivants-visibles actuels, dans un autre temps que celui qui s'est écoulé depuis cette mise en ordre originelle. C'est par l'invisible de leur esprit que les humains ont communication avec cet invisible fondateur. Ils reçoivent les vérités qui en émanent et qui s'impriment d'elles-mêmes dans leur esprit, de la même façon que l'ordre de leur monde leur est donné et se présente à eux comme transmis et à transmettre. En d'autres termes, plus philosophiques, cette connaissance forcément *réceptive* est *directe* et *passive.* Elle s'effectue par contact immédiat avec l'objet à connaître. L'activité éventuellement requise pour y accéder, pour remonter par exemple vers le ciel des idées, consiste à se mettre dans la position d'être investi par ce qu'il s'agit d'appréhender. Mais l'expérience la plus commune qui vérifie cette nature passive de la connaissance est celle de la vision, comprise comme impression des objets extérieurs sur nos sens.

Le compromis scolaire et sa dissolution

Cette très sommaire évocation suffit pour mesurer en regard à la fois la rupture que représente l'école moderne et l'empreinte que l'univers de la transmission a longtemps laissée sur elle, en dépit de cette rupture.

La modernité va se caractériser par le développement des institutions spécialisées d'enseignement à l'usage des laïcs, des institutions destinées à prendre une place toujours plus grande. C'est l'un de ses traits constitutifs. Les sociétés modernes sont des sociétés scolaires. Ce développement institutionnel est fonction d'une nouvelle idée de la connaissance qui s'affirme d'abord de manière embryonnaire au sein de ce qu'il est convenu d'appeler l'« humanisme », avant de prendre sa forme systématique avec la science galiléenne, puis la science newtonienne. Une idée de la connaissance *indirecte* et *active* en tout point opposée à celle qui vient d'être décrite, puisque l'esprit y appréhende la réalité qu'il vise à déchiffrer, d'une part, par le moyen d'instruments qui lui livrent des informations qui seraient inaccessibles autrement, d'autre part, en se fondant sur des constructions théoriques conçues pour être testées par l'expérience. Mais, en réalité, ce n'est pas ce modèle complètement développé qui va servir de support et de guide au système d'enseignement, mais le modèle embryonnaire fourni par l'humanisme, en raison des fortes accointances qu'il conserve avec l'univers de la transmission et de l'adéquation que cela lui procure avec une société qui demeure largement structurée par la religion. Cet apport humaniste incorpore toutefois au système scolaire qui se met en place (celui des collèges en particulier) un élément spécifiquement moderne, lié au nouvel ordre de la connaissance, l'élément de la *méthode*, permettant de déterminer une progression logique de la démarche d'acquisition. L'originalité culturelle de l'école moderne va consister dans ce recours à des savoirs méthodiques, avec ce qu'ils supposent comme foyer organisateur, tant du côté de ceux qui les conçoivent que du côté de ceux qui ont à se les approprier, soit le sujet de raison, explicitement au fait de ses opérations et de leur ordre.

Immense nouveauté, donc, qui nous fait entrer dans un espace intellectuel inédit, mais nouveauté tempérée et balancée par la reconduction du cadre de la transmission. Celle-ci se joue d'abord au niveau du contenu même de la culture scolaire légitime dispensée de la sorte aux jeunes générations, avec un sentiment lui aussi inédit de l'avenir personnel distinct pour lequel il est besoin de les équiper. Nonobstant cette préoccupation futuriste qui pointe, le centre de gravité de la formation aux « humanités » est résolument passéiste. Il tourne autour d'une vision idéalisée de l'Antiquité gréco-latine qui, certes, n'a plus rien à voir avec la sacralité diffuse des origines propre au monde de la tradition et qui constitue même un pas de côté capital par rapport à l'étreinte des origines chrétiennes, mais qui n'en reprend pas moins à son compte la révérence obligée envers les modèles posés comme indépassables d'un passé fondateur. Mais surtout, en dépit de la nouveauté de l'institution et de sa mission, l'esprit général présidant à son fonctionnement reste celui de la reproduction traditionnelle, de « l'action d'une génération sur une autre », comme Durkheim ou Gramsci définiront encore l'éducation, en vue de la perpétuation de l'existence collective sur le plan de la culture. La démarche dominante demeurera le mélange d'inculcation sans complexe et d'imprégnation routinière découlant de cet impératif d'incorporation des nouveaux venus dans ce qui les précède. Le mariage de ce cadre hérité avec l'esprit des savoirs modernes n'ira pas sans tensions. Par essence, un tel accouplement de contraires est polémique et instable. Il alimentera d'interminables discussions entre conservateurs et novateurs. L'équilibre à trouver sera susceptible de mille versions, le compromis ne cessera de se redéfinir et de se déplacer. Il n'empêche que, au milieu de ses métamorphoses, il se montrera d'une étonnante stabilité en son fond. Il traversera les siècles pour ne se défaire que tout près de nous[1].

1. Il n'est sans doute pas d'exemplification plus parlante de ce compromis scolaire entre l'esprit de tradition et l'esprit des savoirs méthodiques, justement, que la place qu'a tenue le latin dans « l'éducation de l'homme moderne » pour reprendre le titre célèbre d'Eugenio Garin, du XVIe au XXe siècle. Il constituait la clé de voûte d'un système de la transmission qui articulait la formation sociale d'une élite destinée à exercer des fonctions d'autorité et de perpétuation d'une tradition à la fois antique, chrétienne, et humaniste. Tradition au sens plein du terme,

Il est intéressant de noter que ce partage et ce compromis entre principes contraires auront leur correspondant sur la scène philosophique à propos de l'idée de connaissance. La nouvelle science de la nature, avec ce qu'elle révèle de pouvoirs du sujet connaissant, impose une révision en règle de la conception des rapports entre l'esprit humain, l'entendement divin et l'ordre des phénomènes naturels. C'est ce à quoi va s'employer ce qu'il est convenu d'appeler « le grand rationalisme », à partir de Descartes. Sa caractéristique fondamentale réside dans le compromis, précisément, que chacun de ses représentants essaie de bâtir entre connaissance indirecte et connaissance directe, entre l'action constructive de la raison humaine et la participation aux idées divines, accessibles par intuition sous forme d'« idées innées ». C'est en regard de cet équilibre désespérément recherché qu'il faut apprécier la déstabilisation introduite par l'empirisme et son rejet des idées innées, au profit des seuls acquis de l'expérience. Et c'est par rapport à cette rupture qu'il faut situer la tentative kantienne de définir un nouveau compromis. Si Kant bannit l'intuition intellectuelle et le contact immédiat avec des vérités suprasensibles, c'est pour loger néanmoins à l'intérieur de la raison humaine une transcendance irréductible à l'expérience. Si ce grand débat philosophique mérite d'être évoqué, c'est en raison de ses incidences pédagogiques. L'école moderne a partie liée

---

puisqu'elle entendait maintenir vivant un modèle éternel d'humanité sous les traits d'une romanité déshistorisée. Mais cela au moyen d'une démarche pédagogique à base d'artificialisme grammatical, et dans une visée à la fois logique et morale, elles, typiquement modernes, à tel point que les plus fervents républicains du XIXe siècle ont pu s'y reconnaître. L'ébranlement, le lent affaissement, puis la disparition de cet empire du latin au XXe siècle sont à lire comme des manifestations caractéristiques de la décomposition du compromis qui inscrivait la formation des esprits à la méthode à l'intérieur du lien avec une origine inaltérable. L'exemple montre au mieux comment cette conjonction si durable a fini par devenir intenable. Ce parcours est remarquablement éclairé par Françoise Waquet, dans *Le latin ou l'empire d'un signe*, Paris, Albin Michel, 1998.

avec l'idée de la connaissance. Il ne se passe rien de significatif dans ce domaine qui n'ait des retombées tôt ou tard en matière de conceptions éducatives ou de pratiques scolaires.

Sur un plan beaucoup plus trivial, ce compromis caractéristique entre l'appropriation moderne et la transmission ancienne va prêter longtemps une manière d'évidence au partage des tâches entre la famille et l'école. À la famille, l'éducation, c'est-à-dire en fait la transmission, l'inculcation des codes sociaux élémentaires, l'initiation aux valeurs et aux croyances de la tribu, notamment religieuses. À l'école l'instruction, c'est-à-dire la mobilisation des savoirs proprement dits, même si l'emploi de ceux-ci reste pénétré de transmission et même si la formation morale et civique constitue une dimension importante, si ce n'est prioritaire, de l'action attendue d'elle.

Ce compromis solidement installé est devenu la cible d'une critique à la fois politique et technique à partir du début du XXe siècle. L'histoire de cette contestation est bien connue, pour le coup, et il suffit d'en rappeler les grandes lignes. Elle se confond pour l'essentiel avec l'essor des pédagogies dites « nouvelles ». Celles-ci reprochent aux méthodes dites à très juste titre « traditionnelles » d'être techniquement déficientes, en passant à côté du ressort primordial que représente l'activité de l'élève, les apprentissages étant d'autant plus efficaces et solides qu'ils s'appuient sur les intérêts, les curiosités, les initiatives et l'expérience de chacun. En outre, ce refus de la passivité devant une parole d'autorité est le moyen de préparer des citoyens qui ne s'en laisseront pas conter et qui n'hésiteront pas à s'impliquer dans les affaires publiques. Ajoutons encore à cela la critique psychologique des dégâts de l'autoritarisme en matière de développement de la personnalité, et l'on conçoit les motifs qui allaient rendre ce courant de pensée irrésistible. Dès les années 1920, il pénètre les institutions d'enseignement aux États-Unis sous le pavillon de l'« éducation progressive ». La différence des contextes politiques, sociaux et culturels différera son triomphe en Europe. Il n'en sera pas moins consommé sur toute la ligne dans les années 1970. Rien d'étonnant si l'on considère l'affinité de ses idées directrices avec les principes fondamentaux qui régissent nos sociétés. Il faut tout simplement enregistrer le fait que la culture démocratique a trouvé la philosophie pédagogique qui lui correspond.

Cette victoire théorique s'accompagne de trois évolutions significatives.

Elle n'est pas séparable, en premier lieu, d'une individualisation radicale, qui ne se réduit pas à l'inspiration des démarches pédagogiques, mais qui concerne les horizons existentiels de l'éducation. Non seulement il ne s'agit plus de former de fidèles serviteurs de la patrie, mais il ne s'agit plus de former des individus pour la société. Le seul objet admissible de l'éducation est d'aider les enfants et les jeunes à devenir eux-mêmes.

Il s'ensuit, en deuxième lieu, un renforcement de la demande adressée à l'école, contrairement à ce que cette privatisation des buts éducatifs pourrait faire croire. Car cet accomplissement personnel passe néanmoins par la réussite future dans la société, dont l'école est plus que jamais supposée fournir les moyens. On pourrait même parler à son propos d'une captation tendancielle de la fonction éducative en son entier, les familles tendant à se décharger sur elle de tout ce qui concerne l'adaptation à l'existence collective, au profit de leur pure intimité affective.

Par ailleurs, en troisième lieu, enfin, la préoccupation égalitaire qui accompagne fort logiquement cette individualisation entraîne une révision marquée de la hiérarchie et de la forme des savoirs scolaires. Elle pousse à bannir les savoirs et les apprentissages, en particulier d'ordre littéraire, qui mobilisaient une forte dimension de transmission à base de connivences culturelles. Elle assure la consécration de principe des savoirs méthodiques, dont l'universalité logique est censée garantir un accès exempt de barrières de classe. À charge pour ceux des savoirs qui ne se coulaient qu'imparfaitement dans cette forme de revoir leur mode d'exposition et d'accès.

Au total, on est bel et bien en présence d'un nouveau paradigme éducatif, à la fois social et épistémique, où le fait d'apprendre a pris le dessus sur une démarche de transmission jugée rétrograde, tant du point de vue de ses attendus politiques que de sa vision de l'acquisition d'un savoir.

Le retour de la transmission

On le relevait tout à l'heure, bizarrement, c'est à la faveur de cette prise de pouvoir par un modèle qui le congédie que le mot même de « transmission » a acquis droit de cité dans la réflexion pédagogique. Il n'y comptait pas, ou n'y tenait qu'un rôle marginal. C'est comme terme repoussoir qu'il paraît y avoir été convoqué, pour résumer ce qu'il s'agissait de congédier une fois pour toutes : l'imposition, l'autorité, la verticalité magistrale. Bref, tous ces caractères qui passaient pour inhérents à « l'action d'une génération sur une autre » et auxquels se résignaient ceux-là mêmes qui voulaient les mettre au service d'une raison individuelle chez les membres de la jeune génération.

Et puis, petit à petit, le terme de « transmission » s'est mis à faire l'objet d'une réappropriation positive, à partir des années 1980, au fur et à mesure qu'apparaissaient les limites du nouveau paradigme. Une fois que celui-ci est mis en œuvre à grande échelle, de manière systématique, dans une situation, de surcroît, où la détraditionalisation de la société est à peu près consommée, il se révèle qu'il n'a pas réponse à tout. Il se découvre qu'il tend à laisser de côté un certain nombre de « transmissions » essentielles, voire indispensables, qui rentrent mal dans son moule.

Ce reste problématique se laisse repérer principalement sur trois fronts.

Il concerne en premier lieu le *domaine éthique*, compris dans une acception large : tout ce qui règle les rapports à autrui, de la civilité quotidienne aux plus hautes valeurs morales. Cet enseignement a d'abord été rejeté pour des motifs philosophiques et politiques, portés par la vague libertaire et déconstructiviste des années 1960-1970. Et puis, lorsque l'idée qu'il pouvait être de quelque utilité a fait retour, il a fallu mesurer la difficulté de le faire entrer dans le modèle pédagogique en vigueur. Manifestement, il y a là un ensemble de dispositions, et, si l'on veut, de « compétences » qui doivent être acquises, dont il est vain d'attendre qu'elles se développent d'elles-mêmes, mais dont l'acquisition suppose d'autres voies et processus que la construction de ses savoirs par l'apprenant. Il y faut quelque chose comme une transmission. Mais laquelle ?

Il en est allé de même sur le front du *civisme* et de la *citoyenneté*. S'il y avait un espoir investi dans les méthodes nouvelles, c'était bien qu'elles allaient contribuer à former des générations de citoyens actifs, pensant par eux-mêmes et accoutumés à la discussion publique. Or s'il est un point sur lequel il a fallu déchanter, c'est celui-là, devant la dépolitisation massive de la jeunesse, la généralisation de l'indifférence à la chose publique, ou, plus ennuyeux encore, l'imperméabilité aux obligations envers la collectivité. Visiblement, là aussi, le sens de l'appartenance à la communauté politique et la prise en charge des affaires communes s'apprennent par d'autres canaux.

Il a fallu admettre, enfin, qu'il était un ordre de connaissances qui cadrent mal avec la volonté de se centrer sur les appropriations individuelles, celui qui regarde l'*expression*. Un ordre névralgique, puisque qui dit valorisation de l'activité personnelle de l'élève dit, logiquement, mise en avant de ses capacités expressives et développement de sa capacité d'apprécier la qualité de l'expression dans ses différents registres, familiers ou élaborés. En d'autres termes, l'aisance dans le maniement du langage est primordiale dans la démarche de construction des connaissances. Or force est de constater que les savoirs méthodiques ont de la peine à faire place au déploiement de la compétence langagière, dès son niveau élémentaire, pour ne pas parler de l'accès à ses subtilités et à ses réalisations exemplaires sous forme d'œuvres. On s'en aperçoit *a contrario* quand on cherche à faire entrer les enseignements littéraires dans la grille des savoirs autoconstructibles en raison. Le résultat en est un formalisme absurde, aussi rébarbatif qu'impuissant à communiquer le sens de la langue et le goût de la formulation juste, pourtant si cruciaux pour le sujet en quête de la maîtrise de sa pensée. Il suppose en réalité des capacités en matière de maniement de la signification et d'emploi des discours qu'il n'est pas dans ses moyens de développer. Leur acquisition relève d'une « transmission » qui échappe en grande partie à l'institution scolaire.

C'est sur la base d'une série de constats de carence que s'est opérée la redécouverte de la transmission. Après l'avoir expressément répudiée, il a fallu s'apercevoir qu'il y avait quelques domaines où il était difficile de s'en passer – sans que cela veuille dire le moins du monde qu'on sache la mettre en œuvre. Quand elle fonctionnait tant bien que mal, on n'en parlait pas, et maintenant qu'on en vient à se rendre compte de sa nécessité, on n'a pas pour autant son mode d'emploi.

Transmissions clandestines

À cette première strate de redécouverte de la transmission il va s'en ajouter une seconde. Une redécouverte découlant celle-là non pas de son absence ni de son manque, mais, à l'opposé, de sa présence continuée, bien que souterraine. La disparition de son usage explicite ne l'empêche pas de fonctionner à fond de manière implicite. Officiellement répudiée, comme manière de faire, et dissoute comme mécanisme social avoué, elle n'en agit pas moins, avec des effets majeurs.

C'est au plus net dans le cas de la famille. Elle a beau avoir cessé d'être construite autour de sa vocation socialisatrice et de sa fonction éducative, elle a beau ne plus se vouloir transmissive, elle est plus que jamais déterminante en matière d'acquisitions personnelles. La formation d'un « capital culturel » dépend beaucoup d'elle. Ce qui *se transmet* par la famille, même involontairement, se révèle au final plus important que ce qui *s'apprend* à l'école – et cela, dans tous les domaines. Et ce n'est pas vrai seulement de l'équipement langagier, de l'aisance dans l'expression, du bagage de références. C'est aussi vrai, si ce n'est davantage, de l'aptitude aux démarches logiques et à l'appropriation des savoirs abstraits – mais ceci pourrait bien avoir d'étroits rapports avec cela. La sélection sociale par les mathématiques est plus impitoyable que celle qui passait par les filières littéraires et les subtilités dissertatoires, avec leurs connivences bourgeoises présumées. Faut-il en conclure au caractère de classe des mathématiques ? Toujours est-il que les espoirs égalitaires investis dans les savoirs méthodiques et l'universalité, donc la transparence supposée de leur langage, ont fait long feu. C'est probablement le plus grave échec de l'école moderne depuis sa création. La démocratisation qu'il paraissait permis d'attendre de la substitution des enseignements explicites aux transmissions implicites n'est pas au rendez-vous. Un constat, soit dit au passage, qui aurait dû, normalement, mobiliser toutes les énergies, n'était l'ambiance de déni caractéristique de notre moment intellectuel. Car il en dit long et il est gros de conséquences. Dans une société détraditionalisée de part en part, la transmission continue de jouer comme un mécanisme clandestin.

Encore ne s'arrête-t-elle pas au cadre familial. Elle fonctionne aussi bien au sein du groupe de pairs, dont l'importance socialisatrice n'a jamais été aussi grande. Ce creuset de connivences générationnelles a un effet potentiellement déstabilisant pour l'institution scolaire, dans la mesure où il est devenu le véhicule d'une culture propre, appuyée sur l'une des principales puissances de nos sociétés, les médias, eux-mêmes vecteurs d'une culture de la consommation qui ne va pas forcément dans le sens de la formation aux savoirs construits. Il y a là le foyer d'une contestation qui n'a pas besoin d'être ouverte pour peser lourd[1]. Ce qui est sûr, en tout cas, c'est que, sur ce terrain-là, la transmission informelle joue un rôle qui balance largement les apprentissages formels.

Acquérir et recevoir

Apprendre reste, au total, une part limitée de la constitution du bagage de connaissances socialement utiles d'un nouveau venu, par rapport à un ensemble de transmissions qui continuent de se tailler la part du lion. Et ce, jusque dans une société qui ne veut plus officiellement en entendre parler, qui en répudie énergiquement le principe dans son système d'enseignement et qui place tous ses espoirs, bien au-delà de l'école, dans des formations méthodiques. Telle est la leçon sans équivoque de l'expérience que nous avons vécue en vraie grandeur depuis une quarantaine d'années, et dont il est grand temps de tirer les conséquences. Il y a un *incompressible de la transmission* qui représente l'actuelle butée des appareils scolaires et des attentes investies en eux. Il faut le faire passer au centre de la réflexion. Il s'agit d'abord d'en comprendre les raisons ; il s'agit d'autre part de se demander en quoi ce dévoilement nous oblige à reconsidérer ce que veut dire au juste apprendre. Le savons-nous vraiment ? En particulier, l'activité du sujet de la connaissance, telle qu'illustrée par l'avancée des savoirs scientifiques, en fournit-elle le modèle le plus approprié ? N'y va-t-il pas de tout autre chose, dans l'acte d'apprendre, que de la démarche permettant de produire des connaissances nouvelles ?

D'où les deux volets de ce livre. Il s'interroge, d'un côté, sur les résistances de la transmission. Il s'efforce de dégager les ressorts qui conduisent à penser qu'elle constitue une dimension inéliminable que toute réflexion pédagogique

1. Dominique Pasquier a remarquablement mis le point en lumière dans *Cultures lycéennes. La tyrannie de la majorité*, Paris, Autrement, 2005.

sérieuse se doit de prendre en compte. Il s'attache, de l'autre côté, à faire ressortir la spécificité du fait d'apprendre. Ce qui passe aussi par l'examen critique de quelques doctrines parmi les plus influentes dans le domaine éducatif.

L'ouvrage n'a pas la prétention d'être systématique et complet. Bien d'autres entrées auraient pu être envisagées pour nourrir l'analyse, tant sur le versant de la transmission (à propos, par exemple, des savoir-faire professionnels) que sur le versant de l'apprendre et des manières de le méconnaître. Il n'a d'autre ambition que d'introduire une question et d'en établir le bien-fondé, dans la conviction que c'est du travail commun autour de cette question névralgique que dépend aujourd'hui le progrès des lumières en matière d'éducation.

2

La révolution de l'apprendre
Ivan Illich et l'école

Avant d'entrer dans l'examen des termes de notre problème proprement dit, il n'est pas inutile de revenir sur la rupture qui l'a fait naître. Il a surgi d'une authentique *mutation culturelle* qui a disqualifié une philosophie de l'enseignement et de l'éducation au profit d'une autre. Le terme de philosophie est employé ici faute d'un meilleur mot, dans une acception large qui demande à être précisée. Il ne désigne pas tant une pensée méditée de l'éducation qu'une *compréhension collective tacite* de la nature de l'éducation. Cette compréhension, est-il permis de soutenir, restait jusqu'à une date récente imprégnée de l'idée de transmission, en fonction de la *dimension maintenue de tradition* dans des sociétés par ailleurs très éloignées dans leur fonctionnement conscient de toute référence à la tradition. Mais, en pratique, de manière inconsciente, en dépit du caractère rationnel des justifications de l'ordre social, le modèle demeurait : l'éducation consiste dans le travail social par lequel la génération en place forme la génération appelée à lui succéder au rôle qui sera le sien. L'enjeu de l'éducation se ramène au *transfert temporel de l'acquis du passé* vers les nouveaux venus en charge de la construction de l'avenir. Dans ce cadre, il y a un explicite institutionnalisé de la transmission, lié à la contrainte assumée de la perpétuation de la société. C'est ce cadre symbolique qui soutenait l'institution scolaire, et qui formait l'esprit général de l'éducation que nous avons vu éclater et se défaire durant cette période charnière que constituent les années 1970. Il s'est désagrégé sous la poussée d'une vague d'individualisation qui a touché l'ensemble de la vie sociale. C'est partout que la dimension institutionnalisée du collectif s'est dissoute. Mais dans le domaine de l'éducation, son impact a été particulièrement spectaculaire. Cela parce qu'il y a eu conjonction entre l'esprit des savoirs modernes et la *logique sociale de l'individu* : c'est cette rencontre qui a donné au phénomène sa portée de renouvellement prodigieuse.

Émanciper le savoir

Il se trouve que nous disposons d'un document idéologique de premier ordre sur ce tournant. Il est instructif de le relire pour en retrouver l'inspiration. Il a la vertu d'en mettre les tenants et aboutissants en lumière mieux que tout autre. Il s'agit du livre d'Ivan Illich qui s'intitule en français *Une société sans école* (le titre anglais d'origine, *Deschooling Society* (*Déscolariser la société*), est plus énergique encore). Paru en 1971, il est tombé dans l'oubli aujourd'hui mais il a eu en son temps un retentissement extraordinaire à l'échelle internationale. Il a valeur de manifeste du nouvel esprit qui allait présider à l'enseignement et à l'éducation. On pourrait contester cette appréciation en observant, à juste titre, que, sur le plan pratique, ses préconisations ont été un échec complet : la scolarisation de la société est plus forte que jamais. Cela ne l'empêche pas d'avoir été prophétique du point de vue de la philosophie qui allait présider à cette expansion de l'institution avec laquelle il voulait en finir – son premier chapitre s'intitule « Pourquoi il faut en finir avec l'institution scolaire » ; il parle aussi de

« mettre un terme au règne de l'école » (190)[1]. S'il avait mal discerné les forces qui conspirent à cette différenciation fonctionnelle des systèmes d'enseignement dans les sociétés modernes, il avait parfaitement anticipé l'inspiration qui allait présider à l'élargissement de la demande d'éducation et à l'allongement de la période de formation. Ce surcroît de scolarisation s'est opéré dans l'esprit de la déscolarisation qu'il prônait. Ce qui n'est sûrement pas sans rapport avec la grande incertitude qui travaille l'institution.

Dans l'œuvre d'Illich, cette critique de l'institution scolaire s'inscrit dans une critique plus large du caractère contre-productif des institutions modernes. Elle s'applique aussi bien à la médecine ou aux transports, pour évoquer deux exemples auxquels il a consacré des analyses retentissantes. Sa démarche est caractéristique d'une époque qui découvre les limites de la croissance, les dégâts du progrès, les frustrations de la société de consommation et les absurdités du raisonnement technocratique. L'école lui offre une première illustration de cette malédiction d'un mode de fonctionnement où les moyens utilisés vont au rebours des fins poursuivies dont il généralisera ensuite le principe : « l'enseignement obligatoire semble miner la volonté personnelle d'apprendre » (189).

Passons sur l'équation personnelle d'Illich, ainsi que sur les conditions particulières qui ont pu stimuler sa réflexion, comme les problèmes du développement tels qu'ils se posaient alors en Amérique latine. Compte tenu de l'optique de la présente analyse, il faut lire son livre avec les yeux de ceux qui l'ont lu à l'époque et qui s'y sont reconnus, au premier degré, sans se préoccuper de ces données.

Ce dont témoigne le choc immense provoqué par *Une société sans école*, c'est la perte de légitimité de l'institution. Illich, en somme, a joué le rôle de l'enfant qui ose dire

1. Toutes les références vont à la traduction française de l'ouvrage, paru aux éditions du Seuil en 1971. Ici, p. 190. Les numéros de page sont indiqués entre parenthèses dans la suite du texte.

que le roi est nu. Ce qui spécifiquement n'était plus compris, c'était sa dimension transmissive, vis-à-vis de laquelle Illich n'a pas de mots assez durs. Il l'assimile tantôt à du « gavage », tantôt à de la « manipulation technocratique ». Cette démolition en règle fait l'objet des deux premiers chapitres de l'ouvrage. Dans une surenchère typique de la volonté de l'époque d'élargir la critique sociale par rapport à la critique marxiste de l'exploitation capitaliste, Illich va jusqu'à écrire : « L'aliénation de la société moderne, dans une perspective pédagogique, est encore pire que l'aliénation économique » (48). Ce qu'il incrimine en particulier, c'est le postulat politique sous-jacent de l'opération consistant à définir a priori le bagage de culture et de compétences jugé indispensable pour les jeunes générations et devant, de ce fait, être impérativement transmis. S'embarquer dans une telle tâche, c'est succomber à « l'illusion dangereuse que nous sommes capables de distinguer entre ce qui est nécessaire pour autrui en matière d'éducation et ce qui ne l'est pas » (48). Pareille substitution, qui fait l'âme de la transmission, est l'antichambre de la domination.

L'institution scolaire n'est que la traduction concrète de cette prétention de savoir à la place des autres ce qu'ils doivent savoir. Elle repose sur trois séparations qui se révèlent arbitraires à l'examen.

1. La séparation de l'enfance comme âge distinct, voué à l'école – « nous avons accepté l'idée qu'il existe des enfants » (52). Philippe Ariès est mobilisé pour montrer la relativité de ce découpage historiquement récent, qui conduit à une véritable « ségrégation » des enfants par rapport à la société adulte (56).

2. La séparation des maîtres et des élèves. S'il y a des élèves, en fait, c'est pour qu'il y ait des maîtres dotés d'autorité sur eux afin de les instruire. Or, à y regarder de près, cet objectif se révèle illusoire : « où avons-nous appris la plus grande part de ce que nous savons ? En dehors de l'école » (56). Pire, même, « il apparaît que les enseignants font parfois obstacle à l'acquisition des matières enseignées » (57).

3. La séparation du temps consacré à l'école, qui en fait une occupation exclusive, qualifiée carrément d'« incarcération » : « en classe, les enfants sont tenus à l'écart de la réalité quotidienne de la culture occidentale » (62). Comment prétendre les y introduire sur de telles bases ?

Contre cette impasse à la fois répressive et stérilisante, il s'agit donc de tracer les voies d'une autre philosophie, émancipatrice celle-là, en mesure de libérer la créativité personnelle et collective comprimée par ce carcan institutionnel. C'est l'objet du reste de l'ouvrage. Si elle se concentre sur l'éducation, en l'espèce, il est manifeste que, dans l'esprit de l'auteur, elle a la valeur d'une philosophie sociale et politique générale.

Si l'on cherche à en dégager les lignes de force, cette philosophie paraît pouvoir se ramener à trois principes :

1. Il n'y a que des individus, qui doivent être considérés comme tels. Cela veut dire, par exemple, que les prétendus « enfants » doivent être regardés comme des individus à part entière, même s'il est vrai que la précédence dans le temps emporte des effets cumulatifs indiscutables : il y a des aînés pourvus d'expérience, des modèles dont il est utile de s'inspirer. Mais ce n'est pas un motif pour en tirer une ségrégation institutionnelle.

2. Dans la mesure où ces individus vivent en société, les seuls rapports sociaux admissibles sont des rapports égalitaires, de personne à personne, à l'exclusion des spécialisations et des hiérarchies institutionnelles. Les institutions ne sont là, lorsqu'elles ont une utilité, que pour permettre et faciliter les rencontres interpersonnelles.

3. La forme sociale idéale, vers laquelle il faut tendre, au-delà des institutions, est celle du réseau connectant ensemble des personnes et des besoins. L'éducation offre un terrain exemplaire pour sa réalisation.

Le réseau libérateur

Contre le « mythe du progrès » et sa concrétisation dans les rites scolaires, la voie de la délivrance passe par le retour à la vérité de l'expérience : nous ne tenons nos savoirs que de nous-mêmes. « Apprendre, écrit Illich, est de toutes les activités humaines celle qui requiert le moins l'intervention d'autrui et qui ne se prête pas à la manipulation ; nous ne tenons pas notre savoir, à proprement parler, de l'instruction imposée. Ce serait bien plutôt l'effet d'une participation sans contrainte, d'un rapport avec le milieu qui ait un sens. La meilleure façon d'apprendre, pour la plupart des êtres humains, c'est cet accord avec les choses et les êtres, tandis que l'école les force à confondre le développement de leur personnalité et de leurs connaissances avec une planification d'ensemble qui permet la manipulation de l'élève » (71). Aliénation il y a, en ceci précisément que les données les plus manifestes du vécu le plus ordinaire sont oubliées au profit de préconceptions sans rapport avec ce que nous éprouvons réellement. Il ne cesse d'y insister : « Quand apprenons-nous généralement ? Quand nous faisons ce qui nous intéresse. Ne sommes-nous pas, la plupart d'entre nous, curieux ? Nous voulons comprendre, donner un sens à ce qui se trouve face à nous, à ce à quoi nous avons affaire » (212).

Pas de caricature : cela ne signifie aucunement que nous apprenons tout seuls. Nous apprenons au contact des autres et dans le commerce avec eux, mais indépendamment de ce que ceux-ci veulent nous faire entrer dans l'esprit. C'est toute la différence entre le plaisir de découvrir quelque chose qu'on ignorait grâce à autrui et une situation de subordination placée sous le signe du « gavage ». Cela s'atteste au mieux dans le bonheur de la « surprise personnelle » ; cela se joue au quotidien dans « l'issue imprévisible des rencontres avec les êtres, dont chacun est seul responsable » (121).

Une fois ces prémisses reconquises, les conséquences à en tirer pour l'organisation éducative coulent de source. À l'opposé de l'impersonnalité rigide des institutions actuelles, il s'agit de concevoir « un réseau souple, un tissu vivant où chaque personne désireuse de s'instruire serait à même de trouver les contacts nécessaires, de participer à sa propre croissance » (120). S'il est permis, à la limite, de conserver l'idée d'institutions spécialement consacrées à des missions d'éducation, c'est en envisageant leur transformation radicale : « les institutions éducatives (si elles sont réellement nécessaires) seront amenées à prendre l'aspect de centres ouverts à tous, où chacun puisse trouver ce qu'il recherche » (212).

Sur un plan plus pratique encore, comment concevoir la relation d'enseignement dans un tel cadre ? Comment concilier le besoin des autres et le refus de la subordination à un maître qui sait pour vous ce que vous devez savoir ? La réponse réside dans ce mot magique de *réseau*, qu'Illich pourrait avoir été l'un des premiers à magnifier, bien avant que la technique ne se charge de le matérialiser, sous les traits du « réseau des réseaux », à une échelle qu'il n'aurait pas osé rêver. À la sclérose scolaire, il faut substituer « les réseaux du savoir ».

Le réseau est la solution. Il est le moyen d'accorder ces nécessités que les sociétés modernes n'ont pas su gérer jusqu'à présent, en s'enfermant dans une voie unilatérale et contre-productive. Cette philosophie du réseau libérateur repose sur un principe fondamental qu'il importe de soigneusement expliciter, tellement ses conséquences vont loin : « Quiconque désire s'instruire sait ce dont il a besoin » (132). Principe authentiquement révolutionnaire, si l'on veut bien considérer que la philosophie de l'ensemble des systèmes d'initiation, d'éducation ou d'enseignement antérieurs a reposé sur un principe exactement inverse : les vieux savent pour les jeunes, les aînés pour les cadets, les initiés pour les profanes. L'école moderne n'a fait que radicaliser cette dépossession en installant les nouveaux venus dans un état de minorité où ils sont supposés ignorer par définition ce qu'ils ont besoin de connaître. La clé du renversement proposé par Illich se situe là. Il rompt avec ce que l'on peut appeler la tutelle éducative en posant l'état de majorité de toute personne en situation d'avoir à apprendre. Chaque être est autosuffisant dans la mesure de son insuffisance.

En réalité, le principe n'est pas nouveau. Il représente une redécouverte et une extension sur le terrain scolaire du principe d'utilité dont Bentham avait fait le fer de lance du radicalisme philosophique : chaque homme est le meilleur juge de son intérêt. L'utilitarisme est spontanément associé pour nous aujourd'hui à un libéralisme économique qui nous en masque le tranchant politique originel. Si chaque homme est le meilleur juge de son intérêt, personne ne peut parler à sa place lorsqu'il s'agit de choix collectifs. Il n'est pas d'argument plus fort en faveur du suffrage universel : un homme, une voix. Ce que réclame Illich n'est autre chose qu'une généralisation de cette logique du choix individuel qui préside à la vie de nos démocraties.

Ce principe une fois acquis, les objectifs que doit se proposer un système éducatif digne de ce nom se laissent convenablement définir. Ils sont au nombre de trois : « À tous ceux qui veulent apprendre, il faut donner accès aux ressources existantes, et ce, à n'importe quelle époque de leur existence. Il faut ensuite que ceux qui désirent partager leurs connaissances puissent rencontrer toute personne qui souhaite les acquérir. Enfin, il s'agit de permettre aux porteurs d'idées nouvelles, à ceux qui veulent affronter l'opinion publique, de se faire entendre » (128).

Organiser la communication sociale

Comme il apparaît à l'énoncé de ces exigences, l'enjeu dépasse de beaucoup le domaine éducatif dans l'acception étroite où l'erreur de nos sociétés est justement de le contenir. Il y va de la mise en place d'un système général de communication sociale, dont les réseaux du savoir formeraient en quelque sorte le système nerveux.

En fonction de cette ambition globale, Illich envisage la constitution de quatre réseaux, correspondant aux quatre axes selon lesquels on est susceptible d'apprendre, et tous conçus sur la base de ce renversement copernicien consistant à mettre la demande individuelle à la place de l'action collective. Une règle et une seule : garantir que « celui qui veut s'éduquer puisse bénéficier des ressources qu'il juge nécessaires » (133). C'est un leitmotiv qui court à travers cette esquisse d'un remodelage des systèmes d'enseignement : « L'instruction doit partir d'un choix personnel » (137).

Le premier de ces réseaux aurait pour mission de mettre à la disposition du public ce qu'Illich appelle des « objets éducatifs ». Entendons sous ce nom l'ensemble des objets techniques qui composent notre environnement matériel et dont le fonctionnement tend à nous devenir impénétrable. C'est à cette aliénation technicienne qu'il s'agit de remédier en rendant ces objets accessibles à la manipulation et, par là même, compréhensibles – l'exemple type en étant fourni par le démontage d'un moteur. L'enfant apprend en manipulant les objets qui l'entourent. Il n'est que d'étendre cette potentialité à grande échelle, en construisant « un monde où la vie quotidienne aurait vertu éducative » (143). Mais il faut bien prendre garde à ne pas réinstituer un corps de contrôleurs du savoir : « Un tel réseau fonctionnerait certes avec un personnel, mais dont la fonction ressemblerait à celle des gardiens ou des guides d'un musée plutôt qu'à celle des enseignants » (143).

Un deuxième réseau aurait pour charge d'organiser l'échange de connaissances entre personnes. L'accès des objets est relativement facile à assurer. Le contact avec les personnes représentant des « ressources éducatives » est plus délicat à mettre en œuvre, en revanche. Or il est indispensable, Illich le reconnaît. Il en est qui possèdent des talents, des compétences, des savoir-faire ou des connaissances dont d'autres sont dépourvus et qu'ils désirent acquérir. Où l'on retrouve le problème de la transmission, et l'on devine en filigrane l'inquiétude de notre auteur. Il s'en tire par une analyse de l'acte d'apprendre qui, tout en admettant le recours à quelqu'un qui sait, en neutralise le risque d'imposition. L'instruit fonctionne simplement comme un modèle que l'on s'approprie : « Pour un grand nombre de techniques et de connaissances largement répandues, la démonstration par un instructeur représente la meilleure façon d'apprendre » (148). N'est-ce pas de cette manière que les enfants apprennent à parler ? Il n'est que d'étendre ce mode d'acquisition, qui vaut pour presque tous les domaines, au dire d'Illich : « Lorsque l'on veut vraiment apprendre, à moins que l'on ne souffre d'un handicap particulier, la seule aide nécessaire est finalement de voir démontrer ce que l'on voudrait acquérir » (149).

Le danger de réintroduction d'une dépendance cognitive écarté, il ne subsiste plus qu'un problème qui n'est pas mince : « comment convaincre les personnes compétentes de transmettre leur savoir » (151) ? À l'échelle d'une société entière, entre inconnus, il est impensable de compter sur un altruisme généralisé. Il faut bien concevoir un mécanisme d'intéressement ou de rémunération. Illich suggère de recourir à une banque d'échanges, où chaque service rendu deviendrait un crédit, en instaurant une émulation vertueuse : « Le temps passé à enseigner par l'exemple et la démonstration serait celui-là même qui permettrait de bénéficier des services de ceux qui auraient gagné leur éducation en la partageant avec autrui » (152).

Un troisième réseau se consacrerait à « l'appariement des égaux ». C'est manifestement celui qui a la préférence d'Illich. Même si le deuxième parvient à conjurer le péril inégalitaire résultant de la dénivellation des connaissances, il en reste marqué, alors que le troisième est celui qui permet de faire jouer à plein les ressources de l'égalité : « Un authentique système éducatif permettrait à chacun de choisir l'activité pour laquelle il rechercherait un partenaire de sa force » (154). Tous pourraient ainsi tabler sur le concours d'un « compagnon de travail ou de recherche ». Un tel réseau, de surcroît, est facile à faire fonctionner : « il n'exige que la mise en place d'un réseau de communication » (155). Sur ce chapitre, le propos d'Illich, on l'a déjà signalé, se montre d'une prescience quasi prophétique. Il entrevoit les possibilités ouvertes par l'informatique, dont le modèle d'alors était pourtant très loin de la personnalisation et de la connexion généralisée qui n'ont commencé à se déployer qu'une ou deux décennies plus tard. Comme quoi la demande sociale peut être anticipatrice, parfois, par rapport à l'offre technique. La forme envisagée par Illich est rudimentaire, certes, au regard de ce qui s'est concrétisé ultérieurement, mais l'idée y est incontestablement : « La technique moderne permettrait aisément la mise en place d'un réseau d'appariement. L'utilisateur se contenterait d'indiquer son nom, son adresse et indiquerait l'activité pour laquelle il recherche un compagnon. Un simple tri sur ordinateur permettrait de lui transmettre la liste des personnes ayant manifesté un intérêt similaire. Comment se fait-il que l'on n'ait jamais mis en place un tel système sur une grande échelle, alors que le public dans son ensemble reconnaît bien volontiers la valeur de ces rencontres » (156) ?

Le quatrième et dernier réseau se présente, lui, sous l'aspect d'une concession, d'un remords, voire d'un retour du refoulé. On en avait vu poindre l'éventualité à propos de la mise en relation des inégaux en matière de connaissance, éventualité alors victorieusement repoussée. Elle resurgit en bonne et due forme, pour finir, sous les traits d'un réseau d'« éducateurs professionnels ». Illich n'en nie pas la nécessité, en dernier ressort, mais il ne s'y résigne que pour mieux réaffirmer la transformation complète que réclame à ses yeux la figure du maître d'école. S'il admet qu'il n'est pas possible de faire l'économie d'un personnel spécialisé, il veut, d'abord, qu'on ne s'y adresse que par choix, et il veut, ensuite, que ces professionnels soient eux-mêmes des

« éducateurs indépendants », sans plus rien de commun avec les serviteurs d'une institution contraignante qu'ils ont été traditionnellement.

Ce que préconise Illich revient ni plus ni moins à une réinvention de la figure traditionnelle du sage. Le paradoxe qu'il fait valoir est que le renforcement du sens de l'autonomie individuelle prédispose à s'entourer de conseils avisés : « Si les citoyens avaient de nouvelles possibilités de choix, disposaient de chances nouvelles de s'instruire, leur désir de trouver un maître devrait grandir. Plus certains de leur indépendance, ils accepteraient volontiers d'être guidés, puisqu'ils n'auraient pas peur d'être manipulés par ce dernier. Ils seraient du même coup plus aptes à reconnaître une sagesse acquise au cours d'une vie. Déscolariser l'éducation devrait développer (au lieu de l'étouffer) l'effort pour rechercher des êtres humains possédant une sagesse pratique, prêts à aider le nouveau venu au seuil de son aventure éducative » (161).

Des administrateurs compétents sont indispensables pour faire fonctionner les réseaux du savoir. Parents et enfants, il est raisonnable de le prévoir, auront besoin d'assistance pour s'orienter et trouver le chemin qui leur convient. Les étudiants gagneront à pouvoir compter sur les conseils avisés de personnes qualifiées pour bâtir un projet, résoudre les difficultés qu'ils rencontrent ou choisir entre différentes méthodes possibles. Enfin, au plus haut niveau, les « difficiles voyages d'exploration intellectuelle » requièrent souvent l'aide d'un guide. Des « maîtres à penser » sont nécessaires. Illich ne recule pas devant l'expression, il veut lui rendre sa fraîcheur première, au contraire, en entendant par là ceux « que l'on prend volontiers comme modèles, que l'on désire suivre dans leurs recherches successives ». L'important est que cette relation conserve un caractère informel, fondé sur le choix personnel et « l'estime mutuelle ».

Ce qui est remarquable dans la manière dont Illich conçoit ce dispositif, c'est la combinaison entre une reconnaissance réaliste du besoin des autres, à tous les niveaux, et la volonté de soustraire ces relations nécessaires au cadre impersonnel de l'institution. Probablement est-ce en ce point, en fonction de la tension entre les deux ordres d'exigence, que la philosophie de sa construction ressort le mieux, dans ses deux inspirations connexes : *individualisation radicale* et *désinstitutionnalisation radicale.*

La réussite de l'échec

Si l'on se demande, maintenant, quarante ans après, ce qu'il est advenu de cette proposition exemplaire, on ne peut manquer d'être frappé par l'ambiguïté du bilan. Elle a été un échec complet tout en se montrant étonnamment anticipatrice. Ce qui l'emporte, à vue de surface, c'est le démenti cinglant que le cours des choses s'est chargé d'administrer à ce qui fait désormais figure d'« utopie », au sens trivial et péjoratif du terme. Il n'y a pas eu de déscolarisation. La demande institutionnelle a crû et embelli, au contraire. Le programme illichien n'est plus revendiqué par personne et il n'en est plus jamais question. En même temps, cette disqualification ne l'empêche pas d'avoir explicité les principes qui allaient présider à la transformation des institutions avec une netteté prophétique dont on trouverait difficilement l'équivalent ailleurs. C'est précisément ce contraste qui fait l'exceptionnel intérêt de l'ouvrage en tant que repère historique.

La prescience du propos d'Illich est la plus frappante, il faut le redire, sur le terrain de la philosophie des réseaux. Il a énoncé un idéal du lien social, comme lien horizontal et optionnel, avant que la technique ne lui procure sa traduction concrète et n'en fasse une donnée banale. À une époque où l'informatique naissante paraissait plutôt apporter des outils supplémentaires à la centralisation des pouvoirs et à la concentration des moyens de contrôle, il a deviné les potentialités décentralisatrices et individualisantes que comportait le nouveau système technique. Gageons que c'est la même intuition qui a guidé, au cours des années suivantes les concepteurs de l'ordinateur personnel et de la connexion universelle. Cette dialectique de l'anticipation et de la concrétisation confère une actualité inattendue à son dessein. Celui-ci a fait idéologiquement long feu et il est tombé dans l'oubli. En revanche, les réseaux qui devaient en constituer la base opératoire existent techniquement désormais, et ils véhiculent, au moins à l'état inchoatif, une idéologie qui n'est pas si éloignée de celle que prônait Illich. À quand la résurgence en majesté du prophète méconnu ? Elle n'est pas à exclure.

Mais le principal intérêt du propos d'Illich, dans la perspective qui nous intéresse, est de donner son expression le plus franche et le plus complète au refus de la transmission institutionnalisée ou de l'institution transmissive, d'une manière qui en met les attendus et les difficultés en pleine lumière. Au foyer du rejet de la transmission, il y a une individualisation sans concession, au regard de laquelle toute visée de transmission ne peut être reçue que comme une inacceptable imposition autoritaire, contradictoire avec l'idée même d'apprendre. L'acte d'apprendre est à ce point une manifestation de l'individualité, ou, mieux, de la subjectivité, qu'il ne peut procéder que de son impulsion propre. Il ne peut qu'être placé sous le signe d'une découverte qui est simultanément découverte du monde et découverte de soi. Personne ne peut définir à la place du sujet ce qui est pertinent pour lui ou le parcours qu'il doit effectuer.

Le problème commence avec le besoin d'autrui, qui ne tarde pas à surgir sur ce chemin de découverte. Il est dès lors de savoir s'il est possible de le neutraliser en tant que problème, en alignant rigoureusement ces interactions obligées avec les autres sur le seul étalon recevable, qui est celui du choix personnel et de l'avantage mutuel, à l'exclusion de toute impersonnalité institutionnelle et de toute programmation collective. C'est la grande vertu des « utopistes » que de formuler sans fard ce genre d'exigence et que d'en pousser la logique jusqu'au bout, alors qu'elles sont diluées ou masquées le plus souvent. Ils nous rendent déchiffrable en cela ce qui travaille à bas bruit nos sociétés et se joue dans la confusion.

Cette ambition aussi impossible que pleine de sens nous conduit droit au cœur des tensions constitutives à la fois des savoirs modernes et de la société des individus. Car c'est ce qui éclate, en fin de compte, à la faveur de l'écroulement de l'autorité traditionnelle de la transmission dont le propos d'Illich porte indirectement témoignage. Le support que l'imposition scolaire trouvait dans les vestiges de l'encadrement holiste se dérobe, ne laissant plus concevoir d'autre ressort admissible que la mobilisation de l'individu. Parallèlement, s'évanouit ce qui pouvait subsister du modèle d'une connaissance réceptive, associé à l'imprégnation coutumière. Seul demeure dans la lice, comme axe légitime des acquisitions, l'acte constructeur du sujet de raison. Mais ce triomphe sans reste de l'esprit des savoirs modernes en fait surgir l'ambivalence au grand jour, redoublée par l'ambivalence de la logique sociale de l'individu.

Les savoirs méthodiques sont à la fois personnels et impersonnels. Ce sont des savoirs ouverts, conçus en vue de leur accroissement permanent. Dans cette opération d'élargissement, ils supposent l'initiative de l'acteur de connaissance. Mais leur universalité rationnelle fait en même temps que c'est la connaissance de n'importe qui, détachable de son constructeur et communicable anonymement. Jointe à leur sédimentation, cette double face a les plus grandes conséquences pour leur acquisition. On n'y entre pas n'importe comment, par n'importe quel bout. Il y faut des progressions raisonnées qui ne sont pas simples à bâtir. Ces chemins définis dans un souci d'économie des efforts et d'efficacité sont impersonnels à souhait. Ils sont conçus à l'usage de tous, dans l'indifférence aux curiosités particulières. S'ils réclament une intense activité d'appropriation, ils se présentent sous un jour extrinsèque et contraignant.

Où il apparaît que, de par leur nature même, les savoirs méthodiques ne s'acquièrent pas de la même manière qu'ils se développent. Leur développement s'appuie sur une dimension personnelle ; leur acquisition repose sur leur dimension impersonnelle – étant entendu qu'il ne s'agit dans chacun des cas que de priorités relatives. Sauf que ce second volet est difficile à assumer dans un cadre culturel où la transmission a été irrévocablement délogée par l'action subjective et où l'élève ne peut plus être conçu que sur le modèle du chercheur. C'est ce qu'illustre fidèlement la démarche d'Illich et c'est pourquoi l'idéal qu'il a mis en circulation est resté vivace, en dépit des démentis constants auxquels il s'est heurté. Au moment où leur esprit triomphe, les savoirs modernes se mettent à faire écran aux conditions effectives de leur appropriation. Ils les relèguent dans l'ombre, de telle sorte qu'elles fonctionnent de manière presque inavouable.

De la même façon, la société des individus est à la fois une société de personnes et une société d'institutions. Parce que les individus sont en même temps des singularités irremplaçables et des égaux interchangeables. Ils ont autant besoin d'anonymat des procédures et d'impersonnalité des règles qu'ils sont soucieux de voir reconnaître ce qu'ils ont d'unique. Sauf que, lorsque s'évanouit la dose de holisme traditionnel qui appuyait l'existence des institutions modernes et qui soulignait en particulier leur mission collective, celle-ci se brouille et leur principe constitutif se met à faire figure d'archaïsme insoutenable au regard d'un impératif de personnalisation seul audible, comme s'il pouvait se débarrasser d'un vis-à-vis dont il est pourtant inséparable. C'est très exactement cette révolte de la singularité individuelle contre l'uniformité institutionnelle qu'Illich exprime sur le terrain scolaire.

Cette solidarité cachée des opposés permet de comprendre ce qui s'est passé. Elle permet de comprendre pourquoi la récusation illichienne a laissé une trace profonde, en dépit de la déroute totale qu'elle a subie dans les faits. On l'a dit, non seulement la désinstitutionnalisation n'a pas eu lieu, non seulement elle n'a pas connu la moindre velléité d'exécution, mais, au rebours de ce qu'escomptait Illich, la dynamique de la scolarisation s'est renforcée. Jamais société n'a entretenu un appareil scolaire aussi vaste, aussi ramifié, aussi investi d'attentes collectives. Il y a à cela plusieurs raisons qui demanderaient un examen détaillé dont ce n'est pas le lieu. Pour ne dire qu'un mot des principales, les transformations de la famille, son intimisation, ont poussé à un report de sa fonction socialisatrice et éducative sur l'école, tandis que le remaniement des âges de la vie a conspiré à mettre davantage à part encore la période initiale de formation, en la chargeant d'enjeux spécifiques d'accumulation de potentiel. Toujours est-il que, à l'arrivée, les faits sont là : l'école jouit d'un règne incontesté.

Mais ce démenti extérieur et cinglant à la thèse de la déscolarisation serait trompeur si l'on s'en contentait. Car si l'institution s'est maintenue et même solidifiée, la désinstitutionnalisation la travaille de l'intérieur. Ce au nom de quoi Illich contestait l'institution est devenu peu ou prou l'esprit de l'institution. Sa fonction collective n'est plus comprise comme telle ; il n'est plus question que des bénéfices privés que peuvent en retirer ses usagers. La généralité de ses moyens d'action est discutée en permanence au nom de la particularité des cas qu'elle devrait prendre en compte. Bref, elle s'épuise à poursuivre le contraire de ce qui la constitue comme institution, en se moulant sur les demandes individuelles et sur les parcours singuliers.

En cela, Illich a bel et bien été prophète. Son échec de surface ne doit pas nous dissimuler sa réussite de fond. Les deux sont à considérer ensemble. Leur couple définit la contradiction qui nous tenaille, et, du même coup, la tâche qui nous revient. Ce qui nous est demandé, c'est de sortir de cette dispute indéfinie, en clarifiant ces exigences tout aussi complémentaires qu'elles sont antagonistes, afin de trouver le moyen de les accorder.

Deuxième partie

Résistances de la transmission

3

Les transmissions familiales

Il n'est pas rare aujourd'hui d'attribuer les difficultés de l'école à une « crise » de la transmission, alors que, dans la même école, la pédagogie dite « transmissive » fait figure de repoussoir. Ce processus par lequel une génération devait passer à la suivante l'ensemble des savoirs, savoir faire et valeurs qui constituent une culture semble appartenir à un monde révolu. Les manières de nommer le phénomène sont légion : « Rupture dans la transmission », « La transmission en panne », « Des pères aux pairs », « Transmettre, un défi impossible », pour s'en tenir à quelques titres récents. Les droits de la raison individuelle sont déclarés supérieurs aux legs des générations précédentes. Tout se passe comme si nous refaisions à l'échelle collective la rupture entreprise par Descartes lorsqu'il décida de rejeter les savoirs transmis par ses maîtres, et de « ne rien croire trop fermement de tout ce qui ne [lui] avait été persuadé que par l'exemple et par la coutume ». Ni maîtres, ni modèles. Et pour unique livre, « le grand livre du monde ». Ne compter que sur les forces de sa propre raison pour parvenir à une connaissance indubitable. Aujourd'hui, cette démarche pionnière est devenue la norme : chacun est appelé à « construire ses savoirs » et à découvrir la vérité en faisant appel à sa raison. À tel point que même les transferts initiaux qui étaient autrefois opérés par la parentèle sont désavoués. Officiellement, faudrait-il aussitôt ajouter. Car c'est bien dans la famille, justement, que l'on peut observer la permanence d'une transmission, peut-être même d'autant plus effective qu'elle est le plus souvent cachée, implicite, non assumée comme telle. Que se passe-t-il dans ce premier espace de la vie de l'enfant ? Qu'y transmet-on ? Une telle exploration pourrait nous éclairer sur ce monde qui dit ne plus croire à la transmission.

Une notion équivoque

Il convient, avant tout examen, de s'entendre sur ce que nous mettons sous le terme de transmission. Ce mot n'a de signification claire que pour les militaires et les notaires. Et nous, de quoi parlons-nous quand nous déplorons « l'abandon de la transmission » ou au contraire quand nous dénonçons son caractère contraignant ? Pour y voir plus clair, il est utile d'envisager deux triades de mots comportant une certaine proximité sémantique :

1. *Transmission/communication/socialisation.* Depuis que, à l'époque de la Révolution française, l'ingénieur Chappe a inventé le sémaphore pour transmettre les informations de guerre, les systèmes de transmission désignent tous les moyens de communication à distance, c'est-à-dire de transport de l'information dans l'espace. Cette synonymie ne favorise pas l'examen d'un autre type de transmission, caractéristique, lui, des sociétés humaines : le transport de l'information dans le temps. Nous proposons, pour les besoins de l'analyse, de distinguer la *transmission*, ou transport de l'information dans le temps, de la *communication*, ou transport de l'information dans l'espace, même s'ils se combinent dans la réalité. Car les animaux communiquent, mais ils ne transmettent pas : ils connaissent le message par signal, non l'héritage cumulatif des traces. Pourquoi la transmission est-elle l'apanage des sociétés humaines ?

Il y a transmission dans les sociétés humaines parce qu'elles sont *historiques*, et que le transfert des acquis, d'une génération à l'autre est, pour toute société, la condition de sa survie dans le temps. Dans les sociétés traditionnelles, des rituels d'initiation marquent solennellement l'entrée des jeunes dans la communauté des adultes. Il s'agit d'intégrer les nouveaux venus dans le groupe en les initiant aux secrets de la tradition. Mais dans le même temps, ces rites confèrent aux jeunes la responsabilité d'assurer à leur tour la *continuité* du groupe. Dans les sociétés modernes, c'est à l'institution scolaire qu'est dévolue explicitement cette fonction de maintien de la survie de l'ensemble social. Aucune société ne peut se désintéresser de la préservation du collectif et de son amélioration.

Il y a transmission également parce que nous sommes des êtres capables de représentation symbolique, et donc des êtres de *culture*. Grâce aux outils symboliques que sont la langue, l'écriture et les objets techniques, la totalité du savoir d'une génération peut passer à la suivante. Un système de symboles ayant la propriété d'être cumulatif, c'est par son truchement que nous pouvons « thésauriser » (selon l'expression de Michel Leiris) et transmettre les productions collectives. De ce fait, les « formes symboliques » que sont les objets de culture constituent un *héritage* social, lequel est distinct de l'*hérédité* biologique que les hommes partagent avec tous les animaux. Un de nos contemporains, Régis Debray, au nom de la discipline qu'il propose d'appeler « médiologie », ne dit pas autre chose : « Si l'homme est l'animal qui a une histoire, la transmission non biologique, artificielle, de caractères acquis est l'autre nom de la culture humaine. » Cet héritage reçu doit se transmettre et s'accroître. Il représente une sorte de dette qui oblige chaque génération en la reliant à celles qui la précèdent et à celles qui la suivront, et qui, en même temps, signifie à chacun son appartenance à un groupe. La perpétuation de la culture de ce groupe dépend du fait que chaque individu est récepteur avant de devenir émetteur, copiste avant d'être créateur.

Qu'en est-il alors de ce que l'on nomme aujourd'hui la *socialisation* ? Ce processus, selon Durkheim, fait partie de toute éducation et consiste, pour une génération donnée, à transmettre à la génération suivante les usages, connaissances et manières de faire de la société dans laquelle elle s'apprête à entrer. En ce sens la transmission est assurément un aspect de la socialisation. Mais les deux termes ne sont pas équivalents. La transmission, en tant que passage de relais entre générations, ne représente qu'une partie de ce processus plus large qu'est la socialisation des jeunes. Il y a beaucoup d'autres modes de socialisation de la jeunesse, en particulier celle qui s'opère à l'intérieur d'une classe d'âge, dans les échanges et le partage des comportements, goûts et idéaux des pairs, souvent véhiculés ou amplifiés par les médias et les réseaux sociaux. Il y a peut-être abus à parler de « transmission horizontale » pour parler de cette puissante force de socialisation des jeunes qui semble aujourd'hui faire obstacle à la transmission : la socialisation par les pairs ou par les moyens de communication de masse. Il faudra en revanche aborder la véritable nature de cet obstacle supposé, car il est partie prenante du sentiment de « crise de la transmission ». Peut-on dire, comme cela se répète à l'envi dans les travaux contemporains, que nous sommes passés de la transmission verticale à la transmission horizontale, autrement dit « des pères aux pairs » ? L'importance accordée à la socialisation par les pairs contribue à maintenir dans l'ombre le rôle de la transmission familiale. S'interroger sur ce qui reste aujourd'hui de la transmission familiale est en ce sens une démarche nécessaire. Car, bizarrement, comme le montrent les enquêtes sur les pratiques culturelles des Français, les jeunes, après la période de l'adolescence, s'émancipent de la « tyrannie de la majorité » et en reviennent à des goûts très proches de ceux de leurs parents (devenus adultes, ils adoptent souvent les mêmes options politiques, comme le montre la sociologue Anne Muxel)[1].

1. Anne Muxel, *Avoir 20 ans en politique*, Paris, Seuil, 2010.

En réalité, les familles ne cessent de transmettre, et cela dans le temps même où les enfants sont « hyperconnectés » avec leurs congénères, entre pouce et souris, téléphone portable et Facebook[1]. Faute de distinguer entre phénomènes intergénérationnels et intragénérationnels, on ne peut rien dire de cette transmission opérée par les familles, et on vide de sens l'hypothèse que la socialisation entre pairs écraserait aujourd'hui la transmission « verticale ». S'il y a « crise de la transmission », il faut peut-être la comprendre autrement.

2. *Transmission/tradition/traduction. Transmittere, tradere, traducere* : en latin, les trois termes sont quasiment synonymes. Ils désignent le transfert d'un ensemble d'objets d'un endroit à un autre. Dans l'usage courant, la tradition représente le patrimoine accumulé par les générations antérieures, et la transmission est le processus par lequel ce patrimoine est légué par la génération qui accueille les nouveaux venus. Si la transmission est le garant de la continuité du groupe, elle n'est pas pour autant un travail de conservation. « Continuité » ne signifie pas « immuabilité », transmission n'est pas conservation : dans toutes les sociétés, la continuité s'assure dans et par le changement. La culture, en tant qu'univers de formes symboliques, n'est pas un patrimoine qui pourrait être transmis intact et reçu à l'identique. Il y a toujours reconstruction de l'objet transmis. De même que la langue se transforme et s'enrichit sans cesse, les éléments de la tradition font l'objet d'une appropriation et d'une invention d'objets nouveaux, à la faveur des événements dont la génération qui opère l'acte de transmission est témoin et acteur. En outre, elle met en jeu la mémoire, qui est toujours « reconstruction rationnelle

1. Interrogé avant un concert en France, le jeune Ravi Coltrane, fils du grand saxophoniste John Coltrane, répondit à un journaliste qui lui demandait s'il n'était pas difficile de tracer sa voie derrière un tel père : « Il est une référence majeure pour tous les musiciens. Pourquoi, moi, je devrais faire autrement ? », *Ouest-France*, 7 mai 2013.

du passé à partir des éléments et des mécanismes actuellement présents à la conscience du groupe[1] ». Les Écritures saintes sont transmises à travers leurs réécritures et leurs commentaires. La mémoire familiale est reconstruite à travers des récits choisis et une sélection de photos de famille, qui présentent les ancêtres sous leur jour le plus flatteur, et dans des circonstances édifiantes (première communion, mariage, décorations). Toute transmission obéit à une dynamique de déformation qui court toujours le risque de travestissement et qui donne parfois à penser, encore une fois, qu'il y a « crise de la transmission ».

Il faut ajouter que cette traduction/transformation est double : elle est l'œuvre de ceux qui transmettent, mais aussi de ceux qui reçoivent. Jack Goody remarque que, dans la tradition orale, celui qui transmet le mythe est à la fois récitant et créateur[2]. Comme le conteur ne peut se remémorer le texte mot à mot, il le modifie, lui incorpore des éléments nouveaux ; il est en situation d'inventeur. Le même récit fait l'objet de traductions en permanence. Et, d'un autre côté, il faut rappeler que ce qu'on lègue n'est jamais ce qu'on a décidé par avance : le processus ressemble au dépôt d'un trésor qui est rarement ce qui sera reçu, comme le montre si bien la fable « Le laboureur et ses enfants » : il y a bien un trésor caché dans le champ, mais ce que reçoivent les enfants n'est pas l'or, c'est la valeur du travail. Cela dit, rien n'interdit de penser que, à certaines époques, comme ce fut le cas à la Renaissance, des révolutions scientifiques et culturelles bouleversent à tel point le crédit qu'une génération peut accorder aux acquis du passé que l'on observe quelque chose qui s'apparente à une rupture ou même un refus de transmission. C'est l'une des hypothèses que nous aurons à envisager pour la période contemporaine.

1. Voir Maurice Halbwachs, *Les Cadres sociaux de la mémoire*, Paris, Alcan, 1925.

2. Jack Goody, « La transmission du Bagré. Mémoire et apprentissage dans les sociétés sans écriture », *L'Homme*, janvier-mars 1977, t. 17, n° 1.

Encore faut-il faire un point précis de ce qui reste de cette transmission, et affronter ce qui semble relever de l'indicible, de l'impensable ou de l'insaisissable. Car le *fait* de la transmission résiste, malgré toutes les dénégations, et au premier chef dans les familles. Il résiste peut-être d'autant plus fort qu'il n'est pas présenté comme tel. Peu nombreux sont les travaux (à l'exception de ceux de Pourtois et Desmet en Belgique, et de Terrail, Lahire ou encore Charlot, Bautier et Rochex en France) qui s'attachent à explorer ce processus complexe que certains nomment l'« éducation implicite »[1]. Notre objectif est de faire le pari du « dicible », en ce qui concerne les transmissions familiales. On peut se demander par quels canaux, selon quelles modalités les familles transmettent. Procéder à l'inventaire de ces moyens supposerait de distinguer processus implicites et processus explicites. L'aspect délibéré des interventions parentales (injonctions normatives, négociations et persuasions, entraînements et sollicitations, stimulations de toutes sortes) est autre chose que la lente imprégnation, faite d'imitation, de familiarisation, de choses apprises par un processus d'assimilation, sans que cela soit le résultat d'une action ordonnée ou systématique. Il faudrait en outre faire une place très particulière aux échanges affectifs et langagiers, récits ou dialogues, tant la parole apparaît d'emblée comme le support privilégié de la transmission familiale. Et une autre place encore à l'identification à des modèles, à l'incorporation des rôles sexués et des codes sociaux.

Mais notre priorité est ailleurs. Nous voudrions tenter de repérer les *contenus* transmis réellement par les familles, abstraction faite de la diversité des modes de transmission

1. Jean-Pierre Pourtois et Huguette Desmet, *L'Éducation implicite : Socialisation et individualisation*, Paris, PUF, 2004, et avec Willy Lahaye, *Transmettre. D'une génération à l'autre*, Paris, PUF, 2007. Jean-Pierre Terrail, *De l'inégalité scolaire*, Paris, La Dispute, 2002. Bernard Lahire, *Tableaux de familles. Heurts et malheurs scolaires en milieux populaires*, Paris, Gallimard/Seuil, 1995 ; Bernard Charlot, Élisabeth Bautier et Jean-Yves Rochex, *École et savoir dans les banlieues… et ailleurs*, Paris, Armand Colin, 1992.

et de la distinction nécessaire entre ce qui est transmis et ce qui est reçu. Tant que l'on n'a pas une idée claire des objets transmis envers et contre toutes les dénégations, on reste dans le brouillard et les incantations vaines. Alors, puisqu'il faut classer pour les besoins de l'analyse, nous distinguerons, au-delà du phénomène indiscuté mais crucial de la transmission du patrimoine matériel et des biens de la lignée, les transmissions que l'on pourrait dire « existentielles » mais que nous nommerons *psychiques* parce qu'elles sont analysées ainsi par de nombreux psychiatres et psychanalystes[1], les transmissions *morales* qui ont pour objet les valeurs aussi bien que les comportements et les manières d'être, et les transmissions *cognitives* qui portent sur le sens du collectif, le rapport au travail, la place du langage et de l'abstraction.

Transmissions psychiques

Si l'on reconnaît l'importance de ces transmissions qui touchent au plus profond de ce qui donne un sens à l'existence de chaque être (la vie, le nom, l'amour, la mémoire), c'est que le défaut de l'une ou l'autre de ces transmissions, dans la première enfance, provoque des effets remarquables et parfois dramatiques. Aujourd'hui, de nombreuses pathologies, dans le champ de la psychanalyse ou des thérapies familiales, sont rapportées à des « manques » dans la transmission. Plus fréquemment encore, les praticiens confrontés à certaines difficultés scolaires estiment que des contradictions entre les transmissions à l'œuvre dans la famille et celles qui s'opèrent dans l'école peuvent porter atteinte à la capacité de l'enfant à apprendre.

Le premier objet de la transmission familiale est la *vie.* L'ethnologue Charles Malamoud rappelle que le don de

1. Par exemple, Didier Houzel, *La Transmission psychique. Parents et enfants*, Paris, Odile Jacob, 2010.

la vie, qui oblige celui qui donne comme celui qui reçoit, est appelé « dette de vie » dans les sociétés traditionnelles brahmaniques. Ceux qui ont reçu la vie doivent la donner à leur tour, et, en donnant, rendre ce qui leur a été donné. Cette dette intergénérationnelle organise la vie de tout homme, en lui attribuant un rôle dans la chaîne des générations : « La dette est ce qui structure la vie de l'individu en tant qu'il est mortel, mais aussi en tant qu'il est lié à ses ancêtres[1]. » Dans les sociétés contemporaines, cette idée de lien est moins explicite, mais elle n'en a pas pour autant perdu son sens, si l'on en juge par le malaise exprimé par les personnes en quête d'informations sur leurs origines. Et le don de vie est encore reçu comme porteur de sens : si les parents donnent la vie, c'est qu'ils considèrent que cette vie qu'ils ont eux-mêmes reçue est désirable, et qu'il vaut la peine de la transmettre à nouveau. Ce qu'ils donnent au nouveau-né, au-delà de la vie biologique, c'est la conviction que le simple fait de vivre a de la valeur, et que le monde dans lequel ils jettent l'enfant n'est pas une chausse-trape. Ils auront d'ailleurs à le lui rappeler dès les premiers obstacles opposés à son désir ou les premières souffrances. Le don de vie est la transmission d'une espérance. Les démographes ne s'y trompent pas d'ailleurs, quand ils analysent la baisse de la fécondité comme le symptôme du mal de vivre d'une société. Mais davantage encore que cette foi dans la valeur de la vie, les parents donnent (ou ne donnent pas) à l'enfant la confiance dans sa capacité à grandir et à trouver sa place dans un environnement qui ne l'attend pas. Cet enfant *sujet*, sujet de son histoire, ils s'engagent à le soutenir de leur sollicitude et à lui donner ce qui lui permettra d'atteindre sa pleine liberté. Ce qui rend ce don si problématique, c'est que cet enfant sujet est à la fois *objet*, objet du désir de ses parents (qui souvent cherchent à se reproduire en l'enfant), produit de leur histoire et de ce que les parents ont eux-mêmes reçu

1. Charles Malamoud (dir.), *Lien de vie, nœud de mort. Les représentations de la dette en Chine, au Japon et dans le monde indien*, Paris, Ehess, 1988.

de leurs propres parents[1]. C'est ce paradoxe constitutif de la condition humaine qui rend le don de vie tellement périlleux que certains ne s'en remettent pas. Les psychiatres en témoignent : beaucoup d'adultes sont malades de cette relation première de dépendance à des adultes chargés de donner à l'enfant « non seulement les conditions physiques de sa croissance, mais aussi les apports et supports psychiques nécessaires à la construction de sa personnalité[2] ». Malades aussi de n'avoir pas trouvé les aides nécessaires, celles qui, dans la sagesse ancienne ou dans les contes, étaient fournies par l'omniprésent personnage de la sage-femme, à la fois savante et accoucheuse. Donner la vie, dit cette sagesse que nous rappelle Marthe Robert, ce n'est pas seulement mettre au monde, mais aussi « transmettre la connaissance des pratiques sociales et religieuses par quoi l'homme peut s'insérer dans l'ordre des choses, venir vraiment au monde et y être à sa place[3] ».

Avec la vie, les parents transmettent un *nom* à l'enfant. Par cet acte juridique, ils donnent à cet être qui incarne leur amour une identité sociale qu'ils ont eux-mêmes reçue de leurs parents. Cette transmission a une signification majeure, car elle manifeste la continuité de la lignée tout autant que la finitude des individus qui la composent, destinés à disparaître et à laisser la place. Le nom introduit l'enfant dans un ordre générationnel, que Pierre Legendre nomme le « principe généalogique »[4]. Ce principe signifie deux choses, l'une et l'autre fondamentales. D'abord, que l'une des composantes de la vie de chacun, c'est la participation à une histoire très ancienne. Chaque nouveau venu

1. Cet aspect répétitif de la transmission psychique est bien analysé par Jean-Claude Quentel, dans *Le Parent*, Bruxelles, De Boeck Université, 2001, p. 52-55.

2. Didier Houzel, *La Transmission psychique, op. cit.* p. 191.

3. Marthe Robert, préface à l'édition des *Contes* de Grimm, Paris, Gallimard/Folio, 1976, p. 16.

4. Pierre Legendre, *L'Inestimable Objet de la transmission*, Paris, Fayard, 1985.

s'inscrit dans une double lignée, hérite des gestes de ses ancêtres et parfois de leurs vices. Le thème biblique de la transmission inconsciente des traits de caractère que nous avons reçus de nos parents souligne à quel point la naissance n'est jamais un premier commencement absolu[1]. Cet héritage reçu de nos ancêtres n'est d'ailleurs pas toujours considéré dans ses dimensions funestes. Il fut rappelé avec vigueur au XIXe siècle, devant l'effroi suscité par l'ébranlement des appartenances et des traditions, et nommé « solidarité entre générations » par Auguste Comte pour insister sur la nécessaire continuité des groupes sociaux (« La société est composée de plus de morts que de vivants »), et *Solidarité morale* chez Henri Marion (1893), pour montrer qu'il ne constitue pas un obstacle à la liberté, mais, au contraire, une inscription libératrice dans la « chaîne des générations ». Mais le principe généalogique signifie aussi que le petit d'homme ne trouvera sa place de sujet qu'au sein d'un groupe organisé où il se confrontera à la différence des générations et à la différence des sexes, ainsi qu'à des institutions qui les encadrent. Cet « objet de la transmission », pour Legendre, est de l'ordre de l'insaisissable : « Chacun naît objet capitalisé, image de quelqu'un ; chacun naît autre, radicalement autre. Nous naissons pour être d'abord cette chose-là, hors du commerce ordinaire et qui, avant d'être nommée et tenter de vivre sa propre part de sujet, est d'abord la part pleine et entière des autres, de ces autres privilégiés, les parents – littéralement les reproducteurs –, aux prises avec l'objet inconnu de leur désir, avec l'insaisissable d'une transmission. Tout ce qu'on sait de cet insaisissable, c'est qu'il s'incarne et soutient la reproduction humaine d'une génération à l'autre[2]. » On n'est pas tenu de suivre Legendre sur ce dernier point : il est possible et sans doute même nécessaire de dire quelque chose de

1. « Les pères ont mangé des raisins verts et les dents des enfants en ont été agacées. » Ezechiel, 18, 2.

2. Pierre Legendre, *L'Inestimable Objet de la transmission*, *op. cit.*, p. 24.

cet « insaisissable ». Par exemple, que les parents ne transmettent vraiment la vie que si, au-delà de la réalisation de leur propre désir, ils permettent à l'enfant de trouver sa place dans une organisation sociale déjà là, structurée mais pas immuable. Le désir d'enfant est une affirmation de vie. N'être que l'enfant du désir de ses parents, juste bon à « mettre la joie au foyer », est une limitation. Hormis le poids de ce désir éternellement impossible à satisfaire, manquera cruellement la dimension du « monde commun » si cher à Hannah Arendt, le monde de l'humanité entière comme celui du collectif dans lequel l'enfant est appelé à vivre.

Les parents transmettent surtout l'*amour*, et un amour inconditionnel, parfois nommé sollicitude. Ils le transmettent, encore une fois, parce qu'ils l'ont reçu. Selon John Bowlby, les modèles d'attachement dont un individu a bénéficié se transmettent de manière relativement stable d'une génération à l'autre. C'est même devenu un lieu commun, heureusement à demi vrai, que l'on ne peut donner de l'amour que si l'on en a soi-même reçu de ses parents. La certitude en revanche, sans avoir besoin de faire référence à ces théories de l'attachement, c'est que l'amour reçu, l'attention, la présence, et l'ensemble de ce que Boris Cyrulnik nomme *les nourritures affectives* sont la source de la confiance que les enfants peuvent avoir dans la vie[1]. Ils sont, selon la thèse bien connue de Cyrulnik, à l'origine de la capacité de « résilience », et en tout cas une aide inestimable quand il s'agit d'affronter les épreuves de la vie, parmi lesquelles celle d'apprendre.

Dernier objet de la transmission psychique : une mémoire, qu'il faut dire à la fois familiale et collective, tant les deux sont liées du fait de la participation des ancêtres aux événements de leur époque. Autant que les hauts faits des

1. John Bowlby, *Attachment and Loss*, t. 2, *Separation, Anxiety and Anger*, Londres, Hogarth Press, 1973. Boris Cyrulnik, *Les Nourritures affectives*, Paris, Odile Jacob, 1993.

prédécesseurs, ce sont leurs méfaits ou leurs secrets qui justifient l'importance que certains psychiatres accordent à cette transmission de la mémoire. Le psychanalyste Serge Tisseron s'est penché sur les effets psychiques des non-dits, des traumatismes mal surmontés, des actes honteux dont le contenu est caché aux descendants, ou encore des interdits de dire et même « de comprendre qu'il puisse y avoir, dans une famille, quelque chose qui fasse l'objet d'un secret[1] ». Il arrive, dit-il, que la transmission soit malade au niveau d'un pays entier, comme le montre le cas de l'Allemagne de l'Ouest après la guerre. Nous sommes en présence de traumatismes vécus par une génération et incomplètement symbolisés par elle. Ces événements n'ont pas reçu de mise en forme verbale, mais ils ont toujours été partiellement symbolisés sous la forme de gestes, d'attitudes, de mimiques, de silences ou propos énigmatiques, de colères sans motif apparent, totalement incompréhensibles pour les enfants. Les secrets de famille peuvent être la cause de troubles affectifs qui se transmettent de parents à enfants. Ils peuvent être aussi à la source de certaines difficultés de symbolisation, qui font obstacle aux apprentissages et se traduisent en une simple phrase : « Je ne veux pas savoir. »

Transmissions morales

Dans les sociétés de tradition, toute une sagesse pratique se transmettait à travers les légendes, les proverbes et les dictons, les contes et les comptines, les chansons. La transmission des techniques et des savoir-faire se faisait par imitation ou par imprégnation. C'est ainsi que se transmettaient les savoirs nécessaires pour survivre : connaissance des outils qui permettent de se défendre, de se protéger, de subsister, transmission des techniques comme celles du feu, connaissance des éléments naturels qui peuvent affecter l'existence – saisons,

1. Serge Tisseron, *Nos secrets de famille*, Paris, Ramsay, 1999.

climats, propriétés des végétaux. Mais aussi transmission des interdits, des rites et des valeurs du groupe. Ce type de transmission, que l'on croit réservé aux sociétés orales traditionnelles parce qu'elles opèrent par imitation et par imprégnation, n'a pas disparu des sociétés modernes, sociétés de l'écrit. La part de l'imitation y reste importante. Les apprentis apprennent sur le tas en observant les maîtres, les enfants intériorisent et reproduisent les gestes de leurs parents dans des jeux d'imitation – dînettes, poupées, voitures, constructions et destructions –, et se préparent ainsi à des gestes plus techniques requis par les apprentissages. Par l'imitation, ce n'est pas seulement un savoir-faire qui se transmet, mais un certain rapport au monde et au travail. Nous connaissons le récit de Péguy observant sa grand-mère rempaillant une chaise : « Je devais devenir un enfant modèle pour le travail, ainsi je ressemblais à ma grand-mère qui avait tant travaillé et qui en avait le corps tout cassé. » Péguy n'est pas devenu rempailleur de chaises, mais il a transféré cette observation sur la minutie de son écriture « qu'il polit et repolit sans cesse ».

Cette forme d'incorporation décalée ou transposée a été largement étudiée par Pierre Bourdieu, en particulier dans *Le Sens pratique*, avec la théorie de l'*habitus*. Les habitudes du corps et de l'esprit qu'Aristote appelait *hexis* et *ethos*, le sociologue les nomme *habitus*, un ensemble constitué des dispositions acquises dans l'expérience sociale et en premier lieu dans la famille, où tout individu incorpore lentement des manières de penser, de sentir et d'agir durables, mais qui peuvent s'adapter à des situations nouvelles. Les dispositions acquises au sein de la famille seront transposées dans une autre activité, par exemple l'activité professionnelle[1]. Nous ne sommes pas très loin de la pratique ancienne des sociétés d'initiation.

1. « L'*hexis* corporelle est la mythologie politique réalisée, *incorporée*, devenue disposition permanente, manière durable de se tenir, de parler, de marcher, et par là de *sentir* et de *penser*. » Pierre Bourdieu, *Le Sens pratique*, Paris, Minuit, 1980, p. 117.

Rien de bien nouveau en tout cas par rapport aux nombreuses théories antérieures de l'habitude et de son rôle en éducation. Le succès de la notion tiendra à la mise en évidence du caractère « distinctif » de cette inculcation, selon les catégories sociales. Et au sentiment que l'on tenait de ce fait la martingale pour lutter contre les inégalités devant l'école. Les « stratégies familiales » ainsi qu'une interprétation de la théorie en termes de disqualification de la culture scolaire « bourgeoise » ont fait le reste. Cinquante ans après, la preuve est faite que l'on ne balaie pas si facilement l'éducation première. Les inégalités liées aux transmissions familiales perdurent et s'accroissent même.

La transmission ne s'arrête d'ailleurs pas aux manières d'être. Les parents transmettent également, par leur exemple, par des interventions délibérées ou encore par une sorte de « persuasion clandestine », les priorités et les hiérarchies de valeurs qui confèrent du sens à leur propre vie : réussite économique, respect d'autrui, entraide et coopération, hospitalité et lutte pour la vie, honnêteté et courage, goût pour la culture, autant de valeurs ou de vertus qui, lorsqu'elles ont du prix pour les parents, sont mises en pratique dans la vie familiale. Elles impriment dans l'esprit des enfants les premières représentations – probablement aussi les plus tenaces – de ce qui est souhaitable et de ce qui ne l'est pas. On pourrait tenter de repérer sous ce chef toute la gamme des énoncés prescriptifs ou des interdits formulés par les parents. Bien qu'en perte de légitimité, ces injonctions restent nombreuses. Ce qui rend hasardeuse leur estimation, c'est que leurs effets sont très variables. Il en est de même de la transmission des options politiques, des croyances religieuses, des goûts esthétiques et des habitudes culturelles[1]. Tous ces contenus de transmission

1. « La croyance religieuse est devenue une affaire de choix personnel, et elle n'est pas nécessairement associée à l'obligation de transmettre. Le thème du "droit au choix" laissé aux enfants permet [aux parents] de justifier leur refus, explicite ou implicite, d'agir eux-mêmes comme agents de la transmission religieuse. Ce thème fait écho au souhait exprimé

sont abondamment étudiés aujourd'hui par la sociologie de la culture, car ils intéressent au plus haut point les politiques publiques en matière de connaissance de l'évolution des mœurs et des pratiques de loisirs. On sait que leur transmission est aléatoire. Mais ils constituent malgré tout un véritable « capital » qui aura une incidence non négligeable sur l'accès aux savoirs scolaires. C'était la thèse principale des *Héritiers* en 1964 : « Les étudiants les plus favorisés ne doivent pas seulement à leur milieu d'origine des habitudes, des entraînements et des attitudes qui les servent directement dans leurs tâches scolaires ; ils en héritent aussi des savoirs et un savoir-faire, des goûts et un "bon goût" » dont la rentabilité scolaire, pour être indirecte, n'en est pas moins certaine[1]. »

En cette matière, il n'y a aucun déterminisme, et les mêmes causes produisent des effets variés (« contrastés », disent les enquêtes), selon les personnalités des sujets, leur environnement et leur histoire personnelle, mais aussi selon les modalités de la transmission (incitation subtile, conseil affectueux ou ordre catégorique, par exemple). Les incitations parentales peuvent emporter l'adhésion tout autant que provoquer un refus violent. Il n'en reste pas moins que, même si les parents d'aujourd'hui sont acquis aux principes du libre choix et refusent d'imposer à leurs enfants leurs goûts esthétiques ou leur foi religieuse, ils contribuent grandement à les « familiariser » avec leurs propres pratiques et convictions, et transmettent par leur exemple, de façon consciente ou inconsciente, les comportements et manières d'être qui deviennent chez leurs enfants des habitudes non questionnées.

Pas de fatalité, pas de destin, insiste justement Bourdieu. Les dispositions de l'*habitus* peuvent se transformer au cours

par les jeunes de "pouvoir choisir leur religion" (s'ils jugent nécessaire d'en avoir une) en fonction de l'affinité qu'ils ressentent avec telle ou telle tradition. » Danielle Hervieu-Léger, « La transmission des identités religieuses », *Sciences humaines*, hors-série n° 36, *Qu'est-ce que transmettre ?*, mars/avril/mai 2002.

1. Pierre Bourdieu et Jean-Claude Passeron, *Les Héritiers*, Paris, Minuit, 1964, p. 30.

de la trajectoire de chacun, ou encore être appropriées et ajustées. Mais, dans la mesure où les individus issus des mêmes groupes sociaux ont vécu des transmissions semblables, ils partagent les manières de penser, de sentir et d'agir propres à leur classe sociale, et s'attachent à les faire passer pour seules légitimes. C'est ce que Pierre Bourdieu appelle l'« arbitraire culturel ».

Plutôt que d'un arbitraire culturel, il s'agit surtout de la transmission de deux composantes essentielles de l'humain : la *réflexivité* et le *travail sur soi.* On connaît depuis Freud le rôle inhibiteur que joue le « surmoi », incorporation des interdits et des idéaux parentaux. Il faut remarquer que ces interdits contribuent aussi à donner aux jeunes le sens de l'obligation, ainsi que le sentiment d'appartenance à une communauté réglée, que ce soit par la coutume – « Ici cela ne se fait pas » – ou par la loi – « Tu n'as pas le droit de ». C'est pourquoi, lorsqu'elle est exercée avec attention, l'autorité des parents conduit l'enfant à intérioriser un certain rapport à lui-même, le rapport à la règle qui est au fondement de l'autonomie. Elle contribue également à donner le sens de l'obligation sociale sans laquelle il est impossible de comprendre le rôle des institutions, de l'école en premier lieu. Si, de plus, l'autorité s'accompagne d'une explication raisonnée, elle introduit également à la complexité du jugement moral, et à l'habitude de la réflexion et de la délibération avant l'action. Voilà un aspect de la transmission familiale qui n'est pas négligeable dans les familles contemporaines, devenues des lieux de négociation et de décision en commun.

Quel que soit l'effet de cette transmission (appropriation très personnelle, refus délibéré ou adoption à l'identique), on touche peut-être là à ce qui forge le plus profondément les convictions de chacun, et qui oriente souvent la conduite de toute une vie. Parfois, il s'agit tout simplement d'un modèle admiré (l'honnêteté d'un père, son souci pour ses enfants) ou, au contraire, une image honnie et faisant repoussoir. Parfois les deux, dans un mélange variable qui fait que le résultat d'une transmission est toujours inattendu, à l'échelle d'une fratrie comme à celle d'une génération. Toute la génération des femmes devenues adultes en 1970, celles qui ont « fait » la révolution du droit des femmes, a été inspirée par ses mères : constat effaré de leur dépendance aux maris et de l'absence de rémunération de leur travail domestique (« Plus jamais ça », disaient les filles), mais aussi formulation par ces mêmes mères de recommandations très explicites (« D'abord, tu auras un métier, ma fille »).

Cela dit, et nous aurons à y revenir, il y a des périodes où la nature des bouleversements dépasse les évolutions normales des mentalités et des mœurs, et où l'on a l'impression qu'une véritable révolution s'est opérée dans les valeurs entre deux générations. Durant une période qui va de la fin des années 1930 à la fin des années 1970, se sont imposées des valeurs que le sociologue américain Ronald Inglehart qualifie de « post-matérialistes », d'autres d'individualistes ou d'hédonistes, en tout cas des valeurs dont le caractère principal est de passer sous silence la dimension collective et historique de l'existence. C'est l'importance de cette mutation qui a amené le même Inglehart à parler de « révolution silencieuse », sans bruit ni violence[1] – pas si silencieuse que cela aux yeux de la génération de l'époque engagée par ses actes, écrits et innombrables joutes verbales, mais silencieuse quand même, en ce sens que la plupart des acteurs n'ont pas pris l'exacte mesure des changements radicaux qui s'opéraient, et surtout de leurs effets en matière de mutation des mœurs et de conception de la vie sociale.

---

1. Ronald Inglehart, *The Silent Revolution : Changing Values And Political Styles Among Western Publics*, Princeton University Press, 1977. Publié en France sous le titre *La Transition culturelle dans les sociétés industrielles avancées*, Paris, Economica, 1993 : « À partir des années 1970, on accorde de plus en plus d'importance à la qualité de la vie et à l'épanouissement de la personnalité, et de moins en moins d'importance aux normes politiques, religieuses et morales traditionnelles », p. 83.

Transmissions cognitives

Il s'agit là du terrain le moins exploré, et néanmoins le plus crucial. On peut même s'étonner de constater que ce type de transmission n'ait pas donné lieu à des analyses plus approfondies, alors qu'il a été repéré dès les années 1960, et dénoncé pour sa forte incidence sur l'accroissement des inégalités sociales. Avec Jean-Claude Passeron dans *Les Héritiers*, en 1964, puis avec le biologiste François Gros dans un important rapport publié en 1989, Bourdieu avait fait de la transmission scolaire des « modes de pensée » et des méthodes de travail héritées du milieu familial les piliers de la démocratisation nécessaire. C'était quasiment un programme de recherche qu'il formulait, avec Jean-Claude Passeron, en conclusion des *Héritiers* : « En l'état actuel de la société et des traditions pédagogiques, la transmission des techniques et des habitudes de pensée exigées par l'école revient primordialement au milieu familial. Toute démocratisation réelle suppose donc qu'on les enseigne là où les plus défavorisés peuvent les acquérir, c'est-à-dire à l'école ; que l'on élargisse le domaine de ce qui peut être rationnellement et techniquement acquis par un apprentissage méthodique aux dépens de ce qui est abandonné irréductiblement au hasard des talents individuels, c'est-à-dire, en fait, à la logique des privilèges sociaux[1]. » En 1989, Bourdieu, associé cette fois à l'académicien François Gros, renouvelle cet appel. Leur rapport demande à l'école de transmettre les modes de pensée sous-jacents aux différentes disciplines, et surtout les méthodes et les outils du travail intellectuel, que certains enfants acquièrent « tacitement » au travers des transmissions familiales, par la fréquentation du dictionnaire ou l'écriture de fiches par exemple, mais

1. Pierre Bourdieu et Jean-Claude Passeron, *Les Héritiers*, *op. cit.*, p. 111.

aussi par l'aide apportée par les parents dans la gestion du temps : « Il faudrait veiller à faire une place importante à tout un ensemble de techniques qui, quoiqu'elles soient tacitement exigées par tous les enseignements, font rarement l'objet d'une transmission méthodique : utilisation du dictionnaire, usage des abréviations, rhétorique de communication, établissement d'un fichier, création d'un index, utilisation d'un fichier signalétique ou d'une banque de données, préparation d'un manuscrit, recherche documentaire, usage des instruments informatiques, lecture de tableaux de nombres et de graphiques, etc. Livrer à tous les élèves cette technologie du travail intellectuel et, plus généralement, leur inculquer des méthodes rationnelles de travail (comme l'art de choisir entre les tâches imposées ou de les distribuer dans le temps) serait une manière de contribuer à réduire les inégalités liées à l'héritage culturel[1]. »

Cinquante ans plus tard, la réalité du phénomène ne fait plus le moindre doute : « La famille est le premier système social au sein duquel les jeunes enfants commencent à acquérir des compétences sociales et cognitives fondamentales[2] », peut-on lire dans une recension des recherches publiée récemment par l'OCDE. Et pourtant, l'analyse approfondie de ces transmissions cognitives reste à faire, avec toute la précision nécessaire. Elle comporterait au moins trois aspects.

1. Le premier, et sans doute le plus important, est la transmission de la langue. Tous les enfants apprennent à parler, mais ils ne parlent pas tous de la même façon. Les pratiques langagières constituent une transmission diffuse, qui fut très étudiée, elle, en sociolinguistique dans les années 1970, et

1. Rapport Bourdieu-Gros, « Principes pour une réflexion sur les contenus de l'enseignement », deuxième principe, 8 mars 1989.

2. Barbara Schneider, Venessa Keesler et Larissa Morloch, « Les influences familiales sur l'apprentissage et la socialisation des enfants », in *Comment apprend-on ? La recherche au service de la pratique*, Paris, OCDE, 2010, p. 265-284.

donna lieu à des politiques vite contestées de compensation des « handicaps linguistiques »[1]. Mais les familles ont également une pratique de transmission délibérée, organisée et ciblée. C'est cette transmission volontaire que le sociologue Jean-Pierre Terrail s'attache à repérer aujourd'hui[2]. Constatant les échecs des politiques dites de « compensation » issues des théories du handicap sociolinguistique, et déplorant la pauvreté des pratiques pédagogiques destinées aux enfants de milieux défavorisés, le sociologue focalise son attention sur les processus d'acquisition de la langue, qui, selon lui, font l'objet d'une intense transmission familiale. Si l'on s'intéresse aux inégalités devant les apprentissages, pense-t-il, il faut examiner de très près les pratiques langagières des parents : « S'abstenir d'examiner attentivement l'intervention concrète des parents prêterait à croire que le capital culturel et le rapport au langage ne se transmettent que par osmose, de façon quasi impalpable, au fil des interactions quotidiennes et sans intention particulière, à l'insu donc des intéressés eux-mêmes. Ce n'est cependant qu'un aspect du processus. Une part des interactions quotidiennes est délibérément orientée, dès la naissance de l'enfant, vers la transmission culturelle et langagière[3]. »

Et il ne s'agit pas seulement de l'acquisition de vocabulaire ou de la pratique bourgeoise d'un « bien parler ». Il est impossible d'ignorer l'ensemble des compétences intellectuelles développées par l'acquisition du langage. La parole est l'instrument d'une prise de distance par rapport à soi, de même que l'usage des mots fait appel à l'abstraction, et que toutes les langues – orales ou écrites – sont, comme le remarquait Condillac, des « méthodes analytiques de la

1. Richard Hoggart, *La Culture du pauvre*, Paris, Minuit, 1970 ; Basil Bernstein, *Langage et classes sociales*, Paris, Minuit, 1975 ; William Labov, *Le Parler ordinaire*, Paris, Minuit, 1978.

2. Jean-Pierre Terrail, *De l'inégalité scolaire*, *op. cit.*, 2002, et *De l'oralité*, Paris, La Dispute, 2009.

3. *Ibid.*, p. 327.

pensée », des outils de raisonnement (toutes comportent par exemple des connecteurs logiques)[1]. Gabriel Compayré, dans l'article « Analyse » du grand *Dictionnaire de pédagogie* de Ferdinand Buisson (1887), avait souligné à l'intention des instituteurs à quel point une pratique précise de la langue développe chez les enfants l'esprit d'analyse, d'observation et de raisonnement qui trouve ses applications les plus naturelles dans les sciences[2]. Certains parents le savent « intuitivement », autant dire par expérience. C'est toute une culture de l'abstraction, de la conceptualisation, de la prévision et de l'imagination qui se transmet avec le langage, et à laquelle ils introduisent leurs enfants.

Aujourd'hui, le sociologue Bernard Lahire a également relevé cet aspect, en remarquant le lien entre l'échec scolaire et la difficulté pour l'enfant d'avoir un rapport distancié au langage, ce « rapport scriptural-scolaire » qui est requis à l'école et qui privilégie une pratique raisonnée de la langue, appuyée sur des règles et des principes[3]. Pour ne donner qu'un exemple, certains parents pratiquent devant leurs enfants ces *jeux de mots* et calembours dont les petits sont friands. Tout en les amusant, ils les initient ainsi à la prise de distance avec les unités du langage, lettres, mots et sons, ce qui suppose un énorme travail d'abstraction par apport au flux de l'oral, et qui, de plus, anticipe sur les attendus scolaires en matière d'apprentissage de la lecture et de l'écriture. On peut penser que les activités formelles

1. Jack Goody a montré à quel point le langage est lié à la fonction d'objectivation et de réflexion caractéristique de l'écriture dans *Entre l'oralité et l'écriture*, Paris, PUF, 1994.

2. « L'enfant qui sait parler, sait analyser : il fait sans cesse des analyses inconscientes. Un maître habile lui apprendra seulement à s'en rendre compte. Et en l'habituant à analyser son langage, il l'habituera par là même à analyser sa pensée, c'est-à-dire à réfléchir et à raisonner. » Gabriel Compayré, « Analyse », *in* Ferdinand Buisson (dir.), *Dictionnaire de pédagogie et d'instruction primaire*, Paris, Hachette, 1887.

3. Bernard Lahire, *Culture écrite et inégalités scolaires*, Lyon, PUL, 2000, p. 137.

qui seront pratiquées à l'école en matière d'orthographe et de grammaire prendront pour ces enfants une allure moins ésotérique.

Il faudrait analyser également la manière dont les parents structurent les récits qu'ils font aux enfants, ainsi que les argumentations qu'ils produisent pour justifier à leurs yeux certaines décisions. Beaucoup de ces interactions échappent à une pratique strictement utilitaire de la langue, et favorisent un mode de pensée chronologique ou logique. Même l'aptitude à la « numératie » et au raisonnement mathématique, dont on pouvait penser qu'elle laissait moins de place à l'héritage sociolinguistique, fait appel à des compétences transmises par la famille en matière de manipulation de catégories complexes, d'aisance à se situer dans des registres différents : passer de la langue numérale à la langue numérique, pour reprendre la distinction de Stella Baruk, suppose d'être capable de « jouer » avec des codages variés[1].

Il importe donc de discerner ce qui, dans les interactions langagières entre parents et enfants, prépare au raisonnement, mais aussi ce qui ouvre la porte à l'imagination. Les récits que l'on raconte aux enfants, de même que les images et films regardés avec eux, donnent bien sûr accès au registre des significations, mais ils sont surtout une source pour l'imaginaire et la créativité, une préparation à entrer dans le point de vue de l'autre, une invitation à sortir de soi pour entrer dans une histoire ou une démonstration. Les dialogues, les conversations, les « raisons » que l'on donne aux enfants pour expliquer une décision, toutes ces interactions langagières avec les enfants constituent une prise en considération de leur capacité de penser, et une incitation à la réflexion et à l'abstraction. En ce sens, ce n'est pas tant la culture des parents qui est déterminante dans ce domaine que la qualité des échanges qu'ils peuvent avoir avec leurs enfants. Certains enfants « héritiers », constate Jean-Pierre

1. Voir en particulier Stella Baruk, *Fabrice ou l'école des mathématiques*, Paris, Seuil, 1994.

Terrail, peuvent être en échec scolaire lorsque le milieu familial ne les a pas nourris de cette culture langagière par laquelle l'enfant accède au registre de la signification et de l'abstraction.

Dans cette perspective, et face à toutes les propositions d'enseignement de compensation, on ne dira jamais assez l'importance de la familiarité avec l'écrit, qui informe les pratiques de l'oral, celles du récit comme celles de l'argumentation. Car l'effet en retour de l'écrit sur l'oral, attesté par les nombreuses enquêtes ethnographiques comparant les énoncés d'individus lettrés et non lettrés, signifie que les « lettrés » utilisent davantage les formes écrites, et facilitent ainsi l'apprentissage de la langue écrite par les enfants[1]. La langue orale transmise par les familles cultivées est totalement imprégnée de la structure de l'écrit. C'est à leur familiarité avec l'écrit que ces familles doivent leur aisance verbale et leur « beau parler ». Il s'agit là d'un constat important, qui permet aussi de corriger des erreurs, comme celle qui proposait de mettre, pour les enfants des milieux populaires, l'accent exclusif sur l'apprentissage de l'oral. On pourrait penser qu'il n'en va plus de même avec la révolution numérique. Il n'en est rien, comme nous le verrons dans le dernier chapitre. La maîtrise de l'écrit est plus que jamais une nécessité dans l'univers des écrans.

2. Au-delà de cette aide en matière d'interactions langagières délibérées, les parents peuvent transmettre, on l'a vu plus haut, le goût pour la culture et pour l'effort intellectuel. Ce point avait été largement repéré par les sociologues de la reproduction, lorsqu'ils décelaient le privilège culturel que représente la familiarité avec les œuvres que peut donner la fréquentation régulière du musée, du théâtre ou du concert. La notion de « capital culturel », construite pour rendre compte de l'inégalité des performances scolaires, mettait l'accent sur l'inégale distribution des instruments

1. Jack Goody, *Entre l'oralité et l'écriture*, *op. cit.*, p. 289.

nécessaires à l'appropriation des biens culturels, et décrivait son déploiement sous trois aspects : à l'« état incorporé », c'est-à-dire sous la forme de dispositions durables de l'organisme, comme nous l'avons vu à propos des habitudes comportementales ; à l'« état objectivé », sous la forme de biens culturels, tableaux, livres, dictionnaires, instruments, machines ; et enfin à l'« état institutionnalisé », c'est-à-dire sous la forme du titre scolaire. Autant de biens non marchands dont le terme générique de « capital » souligne les atouts en terme de « rentabilité » pour les bienheureux héritiers : « Les étudiants des milieux favorisés ne doivent pas seulement à leur milieu d'origine des habitudes, des entraînements et des attitudes qui les servent directement dans leurs tâches scolaires, ils en héritent aussi des savoirs et un savoir-faire, des goûts et un "bon goût" dons la rentabilité scolaire, pour être indirecte, n'en est pas moins certaine[1]. » Il est encore vrai que ce sont les familles qui opèrent pour une grande part la transmission de certaines techniques du travail intellectuel qui devraient s'apprendre à l'école : méthode, ordre dans l'effectuation des tâches, attention et concentration, exercice et répétition.

Cependant, à relire ces textes quarante ans plus tard, sous le coup de l'essor des médias de masse et de la révolution numérique, il est possible de dire aujourd'hui que la dimension de l'héritage qui est devenue la plus discriminante (ou la plus « rentable » scolairement), c'est la maîtrise du temps passé hors de l'école, la limitation dès l'âge tendre de l'usage des écrans et de la communication sur le Net, l'incitation parentale à des occupations favorables à l'exercice, à l'imagination et au jeu véritable. Quels que soient les discours qui leur sont tenus sur les prétendus bienfaits des jeux vidéo, les parents vigilants savent pertinemment que c'est au prix d'une lutte acharnée pour éviter que leurs ados passent leurs nuits devant leurs écrans qu'ils

1. Pierre Bourdieu et Jean-Claude Passeron, *Les Héritiers*, *op. cit.*, p. 30.

peuvent espérer préserver leurs capacités d'apprendre. Ils connaissent aussi l'importance du temps consacré aux dialogues avec leurs enfants et à des incitations à parler : ce sont ces familles que Basil Bernstein qualifiait déjà de « relationnelles », car les échanges y sont l'outil privilégié pour canaliser les choix des enfants.

3. Il faudrait observer, enfin, comment se transmettent aujourd'hui le projet social ou professionnel ainsi que le sens des institutions. Au moment même où la sociologie de la reproduction pointait les effets inégalitaires des héritages culturels, le sociologue Raymond Boudon proposait une analyse relativisant l'impact des héritages culturels sur la fabrication des inégalités, en pointant l'importance des attentes familiales en matière d'orientation scolaire et professionnelle, ainsi que l'impact de la représentation que se font les familles des buts de l'école. Il s'agissait de mettre en question la stratification sociale et économique de nos sociétés à prétention égalitaire, considérant que, davantage que la culture, ce sont les disparités des anticipations parentales – elles-mêmes liées au statut économique – qui jouent un rôle important dans l'orientation du parcours de chaque élève, et, par conséquent, dans l'absence de mobilité sociale[1]. Plus récemment, une sociologue américaine, Annette Lareau, montrait comment les familles qui transmettent à leurs enfants un rapport positif aux institutions contribuent à la compréhension par les enfants du rôle de l'école et des règles instituées pour l'intérêt collectif [2]. Comment ne pas voir que la critique ouverte ou latente adressée sans modération aux institutions en général (la police, la justice, l'armée…), et à l'école en particulier (à commencer par l'emploi de l'adjectif « scolaire » de manière péjorative), n'aide pas les jeunes à accorder à ces mêmes institutions

1. Raymond Boudon, *L'Inégalité des chances*, Paris, Armand Colin, 1973.
2. Annette Lareau, *Unequal Childhoods, Class, Race, and Family Life*, Berkeley, University of California Press, 2003.

un sens positif ? Le mathématicien Laurent Lafforgue, revenant sur son parcours scolaire après l'obtention de la médaille Fields, dit à quel point l'adhésion sans réserve de ses parents à l'institution scolaire lui a permis de trouver du sens aux apprentissages, même quand leur « utilité » n'était pas perceptible. Il témoigne ainsi du soutien de ses parents qui, tout en lui laissant une très grande liberté, en particulier en matière de lectures, prenaient systématiquement la défense de ses professeurs : « Quand je me plaignais de mes enseignants, mes parents me répétaient sans hésiter que les professeurs avaient toujours raison. » Les parents avaient choisi leur camp. Les enfants finissaient par y adhérer. Ce souvenir en dit long sur ce qui était transmis par des parents aidants : pas forcément un soutien au travail scolaire, mais un investissement positif à l'égard de ce que représentent les institutions sociales. Le constat d'Annette Lareau est similaire. Ayant travaillé « en immersion » dans un grand nombre de familles pendant de longs mois, elle est convaincue que c'est le « *child rearing* » qui fait la différence. Les familles qui interviennent délibérément et activement dans l'éducation des enfants et l'organisation de leurs loisirs transmettent des « avantages différentiels » à leur progéniture ; elles la conduisent à « une plus grande agilité verbale, un vocabulaire plus étendu, une plus grande aisance vis-à-vis des représentants des institutions »[1].

Nous sommes bien conscients de n'avoir noté là que quelques éléments des transmissions opérées par les familles, transmissions qui se perpétuent au travers d'un discours qui, pourtant, disqualifie la tradition et les privilèges hérités. Il nous semble crucial de continuer à les explorer non pas dans le but de traquer, voire d'éradiquer des stratégies subtiles ou perverses qui seraient développées à des fins de préservation des privilèges, mais simplement pour y voir plus clair, et être en mesure d'envisager des actions pertinentes à destination des enfants qui n'en bénéficient

1. Annette Lareau, *Unequal Childhoods*, *op. cit.*, p. 5. Traduit par nous.

pas. Le rôle de l'école est ici crucial, en particulier quant à l'acquisition du langage écrit et oral.

Rupture dans la transmission ?

On le voit, le paradoxe de la transmission aujourd'hui, c'est qu'elle perdure avec vigueur, bien qu'elle soit par principe récusée, en particulier en matière de pédagogie. Dans ce domaine, certains observateurs parlent même d'« évitement de la transmission », à l'instar de cette formatrice en arts plastiques qui voit les jeunes enseignants valoriser pour leurs élèves la démarche expérimentale et la « confrontation aux matériaux », plutôt que les savoirs et savoir-faire qu'ils ont eux-mêmes reçus de leurs maîtres, en matière de dessin par exemple[1]. C'est un constat parmi beaucoup d'autres. Ce qui frappe l'observateur contemporain, c'est un retrait significatif des adultes, parents ou enseignants, de l'acte de transmission au profit la liberté de choix et de l'expérimentation par soi-même. Toute appartenance ou affiliation est vue comme un obstacle à la liberté et à la créativité, perçue comme un déterminisme inacceptable ou comme l'imposition d'un réseau d'obligations et de dettes à l'égard de crimes que les nouveaux n'ont pas commis. Elle est rejetée pour son incompatibilité avec le présupposé individualiste de la démocratie : « L'individu est fils de ses œuvres. » Elle est refusée en tant que facteur d'inégalité, au même titre que l'ancienne transmission des charges, privilèges et places sociales. Aucune hiérarchie entre les êtres n'est plus admissible. Or la transmission, qui repose sur la différence des générations, est implicitement soupçonnée d'asseoir la supériorité des anciens. Chaque génération devrait commencer sa trajectoire pour son propre compte.

1. Christiane Herth, « L'enseignement des arts plastiques aujourd'hui », communication au congrès de l'AFIRSE, juin 2011, p. 7, à paraître.

En réalité, chacun sait bien que la transmission n'est pas qu'imposition, ni qu'idéalisation absolue du passé. Le lien de transmission entre les générations, dans les esprits comme dans les faits, est plus complexe qu'il n'y paraît. L'un des meilleurs indices en est la persistance – revendiquée cette fois – de la volonté de transmettre les biens marchands, le *patrimoine matériel*. C'est un paradoxe apparent sur lequel nous devons nous pencher, car il impose de tourner son regard vers la nature de ces objets transmis ou non transmis. Nous savons depuis 2007 à quel point le sujet peut compter dans les campagnes présidentielles : la question de la défiscalisation de l'héritage, souhaitée par une majorité de français (à cette date, 76 % d'entre eux se sont déclarés favorables à l'exonération des frais de succession), témoigne de l'attachement de nos concitoyens, pourtant épris d'égalité des chances, à la liberté de transmettre la totalité de leurs biens, qu'ils soient acquis ou hérités. Bien qu'opposée aux privilèges, la génération des baby-boomers souhaite également « aider » ses enfants en faisant des dons de son vivant. Optimisation fiscale ou bien solidarité intergénérationnelle, quels que soient les motifs de ces donations, le point a une telle incidence politique que les analystes de la fiscalité des successions se sont penchés sur le sujet : les mobiles varient considérablement entre dons d'échange, dons altruistes, dons hédonistes ou encore dons capitalistiques, mais le fait est que la volonté de transmettre ses biens est toujours là, plus forte que jamais et résiste à tous les idéaux égalitaires et à toutes les luttes menées contre l'inégalité des chances[1]. Plus étonnant encore, très rares sont ces congénères qui pensent que leurs legs font obstacle à la liberté de leurs enfants. C'est un point qu'il est impossible d'ignorer, lorsqu'il s'agit de comprendre l'abandon de certaines formes de

1. Voir les travaux d'André Masson et de Luc Arrondel, en particulier « Transmission du patrimoine et impôt successoral. L'impact sur les transferts entre générations », *Informations sociales*, n° 134, 2006, p. 42-53.

transmission et la persistance des autres. Pourquoi les mêmes familles qui souhaitent tellement transmettre leurs biens propres évitent de transmettre le reste, en particulier ce qui leur vient d'un passé commun ou de la tradition ? Tentons d'examiner ce qui s'est produit.

Il faut d'abord prendre en compte une mutation immense, celle de la famille, d'où l'ouverture vers le collectif a quasiment disparu. Non que la famille se soit refermée sur son intimité tendre et chaleureuse, comme on le dit parfois – elle est souvent engagée dans de nombreuses relations sociales et engagements associatifs – mais l'esprit dans lequel elle élève les enfants a changé. Elle se préoccupe moins de leur donner les armes qui les rendront capables dans le futur de participer à la vie sociale et d'y jouer un rôle. Elle pense avant tout à favoriser au présent l'épanouissement de l'enfant, autour duquel elle se bâtit désormais, et tend à rejeter les normes et codes qui, bien qu'indispensables à tout processus de socialisation, pourraient brimer la spontanéité (« Pourquoi le forcer à dire bonjour, s'il ne le "sent" pas ? »). En réalité, tout ce qui est de l'ordre des *contraintes imposées par la vie sociale* est disqualifié. C'est pourquoi, ce qui tend à s'affaiblir et même à disparaître, ce sont en priorité les transmissions des croyances et les normes léguées par la tradition, ainsi que les appartenances institutionnelles (politiques ou religieuses par exemple). La rupture la plus patente, selon Danièle Hervieu-Léger, concerne la transmission de la religion, dans laquelle la foi personnelle et l'adhésion à une institution collective sont étroitement liées : « Dans ce domaine plus que dans les autres, la capacité de l'individu à choisir l'orientation qu'il donne à sa vie tend à prendre le pas sur la fidélité à l'héritage reçu[1]. » En revanche, ce qui résiste, et cela d'autant plus que la transmission explicite s'efface, ce sont les imprégnations

1. Danièle Hervieu-Léger, « La transmission des identités religieuses », art. cit., p. 57.

transmises dans la première enfance, en matière d'ouverture au monde, d'implication dans la vie collective, de pratiques langagières avec toutes leurs incidences sur les aptitudes cognitives. On remarque également que, dans un climat familial valorisant la relation affective, ce sont les mères, toujours plus proches de l'enfant, qui sont les plus grands opérateurs de transmission. Elles sont sans doute plus habiles à transmettre sans imposer, à persuader sans porter atteinte à la liberté.

Une autre explication serait à rechercher dans les immenses transformations technologiques et sociales, en particulier en matière de communication. Le sentiment de rupture s'est exprimé dès les années 1950, avec l'explosion des médias de masse, radio et télévision, opérant une diffusion massive de valeurs nouvelles, individualistes et consuméristes. À partir des années 1970, un certain nombre d'auteurs analysent « la troisième révolution industrielle », comme une véritable révolution culturelle. Cette « révolution silencieuse » a fait émerger des valeurs dites « post-matérialistes » (bonheur, famille, authenticité, épanouissement, qualité de vie) qui manifestent un remaniement global des références collectives[1]. Il s'agirait là de véritables fractures qui atteignent en profondeur les identités, le rapport au monde et les capacités de communication des individus. Margaret Mead, en 1970, est sans doute celle qui a le mieux décrit les trois temporalités du passage de relais entre générations : déterminée par le passé, projetée vers l'avenir, ou encore focalisée sur le présent. Or, après la Grande Guerre, la rapidité des changements dans les moyens de communication, mais aussi dans les mœurs et les loisirs, a donné le sentiment

1. Outre Ronald Inglehart déjà cité (*The Silent Revolution*), nous pensons à Margaret Mead, *Le Fossé des générations*, Paris, Denoël 1972 et à Daniel Bell, *The Coming of Post-Industrial Society*, New York, Basic Books, 1976 ; publié en France sous le titre *Vers la société post-industrielle*, Paris, Robert Laffont, 1999.

que tous les savoirs et savoir-faire établis depuis des siècles devenaient obsolètes, donc inutiles à transmettre. C'est à ce moment que s'est enclenché un processus de *discrédit de la tradition* et que s'est creusé ce que Margaret Mead a nommé *Le Fossé des générations*. Quand s'efface le passé et que l'avenir s'obscurcit, le présent devient l'horizon indépassable, et l'on assiste à un détachement du passé qui a d'immenses répercussions sur la transmission. C'est en partie le sens de ces répliques si fréquentes dans les classes de philosophie d'aujourd'hui : « Mais que peuvent avoir à nous dire des hommes qui sont morts depuis longtemps ? » C'est le succès, à l'inverse, pour tenter de conjurer ce déni de ce qui nous a fait ce que nous sommes, de l'appel à un lancinant « devoir de mémoire », en réalité peu propice à renouement avec le passé tant il est dissocié d'une véritable démarche historique.

Mais, sur le plan symbolique, l'arrivée des médias numériques a joué un rôle autrement important. En multipliant les possibilités de diffusion de l'information en réseaux, les technologies numériques tendent à donner la priorité à l'échange *horizontal* et aux rapports de *mutualité*, devenus aujourd'hui les plus recherchés. À cela s'ajoute une dimension générationnelle : si l'outil de communication est désormais à la portée de tous, le rythme effréné des évolutions techniques fait que les parents y sont moins à l'aise que leurs enfants. Bien souvent, ils apprennent à travers eux, à tel point que certains observateurs en arrivent à parler d'une « inversion » du sens de la transmission. Admiratifs devant l'habilité de leur progéniture, craignant aussi d'être dépassés par le cours des choses ou de passer pour de vieux grognons, les parents finissent par adopter les goûts, les manières de faire et les visions du monde des plus jeunes : « Aujourd'hui, je vote comme mes enfants[1] », affirme de manière provocatrice la sociologue Anne Muxel à la fin de son livre sur le rapport des jeunes à la politique.

1. Anne Muxel, *Avoir 20 ans en politique*, *op. cit.*, p. 224.

Ce déploiement sans précédent des réseaux de communication et des médias de masse est souvent invoqué pour expliquer l'affaiblissement de la transmission « verticale » opérée par les adultes, qui serait détrônée par une transmission entre pairs dont il faut bien constater qu'elle est à son tour extrêmement contraignante et uniformisante. En réalité, les deux processus se nourrissent l'un l'autre. Moins les adultes transmettent, plus les enfants se soumettent à la tyrannie du groupe. Comme le montre Dominique Pasquier dans son importante étude consacrée à la culture des lycéens, la pression au conformisme est aujourd'hui très grande chez les adolescents : quel que soit leur milieu d'origine, ils partagent une même culture : une culture dite populaire. Mais la sociologue remarque le lien probable entre « le développement d'une culture générationnelle qui manifeste une forte intolérance aux différences individuelles » et le fait que « les parents transmettent moins de consignes de vie »[1]. Ajoutons qu'ils en transmettent pourtant une, et très impérative : l'injonction à se choisir, à être soi. Et cela rend les jeunes encore plus vulnérables aux pressions de l'environnement, selon le phénomène analysé dès les années 1960 par le sociologue américain David Riesman. L'individu « introdéterminé », selon la typologie de Riesman, applique des schémas de pensée et d'action qui lui viennent de l'extérieur mais dont il croit être l'inventeur. La thèse de l'auteur est claire : plus l'individu est délesté des normes de conduite « extrodéterminées » ou transmises par la tradition, plus il est sensible aux propositions venant de son environnement et à l'adoption de schèmes de pensée et de comportements transmis par les médias, les magazines, les réseaux entre pairs (le *peer group*)[2].

1. Dominique Pasquier, *Cultures lycéennes, op. cit.*, p. 165.
2. David Riesman, *The Lonely Crowd. A Study of the Changing American Character*, New Haven, Yale University Press, 1950. Publié en France sous le titre *La Foule solitaire. Anatomie de la société moderne*, Paris, Arthaud, 1964.

Le sentiment aujourd'hui répandu est que les nouveaux médias permettent un autre type de transmission, cette fois entre jeunes, *peer to peer*. Nous assistons effectivement à une explosion de la communication entre jeunes, qui déborde de très loin le cadre des échanges à l'intérieur de l'école ou dans les activités de loisirs. C'est une connexion de tous les instants, et ce, avec l'inconnu du bout du monde aussi bien qu'avec le copain de classe quitté à l'instant. Communication d'égal à égal, bavardage et récit de soi, échange d'opinions, d'expériences et de savoirs, partage de produits culturels (musiques, films et jeux essentiellement), comment ne pas voir là un nouveau type de transmission, beaucoup plus attirant et ludique que celui qui était auparavant infligé par les adultes ? Attention, toutefois, à l'effet d'optique : la plupart des médias qui amplifient le phénomène – magazines, émissions de radio ou de télé, jeux vidéo, bien qu'animés par des « jeunes » dans un langage « jeune », sont réalisés par de vrais adultes, très conscients des valeurs et des hiérarchies de goût qu'ils transmettent, et qui font évidemment l'impasse sur les objectifs commerciaux dérivés : développer une culture de la « teuf » entre amis, cela fait vendre vodka ou Coca-Cola ; favoriser l'expression des ados sur leurs problèmes sexuels, c'est booster l'Audimat et accessoirement ouvrir l'accès aux sites pornographiques, tellement plus instructifs que des parents aphones. Cette culture de la fête, de la dérision et de la rigolade, cet intérêt des jeunes pour les marques et le « tous pareils », bien malin celui qui peut assurer qu'elle n'a pas été répandue par des adultes professionnels du divertissement et du marketing. Là aussi, transmission il y a, qui ne dit pas son nom. Il n'en est pas moins vrai que la créativité propre à la jeunesse a trouvé dans les nouveaux médias un moyen de diffusion sans équivalent dans l'histoire.

La nouveauté, c'est l'efficacité prodigieuse de cette transmission : ces « idées » se répandent à toute vitesse, dépassant les frontières géographiques et les barrières de classe. Un rêve pour le communicant, ce héraut des temps modernes.

Et un cauchemar pour les enseignants : « Une matinée de moins à l'école, trois heures de télé en plus, et l'effort d'apprendre à lire rendu encore plus inaccessible », avons-nous entendu après la suppression de la classe du samedi matin. Rassurons-nous : si l'on en croit les enquêtes récentes, cette communication horizontale influence les comportements, certes, mais de manière labile et apparemment limitée à l'adolescence. Arrivés à l'âge adulte, les anciens fêtards et autres *fashion victims* réintègrent les valeurs transmises par l'école et les parents.

Nous touchons là l'une des racines du caractère paradoxal des ces transmissions familiales : non seulement elles sont confrontées à des mutations qui sapent radicalement les exigences normatives et les affiliations imposées, mais elles subissent l'assaut d'une nouvelle normativité sociale qui tire sa puissance d'un immense marché mondial et publicitaire. Face à ces processus « horizontaux », et lorsqu'elle en est consciente, la famille affective imprime avec douceur ses convictions, normes et valeurs dont on a tout lieu de penser qu'elles resteront (ou redeviendront) prépondérantes, y compris à l'épreuve de la confrontation avec les pairs. Somme toute, une composante de cette révolution du Web, c'est le réseau, autrement dit l'importance accordée à la reconnaissance mutuelle et à l'interaction avec l'autre, même lointain ; comme le suggère Ricœur, les interactions entre contemporains n'excluent pas nécessairement la transmission intergénérationnelle : la transmission peut être vue comme la façon dont le rapport de reconnaissance mutuelle s'étale dans le temps des générations[1].

Il n'en reste pas moins que la transmission intergénérationnelle s'accommode mal de l'aplanissement des statuts et des rôles opéré par un régime d'égalité qui croit devoir balayer aussi bien le prestige des anciens que le poids du passé. En dépit de cela, les transmissions familiales perdurent,

1. Voir Paul Ricœur, *Parcours de la reconnaissance*, Paris, Stock, 2004, p. 283.

et de manière d'autant plus efficace qu'elles sont moins reconnues socialement. On peut remarquer d'ailleurs que la métaphore familiale sert encore à décrire d'autres relations de transmission, en particulier celle qui relie maîtres et apprentis. Elle ne signale pas seulement l'importance de cette première *familiarisation* des jeunes à ce qui va leur permettre d'accéder aux savoirs. Elle dit aussi, à travers la *filiation*, le rôle de la parole vivante et de l'affect dans toute transmission. La famille reste le type même de cette relation interpersonnelle qui apparaît comme le mode par excellence de la transmission du savoir, celui qui donne son sens à toute une vie. Pas étonnant que le maître apparaisse comme un père – ou une mère – qui a tout donné, son savoir, son énergie, parfois des livres ou des objets, et auquel le disciple voue amour et admiration, avec ses « frères »[1]. Il s'agit là encore de l'entrée d'un nouveau venu dans une communauté, la communauté des chercheurs cette fois, et de la manière dont il est introduit dans la longue chaîne du savoir qu'il aura pour mission de continuer.

1. Vidal-Naquet disait de Vernant, qu'il était un frère, « car nous sommes pareillement héritiers de l'enseignement de Gernet ».

4

Maîtres et disciples

La transmission familiale constitue l'exemple privilégié et massif de la survivance des phénomènes de transmission au sein de notre univers culturel, en dépit de la volonté de mettre en avant le désir d'apprendre, le mouvement qui porte l'individu vers le savoir, indépendamment de ce qui s'impose à lui de l'extérieur. Mais il est au moins un autre cas de figure du même phénomène de survivance qui mérite l'examen : la relation maître-disciple. Un cas de figure minoritaire, celui-là, si ce n'est marginal, mais non moins significatif du point de vue qui nous intéresse, à savoir la mise en évidence des ressorts qui font que la transmission conserve une part incompressible dans un cadre social qui ne veut connaître que l'autoconstruction des connaissances.

Officiellement, il n'est plus question que d'*apprendre*, mais, en pratique, la transmission fonctionne toujours, de manière clandestine, officieuse, périphérique. La relation maître-disciple en est une parlante illustration. Elle a beau ne pas constituer un modèle en vogue, elle demeure discrètement bien vivante. C'est sous cet angle qu'elle sera envisagée, non tant pour elle-même que pour ce qu'elle révèle des voies de l'acquisition d'un savoir en général. Aussi se limitera-t-on, précisons-le d'emblée, à sa dimension intellectuelle dans le seul domaine éducatif. La relation maître-disciple possède une immense tradition dans le domaine spirituel – domaine où elle semble d'ailleurs avoir subi la même rétrogradation officielle que dans le domaine éducatif, pour ce qui concerne l'aire occidentale en tout cas. Il est beaucoup moins question aujourd'hui, à ce qu'il semble, de maîtres ou de guides spirituels qu'il y a quelques décennies encore. Sur ce terrain-là aussi, la quête individuelle paraît avoir pris le pas sur les figures d'autorité. Mais c'est un autre sujet dans lequel on n'entrera pas, en dépit de l'intérêt qu'il y aurait à l'explorer en parallèle[1].

Cette relation a ceci de particulier qu'elle est informelle par essence. Elle se greffe sur des structures institutionnelles mais elle relève du domaine personnel et interpersonnel. Elle procède d'un choix : on se choisit un maître, on élit un maître, étant entendu qu'un maître est autre chose qu'un banal patron académique. Un directeur de thèse peut fort bien ne pas être un maître aux yeux du candidat qui le sollicite, mais simplement un personnage fonctionnel, avec lequel les rapports resteront strictement professionnels et impersonnels. L'engagement envers un maître est autrement profond, sans avoir besoin pour autant d'être avoué et formalisé. La perfection de la relation est atteinte quand, au choix du maître par le disciple, répond le choix du disciple par le maître, qui l'élit en retour comme un digne continuateur, voire comme son successeur désigné. Il s'agit alors d'une transmission au sens premier et plein du terme. Mais ce second volet n'est nullement indispensable. Sans doute même introduit-il un risque d'erreur dans l'appréciation de la nature de la relation. Elle est à déchiffrer en dehors de cet acte de ratification.

1. Sur cette dimension spirituelle et traditionnelle, voir par exemple Michel Meslin (dir.), *Maîtres et disciples dans les traditions religieuses*, Paris, Cerf, 1990. L'ouvrage récent dirigé par Aurélie Névot, *De l'un à l'autre. Maîtres et disciples*, Paris, CNRS Éditions, 2013, apporte de riches contributions sur le thème. Et l'on se reportera bien sûr au livre de George Steiner, *Maîtres et disciples*, Paris, Gallimard/Folio, 2003, qui envisage le phénomène dans sa généralité.

Dans son essence, cette relation est dissymétrique. L'initiative, le geste principal vient du disciple qui reconnaît, qui *se* reconnaît un maître. C'est au niveau de cet acte de désignation que le sens général de la relation apparaît avec le plus de clarté. À la limite, le maître ainsi désigné peut ne rien en savoir. Il n'est pas besoin de le lui dire. Les rapports peuvent ne jamais revêtir un caractère explicite. Qui plus est, l'élection peut être rétrospective, et se faire à grande distance, lorsque l'on découvre, avec le recul, l'empreinte spécifique que l'on a reçue de tel ou tel de ses enseignants, l'apport déterminant qui vous est venu de telle ou telle personnalité exemplaire, la dette particulière que vous avez contractée, sans forcément en prendre toute la mesure sur l'instant, à l'égard d'un maître qui n'aura jamais su ce qu'il a représenté pour vous : « J'ai eu pour maître… »

Au fond, plus encore que dans des liens expressément assumés, c'est sous cet aspect diffus, rétrospectif et non-dit que le sens propre de ce rapport singulier se dévoile le mieux. C'est sous cet aspect qu'il convient d'interroger sa présence continuée et souterraine au sein de notre monde. Même si ce rapport y est peu revendiqué, en dehors de quelques secteurs à part, il continue de fonctionner beaucoup plus largement qu'on ne pourrait le croire. Au demeurant, c'est une chose qui pourrait être vérifiée et empiriquement établie par enquête, en demandant aux gens de revenir sur leur parcours de formation. Il y a fort à parier que, dans bon nombre de cas, émergeraient de leurs souvenirs des figures de « maîtres » non nécessairement éprouvées comme telles sur le coup.

Des métiers et des maîtres

Car, pour le reste, l'espace avoué, déclaré, valorisé, de cette relation maître-disciple s'est singulièrement rétréci dans notre monde au cours des dernières décennies. Le mot *maître* a mauvaise presse. Il n'y a plus de maîtres d'école. Le titre de maître n'est plus décerné volontiers, comme c'était le cas, aux écrivains et aux artistes de renom. Le rôle de maître à penser est démodé, quand il n'est pas carrément récusé. L'esprit antiautoritaire est passé par là. Les magistères en tout genre sont sur la sellette, le style magistral est universellement rejeté, avec le cours du même nom, dans le domaine universitaire. Le mandarinat est sur le déclin pour des raisons à la fois de nombre et de culture. Bref, l'esprit de l'époque est visiblement contraire à l'entretien de ce type de lien, dans le cadre du déclin général des figures de l'autorité. Cela n'empêche pas le rapport de disciple à maître de se perpétuer, même s'il est relégué dans les marges et dans l'ombre.

Il est deux domaines où cette persistance est plus facile à observer qu'ailleurs, parce que la relation maître-disciple continue d'y être assez volontiers revendiquée par les acteurs : celui de l'acquisition des savoir-faire et celui de la recherche. Deux domaines en apparence éloignés dans la hiérarchie sociale des activités et, en principe, séparés par le fossé entre pratique et théorie, mais, en réalité, unis par la mystérieuse communauté que désigne le beau nom de *métier*. Car les savoir-faire spécifiques ne sont pas réservés aux « arts mécaniques » et au travail manuel ; le métier d'acteur ou celui d'interprète musical, le métier d'enseignant s'apprennent selon des modalités qui ne sont pas si différentes, sur le fond, du métier de maçon ou du métier d'ébéniste. La déqualification du travail manuel par le machinisme, qui transforme ses agents en opérateurs, a même pour effet de réserver la dimension du métier aux travaux d'art ou de culture. La situation s'est renversée, de ce point de vue, depuis l'époque où La Bruyère pouvait transgresser les partages établis en écrivant : « C'est un métier que de faire un livre, comme de faire une pendule. » La fabrication des pendules dépend peu désormais de l'exercice d'un métier, tandis qu'en revanche le métier d'auteur non seulement perdure, mais fait figure de conservatoire inexpugnable des vertus artisanales. Dans le même sens, la recherche est éminemment un métier, en ceci que l'exercice intellectuel ne s'y sépare pas de façons de faire, d'habiletés, de tours de main auxquels on reconnaît le maître. Ce qui fait justement qu'il y a des disciples qui s'avouent pour tels.

C'est cette dimension du métier qui préserve la relation maître-disciple sur un mode plus explicite qu'ailleurs. Et, comme il se doit, c'est dans le registre savant qu'elle est le plus documentée, chez des professionnels de la recherche et de la plume, qui, outre leur vocation à l'expression, ont de surcroît des occasions officielles de manifester publiquement leurs liens de proximité intellectuelle (leçons inaugurales, hommages, éloges académiques de vivants ou de morts). C'est sur ce corpus publié que se fonde l'ouvrage récent de Françoise Waquet, *Les Enfants de Socrate*[1]. Il explore avec une grande finesse le fonctionnement du mécanisme de filiation intellectuelle au sein de la communauté scientifique moderne, depuis le XVIIe siècle.

Le titre même de l'ouvrage indique la continuité d'une tradition en la matière. Le monde savant, le monde qui se consacre à l'avancement des connaissances, et pas seulement à leur transmission scolaire, continue de faire volontiers une place à cette relation d'apparence archaïque, en dépit des énormes transformations du travail scientifique et de l'institution universitaire depuis le début de la période moderne. Il n'est pas difficile de saisir les conditions objectives qui encouragent cette perpétuation. Le travail d'initiation à la recherche, sous forme de thèse, ou le travail de laboratoire en équipe pour les scientifiques appellent des relations beaucoup plus directes, suivies et personnalisées que l'enseignement ordinaire. Cela favorise la proximité existentielle et un commerce intellectuel régulier, d'esprit à esprit, qui peut aller jusqu'à prendre un tour intime. Mais,

1. Françoise Waquet, *Les Enfants de Socrate. Filiations intellectuelles et transmission de savoirs XVIIe-XXIe siècles*, Paris, Albin Michel, 2008.

il faut le souligner, il n'y a ici nul automatisme : ces conditions propices n'impliquent pas forcément qu'une relation maître-disciple va s'établir. Celle-ci reste de l'ordre d'un possible qui est loin de se concrétiser à tous les coups.

Cependant, ces dispositions particulières et le privilège du discours ne doivent pas conduire à conclure précipitamment au monopole de l'univers savant. Il n'a pas l'exclusivité de ce type de rapport. Il continue d'exister puissamment dans l'univers de la transmission et de l'acquisition des savoirs pratiques de tous ordres, même si c'est selon des modalités plus discrètes qui le rendent plus difficile à appréhender, et même si l'évolution contemporaine des formes de travail le voue à reculer. Sans doute ne reste-t-il plus grand-chose, dans l'initiation aux métiers, de la gradation corporative des maîtres, des compagnons et des apprentis qui leur a fourni un modèle remarquablement prégnant bien au-delà de l'âge des corporations. Il n'empêche qu'il subsiste toujours, dans les interstices des systèmes professionnels, des maîtres et des apprentis qui n'ont pas besoin de recourir à ces noms pour perpétuer ce lien interpersonnel de transmission.

S'il importe de souligner cette extension, c'est qu'elle éclaire la nature du rapport qui se noue de la sorte entre l'aguerri et l'impétrant. Aux deux extrémités du spectre, en effet, qu'il s'agisse des métiers de la main ou des travaux de l'esprit, on retrouve des éléments homologues, relativement à ce qui fait un maître et relativement à ce qu'on apprend en propre de lui. La maîtrise du maître, pour commencer, ne tient pas tant à la somme des connaissances ou des savoir-faire dont il dispose qu'à sa manière d'en disposer. Ce qui le met à part, c'est la possession exemplaire de son domaine. Ce qui le rend instructif tient à sa façon d'habiter son savoir, de s'y rapporter, de le mettre en œuvre. Aussi ce qu'il transmet d'unique est ce qui n'est pas dans les livres ou les manuels professionnels. Les contenus, les démarches et les règles sont les mêmes partout et peuvent s'acquérir n'importe où. Ce qui ne se communique qu'au contact d'un maître, en revanche, ce sont des façons de faire, des modes opératoires, des manières d'aborder un problème ou d'ouvrir un chantier.

Mais ce qui se joue dans ces liens forts n'est pas un phénomène isolé. C'est une version concentrée d'un phénomène beaucoup plus répandu. À ce titre, le rapport maître-disciple est à regarder comme un révélateur. Il est un condensé des raisons qui associent l'acquisition d'un savoir à sa transmission. En quoi il nous instruit sur les conditions de l'acquisition d'un savoir en général et sur la part que la transmission est destinée à y conserver. Il exerce un effet de loupe, il fait ressortir en les grossissant des données et des traits qui opèrent à une échelle beaucoup plus vaste, mais sous des formes à peine discernables. Comme toujours, le cas limite met en lumière ce qui reste ordinairement caché. Il permet, en l'occurrence, de remonter jusqu'aux racines que le fait de la transmission trouve dans la nature même du savoir et des voies par lesquelles l'esprit est en mesure de s'en saisir.

Pourquoi des disciples ?

La difficulté, lorsque l'on aborde dans cette perspective un corpus comme celui réuni par Françoise Waquet, est de démêler la dimension institutionnelle et la dimension personnelle. Les deux se présentent parfois étroitement entrelacées et il n'est pas toujours simple de distinguer ce qui n'est qu'un discours de légitimation des procédures de succession et de reproduction institutionnelle d'un propos témoignant d'une expérience singulière. La différence est pourtant patente. Le pouvoir de l'institution ne suffit pas à faire un maître reconnu comme tel. Il fabrique tout au plus un mandarin ou un patron dotés d'une surface sociale plus ou moins importante et d'une puissance plus ou moins considérable de placer des gens ou d'en écarter d'autres. Le maître suppose, quant à lui, une personnification particulière de ce rôle qui ajoute le rayonnement intellectuel à la fonction officielle, avec ou sans puissance institutionnelle.

Il y a des personnalités qui mêlent les deux, d'autres qui les séparent et qui se contentent d'exercer une influence sans prolongement sous forme de pouvoir académique.

On ne peut pas ne pas mentionner la pathologie qui se greffe à l'occasion sur le phénomène, parce qu'elle éclaire le fond de notre problème. Indépendamment même du poids institutionnel des personnes, il arrive que cette position magistrale reconnue donne lieu à des phénomènes de domination en prenant l'aspect du règne d'un chef d'école, d'un maître à penser, voire d'un gourou. Où l'on discerne combien la relation maître-disciple est chargée d'ambivalence. Autant elle peut jouer dans le sens d'un éveil des vocations, d'une révélation des esprits à eux-mêmes, d'un accès des individus à leur propre personnalité, autant elle peut déboucher sur la formation d'orthodoxies stérilisantes et l'entretien de dogmatismes sans issue. Son potentiel libérateur est balancé par un risque majeur d'aliénation à des figures d'autorité et de servitude volontaire. Les exemples ne manquent pas. Ils donnent à penser sur les ressorts profonds que mobilise le rapport au savoir ; ils sont loin d'aller univoquement vers l'émancipation des esprits.

Quoi qu'il en soit, ce renversement pathologique met en relief le facteur subjectif qui constitue proprement la relation maître-disciple. Elle existe quand le savoir s'incarne aux yeux de ceux qui le reçoivent ou y aspirent dans des figures d'exception reconnues comme telles et que les rapports formels de professeur à élève se doublent de rapports personnels. Des rapports qui peuvent demeurer muets et unilatéraux, comme on l'a déjà souligné, en restant confinés dans le for interne de l'élève, mais qui peuvent aller très loin, jusqu'à une sorte de parenté spirituelle, voire de lien filial, où le père reconnaît son fils et le fils son père. À l'opposé de la lutte à mort des consciences pour la reconnaissance caractéristique de la relation maître-esclave, la relation maître-disciple se définit par la réciprocité spontanée des consciences.

Le point capital qui se dégage de cette sommaire description, et sur lequel on ne saurait trop insister, c'est que c'est le disciple qui fait le maître. Il n'y a de maître que lorsqu'il y a des disciples potentiels, le phénomène prenant sa consistance sociologique à partir du moment où le maître se prête à la demande des disciples pour que la relation se formalise. Personne ne se déclare et ne s'établit maître de son propre chef. Ce sont les autres qui le placent dans cette position. Il en est d'ailleurs qui ne consentent pas à jouer le rôle et qui renvoient les candidats disciples à leur solitude subjective.

Autrement dit, c'est sous l'angle du disciple qu'il faut interroger l'essence du phénomène, c'est dans son regard qu'il faut le lire, c'est de son point de vue qu'il faut se demander ce qu'il y trouve, au point de risquer éventuellement d'y perdre sa liberté de pensée.

De quoi donc est faite cette relation singulière qui conduit parfois l'élève, sur le chemin des apprentissages, à élire des figures privilégiées de l'accès à un savoir mieux entendu, mieux dominé, plus mobilisateur ou plus profond ? Quels sont les ressorts qui en assurent l'efficacité ? Il paraît possible, en première approximation, de distinguer six entrées du problème, six composantes qui interviennent dans le fonctionnement de la relation. Elles se recoupent, naturellement, mais il paraît de bonne méthode, sur un terrain aussi peu défriché, de commencer par une décomposition analytique aussi poussée que possible des données du problème, quitte à les réagencer par la suite.

1. La première composante regarde naturellement l'*incarnation* ou la *personnification* du savoir sous les traits du maître. Expressions dangereuses, qu'il faut tout de suite préciser, afin de prévenir les malentendus. Le maître n'est pas la figure de celui qui sait par rapport à celui qui ignore. Il n'est pas le « sujet supposé savoir ». Tout savant n'est pas *ipso facto* un maître. Ce qui fait le maître est beaucoup plus spécifiquement une certaine manière de vivre et de porter le savoir qui a la propriété remarquable de le rendre apte à la transmission.

Ce qui le singularise en tant que personne, ce n'est pas tant une science exceptionnellement étendue ou une inventivité exceptionnellement développée qu'un rapport de possession à son domaine qui rend ce rapport accessible aux autres, qui l'ouvre de l'intérieur sur autrui, qui l'érige en exemple vivant.

En quoi consiste ce rapport ? Il n'a rien à voir avec l'« excellence » dont se gargarise le jargon bureaucratique actuel. Il ne se réduit pas davantage à la virtuosité, qui n'est d'ailleurs pas indispensable. Il est des maîtres laborieux dont la peine non dissimulée est ce qui leur prête valeur de modèle. Dans l'autre sens, il y a des virtuosités qui forcent l'admiration, mais qui ne vous apprennent qu'une chose, c'est qu'elles sont incommunicables. Ce qui rend l'exemple du maître parlant, c'est son recul, sa liberté, sa distance réfléchie à l'égard de son propre bagage. C'est son humilité vis-à-vis de ce qui reste à connaître ou à faire. Un vrai maître est celui qui donne le sens de ce que nous ignorons, plus encore que de ce que nous connaissons, là où le faux maître nous écrase d'une science à laquelle il est vain d'aspirer. C'est ce qui procure à la figure inaugurale de Socrate sa portée insurpassable.

2. Du côté maintenant de l'apprenti, de l'élève ou du disciple, cette personnalisation sous les traits du maître doit son retentissement à la dimension existentielle de tout savoir – la dimension que méconnaît la réduction instrumentale du savoir à des « compétences ». Elle est manifeste au plus haut niveau, quand l'approfondissement d'un art ou d'une science devient le centre d'une vie, mais elle est aussi présente au plus humble niveau. Apprendre, c'est toujours se transformer, changer, s'ouvrir, être touché, remis en question, déplacé dans sa façon d'être et ses manières d'agir. C'est pourquoi il existe une peur d'apprendre dont nous commençons tout juste à prendre la mesure (voir sur ce point les travaux pionniers de Serge Boimare)[1].

1. Citons notamment *L'Enfant et la peur d'apprendre*, Paris, Dunod, 2004, et *Les Enfants empêchés de penser*, Paris, Dunod, 2008.

C'est au niveau de cette implication subjective que se joue le rapport avec le maître, et c'est pour ce motif qu'elle prend un caractère fortement personnel. Ce que l'on perçoit du rapport du maître avec son savoir entre en consonance avec ce que l'on éprouve soi-même quant à l'impact de ce que l'on cherche à apprendre. Le maître vous aide à vous comprendre vous-même, non pas psychologiquement mais épistémiquement : il vous apporte des moyens de définir une plus juste position vis-à-vis de la démarche de connaissance.

3. Il y a des maîtres parce qu'il y a une opacité spécifique des savoirs, et que tout savoir, même le plus raisonné, comporte une dimension initiatique. Le maître est celui qui permet d'entrer. Il représente le médiateur, le passeur, grâce auquel vous parvenez à gagner l'autre côté, alors que vous pensiez de prime abord rester sur la rive.

Cette dimension initiatique se manifeste sous deux aspects assez différents.

Le premier regarde le caractère opératoire du savoir, le domaine des savoir-faire évoqué plus haut. Il concerne la part de métier que comporte tout apprentissage, même le plus abstrait : comment s'organiser, comment enseigner, comment se dépêtrer en cas de difficulté ? La liste est ouverte, et elle est impressionnante dans sa variété. Un rationalisme naïf voudrait que tout cela relève de la méthode et s'apprenne comme le reste. Mais tel n'est pas le cas. Les préambules méthodologiques ennuient sans instruire, car c'est d'autre chose qu'il s'agit, d'un domaine pratique à part, celui que Lévi-Strauss a identifié comme « bricolage » dans *La Pensée sauvage*. Il s'agit de cette cuisine faite de trucs, de procédés, de recettes, de tours de main qui apparente irréductiblement l'activité intellectuelle à un artisanat.

Cela ne veut pas dire que ces savoir-faire ne sont pas élucidables et explicitables, mais, sur ce terrain, tout est à faire. Sans doute la distance réfléchie qui distingue le maître, et qui le rend plus apte à transmettre que d'autres, est-elle due pour une bonne part à une conscience assez poussée de ce côté bricolage de son travail, conscience qui permet son objectivation relative et l'offre de ce fait à une appropriation plus aisée chez ceux qui ont la chance de bénéficier de son exemple.

Le second aspect de la dimension initiatique des savoirs relève de quelque chose de plus profond encore, quelque chose de mal reconnu et de très difficile à cerner, qui est le caractère ésotérique attaché à toute formation signifiante. Pourtant, c'est l'une de nos expériences les plus communes. Hors de notre cadre habituel, notre existence est tissée de rencontres avec d'autres « mondes » autocentrés, organisés autour de références implicites, de connivences, de familiarités qui font que nous nous sentons spontanément étrangers par rapport à eux, comme s'ils parlaient effectivement une langue étrangère. Il peut s'agir d'un milieu de travail (quoi de plus impénétrable, parfois, qu'une « culture d'entreprise »), il peut s'agir d'un cercle d'intérêt (quoi de plus hermétique pour le profane que l'idiome des footeux, des cinéphiles ou des fans de bridge ?). Aussi bien peut-il s'agir, pour ce qui nous concerne directement, d'un jargon disciplinaire. Une fois que vous êtes à l'intérieur de la « tribu », comme dit expressivement le discours social actuel, vous vivez son système de références sur le mode de l'évidence, et vous ne comprenez pas qu'il puisse ne pas être partagé. De ce point de vue, tout l'univers culturel et symbolique est structuré en « tribus ». Cela reste vrai des discours disciplinaires les plus logiques et les plus rigoureux, à commencer par les mathématiques.

La preuve nous en a été administrée avec l'une des plus grosses erreurs d'appréciation de la pédagogie contemporaine, celle qui a consisté à ériger les mathématiques, justement, en instrument de sélection, au nom de leur supposée transparence logique pour l'esprit, et donc de leur caractère socialement neutre. Là où les humanités bourgeoises privilégiaient les codes tacites et les connivences de classe, nous assurait-on, l'explicitation mathématique allait substituer l'égalité d'accès à un langage universel. L'expérience a démontré en grand le caractère parfaitement illusoire de cette hypothèse. C'est le contraire qui s'est révélé vrai : le recours aux mathématiques a aggravé la sélection sociale au lieu de la réduire ; il a renforcé le poids des héritages culturels. Il n'y a pas plus ésotérique, en fait, que le jargon indiscutablement universel, pourtant, de la tribu mathématique. Nulle part le rôle des familiarisations précoces, même indirectes, n'y est aussi important. Nous retrouvons ici un point abordé plus haut à propos des transmissions familiales. C'est en fonction de cet ésotérisme structurel que le poids des milieux d'origine est aussi considérable. Vivre en proximité avec des personnes pour lesquelles tel ou tel code culturel est l'évidence même est le moyen le plus économique d'entrer dans ce cercle de connivence sans même s'en apercevoir, là où il sera difficile à pénétrer pour un outsider. Cet ésotérisme n'est pas insurmontable. La preuve est faite tous les jours qu'il se dépasse. Encore faut-il, si l'on veut le combattre efficacement, commencer par le reconnaître pour ce qu'il est et l'analyser dans sa nature d'obstacle.

Toujours est-il que c'est en raison de cet ésotérisme constitutif des savoirs qu'il y a des maîtres, c'est-à-dire des truchements exemplaires, des initiateurs privilégiés. Le maître est très exactement celui qui ne se contente pas d'être au-dedans, mais qui sait ce que veut dire être au-dehors, et qui, de ce fait, est en mesure d'assurer le passage, de dissiper l'étrangeté, de fournir la clé de déchiffrement des idiomes cryptés, de rendre intelligible ce qui se présente de l'extérieur comme un système opaque, bouclé qu'il est sur lui-même.

4. La figure du maître entretient des rapports étroits et complexes avec la parenté. C'est une dimension sur laquelle insiste beaucoup Françoise Waquet. Il y va de la paternité et de la filiation, en un sens qui est plus qu'analogique. Il y va aussi de cet autre lien charnel avec les ancêtres et les

ascendants qu'est la tradition, avec ce qu'elle suppose de continuité incarnée entre les devanciers et les successeurs. Nous entrons ici dans la zone obscure des soubassements symboliques de la transmission.

Il n'est pas très difficile en fait de comprendre la mobilisation de cette figure de la parenté si nous croisons la dimension existentielle du rapport au savoir avec sa dimension temporelle. Apprendre, en effet, consiste toujours à se confronter à une antériorité, à un domaine déjà là, avec ses titulaires, ses aînés, ses autorités vis-à-vis desquels vous êtes un néophyte, un nouveau venu, en quelque manière un enfant.

Par rapport à cette situation, il y a psychiquement deux attitudes possibles. Le choix est entre l'effraction et l'adoption : ou bien vous prenez le parti de vous faire tout seul, de vous imposer par vous-même, ou bien vous cherchez à être reconnu par vos prédécesseurs et à vous faire investir de la perpétuation de leur œuvre. La première voie est héroïque et rare, la seconde est la plus commune et la plus facile. Il est infiniment rassurant de s'inscrire dans une lignée, de prendre place dans la continuité d'une tradition incarnée dans des personnes qui vous ont dûment adopté, comme il est réconfortant pour les maîtres de savoir que ce qu'ils ont engagé sera poursuivi dans un esprit de fidélité.

Enseigner ce n'est pas seulement instruire des personnes particulières. C'est œuvrer à travers elles, si modestement que ce soit, à la poursuite d'un effort idéal et d'un travail de connaissance qui ne s'épuisent pas dans les individualités mais qui ne trouvent leur sens, ultimement, qu'à l'échelle de l'humanité entière et de son aventure dans le temps. C'est sûrement l'un des ressorts qui contribuent à la force du lien de maître à disciple. Il vaut attestation de cette parenté plus déterminante que les liens du sang et capable de souder les esprits au travers du devenir.

5. La relation de maître à disciple a ceci de particulier qu'elle est suspendue au pouvoir de la parole. C'est son

vecteur électif. Les savoirs modernes se déploient dans l'élément de l'écrit, mais, entre maître et disciple, le lien continue de s'inscrire, à l'instar des savoirs traditionnels, dans le registre de l'oralité. Françoise Waquet en donne de frappants exemples, qui font ressortir la différence entre l'enseignement de tel ou tel maître, donné devant de vastes amphithéâtres, où le discours se calque sur le modèle dépersonnalisé de l'écrit scientifique, et l'enseignement véritablement magistral, dispensé en petit comité, à l'usage exclusif des disciples, sur un mode familier et même familial, où le rayonnement de la parole vive s'exerce à plein.

Si c'est par les œuvres ou les communications écrites que le savoir du maître se diffuse et se fait reconnaître, c'est par la parole personnelle et informelle que sa portée initiatrice acquiert son complet relief. Il s'y communique autre chose que ce qui est dans les livres. Il y va toujours du savoir, mais d'un savoir intime et officieux que seule la parole est en mesure de dispenser.

Où nous retrouvons par un autre canal la part symbolique de la transmission. Elle est liée à la présence humaine et au mystérieux pouvoir qu'elle recèle, dont la parole est le vecteur privilégié. Un pouvoir dont nous ne savons presque rien et que la force des truchements techniques qui ont été inventés pour y suppléer tend à nous faire oublier, alors que son rôle continue d'être déterminant. Il le demeure y compris à l'heure de ce prodigieux multiplicateur de la puissance de l'écrit et de l'image que constituent les réseaux numériques. La vertu de la parole magistrale est de le rappeler. Elle rend sensible le fait que la parole n'est pas simplement un outil de communication parmi d'autres, mais aussi un acte par lequel la coprésence des êtres s'atteste dans un échange de pensées qui fait événement pour ses partenaires. Le maître, parce que la demande dont il est l'objet le pousse au-delà de ses limites habituelles, le disciple, parce qu'il y puise un nouvel élan.

6. La relation entre maître et disciple mobilise enfin cet autre puissant ressort symbolique qu'est le don. Le maître est celui qui donne, au sens le plus fort du terme, gratuitement, sans que rien ne l'y oblige, et qui donne non seulement du savoir, mais de lui-même – c'est la particularité de son don : il s'y implique. Il ne se borne pas à transmettre du savoir, il fait don de ce qu'il a appris.

Le disciple est celui qui sait qu'il a la chance de recevoir. Celui, partant, qui sur la base de ce legs dont il mesure la portée, peut trouver l'énergie de donner à son tour afin de rendre ce qu'il a reçu. C'est en fonction de cette chaîne des générations conçue idéalement pour ne pas s'interrompre que la transmission acquiert sa signification dernière, au-delà de ses protagonistes actuels. Elle vient d'avant et elle est destinée à se poursuivre après. Et il n'y a que le don qui soit un ressort assez puissant pour activer ce lien de succession qui constitue l'âme du progrès du savoir dans le temps. Personne n'apprend que par lui-même et pour lui-même en vue de sa seule utilité, contrairement à l'illusion qu'entretient l'individualisme contemporain. Apprendre, en dernier ressort, symboliquement parlant, c'est toujours apprendre de quelqu'un pour transmettre à quelqu'un.

L'objectif de ces réflexions était de montrer que la transmission, loin de ne concerner que les savoirs élémentaires et l'inculcation des connaissances toutes faites, touche les savoirs les plus élaborés, les savoirs en train de s'inventer. Elle regarde en fait l'essence même du savoir. Dans cet esprit, ce sont les ancrages anthropologiques de la transmission que l'on s'est employé à dégager. Leur repérage donne l'idée des enjeux profonds engagés dans l'entreprise éducative. Elle mobilise des ressorts qui touchent à l'essentiel de l'humain, même si c'est le plus souvent à bas bruit, de manière implicite. Ce n'est pas une chose bénigne que d'apprendre. Il y va des dimensions constitutives du rapport à soi et du rapport aux autres. Dans sa persévérance, la relation maître-disciple a l'insigne intérêt de les donner à lire, alors que de puissants facteurs conspirent aujourd'hui à les escamoter. Elle représente une exception, mais une exception qui nous instruit sur la règle.

Temps, initiation, passion, don

Ce dégagement une fois opéré, il est possible, en prenant du recul, de regrouper un peu autrement les données que l'on a mises en évidence. Regardés sous un angle différent, en les reliant de manière plus systématique à l'expérience humaine en général, ces six points se laissent ramener à quatre, qui concernent respectivement la dimension temporelle de notre existence, son caractère irréductiblement personnel, la nature du langage et de la communication entre les êtres et, enfin, l'élément symbolique dans lequel notre expérience se déploie au plus profond.

L'intérêt de la perspective n'est pas seulement de mieux raisonner l'analyse, il est, en outre et surtout, de faire apparaître par contraste les facteurs d'occultation à l'œuvre au sein de notre culture qui tendent à recouvrir ces données primordiales. Un univers où il n'y a de place que pour le présent, l'individu, les savoirs formels et l'utilité pratique ne peut qu'ignorer ou refouler ces dimensions, non sans que l'acte d'apprendre y perde une grande part de son sens.

1. La transmission s'enracine, pour commencer, dans notre condition temporelle et historique. Elle vit du poids de ce qui nous précède. Dans l'acte d'apprendre plus encore que dans tout autre, nous sommes tributaires de ce qui a été acquis et établi avant nous. La recherche la plus pointue commence par une reconstitution minutieuse de l'état de la question. Il est possible, bien sûr, d'effectuer ce travail de bilan par ses propres moyens, mais il est plus plausible et plus économique de passer par ceux qui en ont le maniement. Les maîtres, dans l'acception la plus ordinaire du mot, sont les truchements avec cette précédence

et les maîtres par excellence sont ceux qui illustrent à son meilleur niveau ce rôle d'assimilation et de restitution. Le maître est celui qui incarne dans son domaine le juste rapport au passé, la maîtrise de son héritage qui permet d'y ajouter, d'inventer, de rompre avec lui quand il en est besoin. Celui qui, par là même, est en mesure de guider le néophyte d'un pas sûr dans le dédale de l'acquis.

L'expérience de la connaissance, quelle qu'elle soit, vaut confrontation à une antériorité massive, sauf à remonter au premier homme des premiers temps. Il s'agit toujours, même dans la démarche la plus individuelle, d'acquérir ce que d'autres possèdent déjà. On l'a déjà noté, mais c'est le lieu de le rappeler, il y a toujours *objectivement* transmission. Les sociétés se perpétuent par acculturation des nouvelles générations, qui prennent à leur compte ce qui existait déjà, quelle que soit la manière dont s'effectue cette prise en charge. Malgré les apparences, notre société ne déroge pas à la règle lorsqu'elle proscrit l'inculcation pour privilégier l'activité des nouveaux venus. Celle-ci n'en a pas moins pour objet de s'approprier un stock disponible, un ensemble de connaissances préalablement constitué qu'il s'agit d'assimiler avant de le modifier ou de lui en substituer un autre. À ce titre, la transmission est irréductiblement première. Elle est le fond sur lequel s'elèvent les constructions individuelles. Apprendre n'est qu'une modalité de la transmission consistant à mettre l'accent sur la démarche interne d'appropriation.

C'est cette dimension d'antériorité que les sociétés de tradition plaçaient au premier plan en en faisant leur principe organisateur. Elles posaient en règle que tout ce qui compte vient d'avant, de l'origine, de la fondation et que tout ce que les héritiers ont à faire est de reconduire et de transmettre ces modèles ancestraux. D'où l'autorité sacrale attachée à cette fonction vitale et le caractère contraignant de son exercice, puisque c'est la primauté du groupe et de sa loi qui s'y signifie. Elle n'a nullement disparu de nos sociétés, en dépit de la répudiation de la philosophie au nom de laquelle elle s'appliquait. Elle survit sous la forme résiduelle, mais cruciale, de l'obligation scolaire. Si grande que soit la liberté accordée à l'enfant de conduire ses apprentissages, il est une contrainte à laquelle il est hors de question de se soustraire, qui est justement d'apprendre.

Par rapport à ce passéisme constituant, les savoirs modernes introduisent une orientation opposée, en ceci qu'ils sont conçus pour l'accroissement, qu'ils sont tournés vers l'avenir et leur perfectionnement au futur. En quoi ils légitiment l'oubli des états antérieurs de la connaissance et valorisent l'état actuel des questions, porteur des développements à venir. C'est de cette formule dynamique même des savoirs modernes que procède l'illusion de perspective sous le coup de laquelle nous nous trouvons. Elle n'est autre chose qu'une embardée futuriste.

Longtemps, ce modèle d'une science conçue pour progresser et donc se devant de viser l'avenir en ignorant les erreurs ou les limites du passé a été contenu par la prégnance du modèle de la tradition, qui avait sa clé de voûte dans le règne des humanités. Et puis la détraditionalisation est passée par là, avec l'individualisation radicale dont elle s'est accompagnée. Ce qui restait d'autorité du passé et de primauté du collectif a été disqualifié de conserve. Sans même qu'il y ait besoin de les invoquer, les sciences modernes se sont imposées comme le modèle hégémonique. Priorité, donc, à la curiosité et à l'investigation individuelle sur le déversement de connaissances administré d'ailleurs. Priorité dans la même ligne à la compréhension interne sur la possession externe. Comme si apprendre les rudiments d'une science, ou même se mettre au courant de l'état d'une de ses questions vives, était du même ordre que de la faire avancer en produisant une connaissance nouvelle. Comme si la saisie actuelle d'un raisonnement ou d'une explication, qui est du même ordre, pour le coup, en effet, chez le savant qui les découvre et chez l'élève qui s'en instruit, dispensait du travail spécifique d'organisation de ses connaissances et d'insertion de cet acquis dans un bagage cohérent.

Ce n'aura pas été l'avatar le moins surprenant des sciences modernes que de susciter pareil mirage quant à leurs conditions d'acquisition. Il est en elles quelque chose qui donne à croire qu'elles n'ont pas à être transmises. La puissance rationnelle qu'elles illustrent, étant donné son mode d'attestation actuel, tend à dissimuler la condition temporelle qui préside à tout apprentissage. C'est l'une des racines les moins remarquées, mais pas pour autant la moins forte, du présentisme régnant. Il s'alimente aussi à une source épistémique. Cette focalisation sur le présent de la raison s'allie naturellement à la logique sociale de l'individu, laquelle tend de son côté à masquer la relation au collectif impliquée dans l'acte d'apprendre – on apprend quelque chose qui se transmet et qui prend son sens dans cette transmission.

2. La transmission s'enracine, en deuxième lieu, dans le caractère irréductiblement ésotérique des savoirs qui entretient le caractère irréductiblement initiatique de leur communication. Le point a été amplement développé et il n'est pas nécessaire d'y insister. Ce qui demande à être souligné, en revanche, c'est combien les savoirs modernes tendent à alimenter l'illusion inverse.

Spécialement sous leur aspect formel et mathématique, ils se sont construits par un travail au second degré sur l'équivocité de la langue naturelle destiné à éliminer cette infirmité native au profit d'une objectivation impersonnelle de leurs propositions et de leur message, cette objectivation devant en principe leur permettre de se passer de transmission. Idéalement, ils sont accessibles à n'importe qui par les moyens de sa seule raison. En pratique, ils ne parviennent et ne peuvent parvenir à cette épuration logique que dans une certaine mesure, le second degré formel étant dans l'incapacité de se substituer à son support naturel. De telle sorte qu'en dépit de leur universalité méthodique, ils restent entachés d'une difficulté d'accès qui justifie le recours à des interprètes qualifiés à tous les niveaux. Non seulement, vus de l'extérieur, ils se présentent comme marqués d'une opacité impénétrable pour le profane, mais même à l'intérieur de leur champ, pour les connaisseurs, ils demeurent suffisamment abstrus dans leurs développements pour qu'il y ait des maîtres faisant office d'introducteurs privilégiés.

Cette résistance en quelque sorte fonctionnelle de la transmission n'est pas incompatible avec l'envie de s'en passer, selon la promesse inscrite dans la formule même des savoirs modernes. Tout le temps où les systèmes d'enseignement étaient organisés principalement autour des disciplines dites « humanistes », c'est-à-dire de la maîtrise du discours dans ses divers registres, cette promesse est restée entre parenthèses, tellement la difficulté d'accès des formations de la langue naturelle, qu'il s'agisse de littérature ou d'histoire, privilégiait de fait le concours et la connivence d'intermédiaires compétents. Le processus d'individualisation a bouleversé cet équilibre en mettant en avant la grande espérance véhiculée par les savoirs formels et leurs procédures anonymes : se passer d'interprètes autorisés et de médiateurs obligés au profit des seules appétences et compétences des acteurs. Elle a disqualifié le type de connaissance entretenant la dépendance envers les sachants, en valorisant à l'opposé celui que les individus sont supposés en mesure de s'approprier par eux-mêmes en faisant jouer leur capacité rationnelle – cette part de l'esprit humain à la fois la plus individuelle et la plus universelle. Les désillusions et les dégâts qui ont suivi n'ont pas entamé le programme, il est impressionnant de le constater. Il a pour lui une utopie moderne toute-puissante, où les idéaux politiques rejoignent l'autorité du modèle scientifique, il faut bien le mesurer.

3. Le point précédent entretient d'étroits rapports avec le suivant, qui regarde la dimension personnelle du savoir, puisqu'il s'agit en fait de bannir du même mouvement

la dépendance interpersonnelle liée à son ésotérisme et l'implication subjective qui s'y associe aisément, grâce à l'anonymat rationnel. Or l'une est aussi incompressible que l'autre. Le savoir le plus abstrait et le plus désincarné n'en continue pas moins d'habiter des personnes pour lesquelles son appropriation représente une épreuve subjective et son maniement un enjeu intime. Il y a une dimension passionnelle au moins latente dans toute expérience d'acquisition d'une connaissance. Elle est d'une ambivalence remarquable. D'un côté, elle constitue un accroissement de la puissance subjective, elle contribue au sentiment de maîtrise. Elle rassure et conforte, en insérant dans le cercle de ceux qui sont au courant. Mais elle est également porteuse de menace et d'insécurité, de l'autre côté, par l'exposition d'abord à la crainte de ne pas comprendre et de ne pas dominer ce dont vous apprenez de la sorte l'existence, puis en raison du décentrement qu'elle impose au regard de votre univers spontané et du remaniement des repères familiers auquel elle oblige. Elle interpelle et bouscule, en entraînant hors de chez soi. On peut aimer le dépaysement, on peut aussi le redouter.

C'est cette implication subjective qui charge inévitablement d'affect la relation en principe d'une stricte neutralité institutionnelle engagée dans l'opération d'enseignement. Le fait est notoire, sans qu'on se soit suffisamment préoccupé de l'interroger : il y a ceux qui rebutent, voire interdisent, et il y a ceux qui donnent envie, ou en tout cas facilitent.

La transmission trouve ici l'un de ses plus solides ancrages, en même temps que le foyer de sa difficulté en tant qu'art. Si grande que soit la curiosité éprouvée devant un domaine de connaissance, il est besoin d'un accompagnement pour surmonter l'appréhension devant un chemin qui s'annonce semé d'embûches. Un accompagnement qui ne se réduit pas à la délivrance d'une information ou d'un savoir-faire, à une « transmission » au sens télégraphique du terme, mais qui consiste à exorciser les affects contraires et à libérer ceux qui font avancer, à commencer par le plaisir de penser. La difficulté majeure de l'art d'enseigner réside sans doute dans la création de ce climat de confiance cognitif, auquel aucune « estime de soi » ne saurait suppléer. Il est d'essence interpersonnelle, même s'il joue en dehors de toute relation privée ou intime. Un enseignant n'est pas et n'a pas à être un psychanalyste, mais il n'en manie pas moins comme lui des ressorts subjectifs profonds qu'il ne peut atteindre que du dedans du savoir qu'il dispense – c'est la complication suprême de son métier.

Ce besoin d'accompagnement ne faiblit pas, il s'accroît d'une certaine manière au fur et à mesure que l'on s'élève dans l'édifice du savoir, jusqu'à sa pointe la plus escarpée. C'est ce que traduit la gratitude pour les maîtres volontiers exprimée sur les sommets de la science, de la part de savants eux-mêmes chevronnés, dont on serait tenté de penser qu'ils possèdent la pleine maîtrise de leur domaine. Il n'en est que plus frappant de les voir témoigner de leur dette envers ceux qui leur ont procuré l'élan et la foi indispensables pour se mesurer à l'inconnu ou à l'inexpliqué.

Il serait paradoxal de laisser célébrer les bénéfices du rapport de transmission par ceux qui pourraient s'en passer, tout en prétendant le bannir à la base chez ceux qui en auraient le plus besoin. Ce qui est vrai au niveau supérieur l'est bien davantage au niveau élémentaire. La dimension irréductiblement personnelle ou subjective de l'expérience d'apprendre en fait par excellence une expérience interpersonnelle ou intersubjective. Elle est le lieu s'il en fut jamais du besoin des autres. Il nous reste maintenant à apporter quelque lumière dans cette zone obscure dont aucune pédagogie ne s'est à ce jour véritablement approchée. C'est déjà un premier pas que d'en reconnaître la réalité.

4. La transmission s'enracine enfin dans la dimension symbolique que revêt l'acquisition d'un savoir. Une dimension ordinairement enfouie et que la figure du maître a la vertu d'amener au jour. Elle la rend palpable, que ce

soit au titre du pouvoir de la parole, du rôle du don ou de l'insertion dans une lignée.

Apprendre, c'est toujours, en quelque façon, recevoir, y compris lorsque l'on apprend par soi-même, car c'est encore recueillir les fruits de ce que d'autres ont conquis, établi ou élaboré. Ils ne se sont pas eux-mêmes livrés à ce travail pour en garder les résultats par-devers eux, mais en vue de les communiquer. Le savoir est fait pour être donné, parce qu'il n'appartient à personne, en dernier ressort, mais relève d'une œuvre collective destinée à se poursuivre à travers le temps et qui crée entre ses participants une proximité d'un genre spécial. Apprendre, c'est entrer dans cette société des esprits, avec son lien à part, dont une parole inoubliable fournit l'attestation la plus exemplaire. Autant de significations agissantes, le plus souvent dissimulées sous des considérations plus triviales, voire carrément contraires, qui émergent en se cristallisant sous les traits du maître.

Elles sont présentes à l'arrière-fond de toute relation d'enseignement, dès son plus humble niveau. On s'en aperçoit lorsqu'elles disparaissent, ou du moins lorsqu'elles se trouvent presque entièrement recouvertes sous l'effet de la désymbolisation associée à la détraditionalisation. Car c'est un autre aspect du même processus. Ce qui subsistait du lien vivant avec les modèles du passé n'allait pas sans la persistance sous-jacente de cette symbolique de l'intégration. La logique de l'individualisation les a non pas détruits, mais repoussés dans l'obscurité. Elle en a fait des dimensions souterraines, continuant de fonctionner, mais de manière insue, aléatoire, chaotique. Elle a déterminé, pour ce qui nous regarde directement, une réduction instrumentale ou utilitaire des savoirs ne laissant plus voir en eux que des moyens au service d'un besoin ou d'un intérêt. Besoin ou intérêt supposés constituer les seuls motifs pour l'individu de les acquérir. Or, étrangement en fait, chez cet individu érigé en maître de ses curiosités, la motivation tend à s'étioler, l'appétit chute. Ces savoirs censés avoir été rendus à leur véritable raison d'être ne suscitent pas le désir. C'est qu'ils tiraient une bonne partie de leur sens d'ailleurs. La mystérieuse désaffection qui les frappe au milieu d'une société qui célèbre leur efficacité comme nulle autre avant elle trouve ici l'une de ses sources.

Voilà ce qui justifiait le détour par la figure du transmetteur par excellence. Elle permet de faire apparaître des couches profondes et des données primordiales que le mouvement de notre culture tend à occulter ou à refouler, alors qu'elles sont au cœur de l'expérience du savoir. Celui-ci entretient des rapports multiples et intimes avec la démarche de transmission, qu'il s'agisse de donner, de recevoir ou de rendre. Ces rapports ne préjugent pas de la façon de la mettre en œuvre. Elle est toute à réinventer, loin de modèles anciens qui ont perdu sans retour leur raison d'être. Mais persévérer dans l'ignorance des ressorts qu'elle mobilise ne peut conduire qu'à l'impasse.

Troisième partie

Comment apprend-on ? Théories et débats

5

Éducation et récapitulation : l'emprise d'un paradigme

Évolution, individualisation, éducation

Les idées qui sont à la base de la révolution de l'apprendre ne sont pas tombées du ciel ; elles viennent de loin. Elles prennent leur racine dans l'un des plus grands événements intellectuels du XIXe siècle, à savoir la théorie de l'évolution. Le paradigme évolutionniste n'a pas seulement bouleversé l'image de l'homme ; il a également modifié de fond en comble le regard sur l'enfance et la conception du processus éducatif.

La perspective qui change tout est que l'humanité telle que nous la connaissons est le résultat d'un processus d'*hominisation.* À partir de là, le phénomène remarquable qu'est la croissance de l'enfant s'ouvre à une autre lecture. Il est patent qu'il naît nu et qu'il doit acquérir ce qui lui manque par un développement qui l'humanise. De là à penser que ce développement répète en quelque manière le processus par lequel l'humanité est devenue ce qu'elle est, il n'y a qu'un pas facile à franchir. C'est la source du fameux principe de la *récapitulation de la phylogenèse* (l'évolution de l'espèce) *par l'ontogenèse* (le développement de l'individu). Il s'est formé ainsi l'un des schèmes de pensée les plus puissants de notre culture, d'une séduction telle qu'il s'est montré capable de survivre à toutes les critiques factuelles dont il a pu faire l'objet. Il a renouvelé la vision des enjeux de l'éducation. Le devenir qui conduit l'enfant à l'âge adulte n'est plus à penser, dans cette ligne, comme une simple acculturation au monde humain déjà là, mais comme la venue à l'humanité de l'individu-enfant au travers de la réitération, sur un mode ou sur un autre, de l'évolution qui a mené l'espèce humaine à son stade actuel.

Or la spécificité de l'évolution humaine est qu'elle a développé des capacités et instruments qui ont mis notre espèce en mesure de faire beaucoup plus que s'adapter à son environnement naturel, à l'instar des autres espèces animales – la capacité d'adaptation étant le moteur de l'évolution, le principal ressort de l'évolution naturelle. Alors que le changement de milieu naturel a été fatal aux dinosaures, par exemple, l'espèce humaine, elle, au lieu de se cantonner à sa niche écologique, a desserré ses contraintes en créant un milieu artificiel. Elle est parvenue peu à peu à dominer ou à maîtriser les forces naturelles en produisant des outils, en développant une culture bâtie autour de l'instrument du langage, culture elle-même en développement continu, dont les dernières expansions, les plus puissantes, ont été la science, la technique et l'industrie.

Autrement dit, l'humanité s'est faite elle-même dans une certaine mesure, en compliquant le processus adaptatif par la *construction* d'artefacts et d'instruments intellectuels qui lui ont procuré un meilleur contrôle de son environnement.

L'éducation a précisément pour objet l'acquisition de ces compétences supplémentaires qui ont fait de l'animal humain un être culturellement capable de transformer la nature. D'où l'idée-force que l'éducation ne peut valablement consister qu'à reparcourir, à l'échelle de chaque individu, les étapes de l'élaboration des outils et des savoirs qui ont permis à l'intelligence humaine de plier la nécessité naturelle à ses desseins en la comprenant.

Dans ce travail mental d'autoconstruction, le chemin naturel de l'esprit a été l'*expérimentation*, l'*inférence* à partir des tâtonnements expérimentaux et l'*induction* permettant d'aboutir à des règles et à des lois quant à la régularité des phénomènes et donc à une prévisibilité des résultats de l'action.

La pédagogie, par conséquent, doit se proposer pour but de mettre l'enfant en situation de résolution de problèmes, de manière à stimuler sa faculté d'induction, sur la base de laquelle il pourra construire son savoir, à l'instar de ce qu'a réalisé l'espèce humaine sur une très longue durée.

Cette présentation à dessein schématique n'a d'autre but que de mettre en évidence le lien fort qui unit dans la pensée pédagogique contemporaine *évolutionnisme*, *constructivisme* et *inductionnisme*. Ce faisceau de composantes constitue son noyau théorique primordial. Diverses versions sont possibles à partir de ces éléments, susceptibles eux-mêmes de plusieurs lectures et d'approfondissements variés. De Spencer à Piaget, en passant par Dewey, les accents peuvent être placés différemment, mais l'esprit général de la démarche est identique. Le naturalisme évolutionniste fournit l'arrière-fond d'une conception constructiviste de la formation des outils cognitifs de l'humanité, dont la pratique pédagogique est invitée à s'inspirer, en valorisant l'activité de l'enfant, sur le modèle de la confrontation de l'esprit humain avec la nature. Elle dispose pour ce faire d'une voie toute tracée, qui consiste à replacer l'enfant devant des situations-problèmes appelant un travail indépendant d'induction de sa part. Ainsi lui fera-t-on retrouver les conditions de l'expérience qui a été le moteur du développement de l'espèce.

Est-ce à dire maintenant que c'est par sa seule force de conviction que le paradigme évolutionniste s'est imposé, au fil d'une pénétration progressive, sur un siècle, qui aurait fini par rendre son modèle irrésistible ? Il y a lieu d'en douter. Il a fallu l'intervention d'un autre facteur pour précipiter l'accréditation du modèle, un facteur d'ordre social, en l'occurrence, à savoir l'avènement d'un individualisme d'un genre nouveau qui a fait irruption dans les années 1970 et qui n'a cessé d'étendre ses effets depuis lors. Il a bouleversé le domaine éducatif comme l'ensemble de la vie sociale, et peut-être davantage encore le domaine éducatif que le reste de la vie sociale, puisqu'il y va spécifiquement dans l'éducation de la formation de l'individu. Ce qui est sûr, en tout cas, c'est qu'il a ouvert des perspectives et suscité des attentes inédites en la matière. Celles-ci ont naturellement croisé sur leur route le corps d'idées qui s'était formé dans le sillage de l'évolutionnisme et qui présentait une affinité certaine avec leur inspiration. Elles s'en sont emparées pour s'expliciter et se justifier, en assurant ainsi son triomphe. En dépit de l'autorité intellectuelle que ce modèle théorique avait acquise, en effet, avec les considérables retombées pratiques qui s'en étaient ensuivies, il était encore loin, en Europe du moins, d'avoir établi une emprise sans partage au sein des systèmes d'enseignement. La logique sociale de l'individu lui a procuré une capacité de persuasion que le prestige de la science n'avait pas suffi à lui assurer. Il est devenu d'un seul coup tout-puissant, tant l'offre intellectuelle rejoignait la demande sociale.

Consécration ambiguë, au demeurant, puisque la demande sociale s'est imposée avec une telle force d'évidence qu'elle s'est passée assez vite de caution savante. Autant celle-ci avait eu sa nécessité lorsqu'il s'agissait de fournir un langage aux aspirations nouvelles et de les légitimer, autant elle a perdu de son utilité une fois solidement installée la priorité des appropriations individuelles sur la transmission collective. Rien de plus frappant que le recul de la psychologie de l'enfant dans la réflexion pédagogique récente. Elle était centrale, elle est devenue latérale. Elle conserve sa portée de référence dernière et de cadre théorique obligé, dès lors qu'il s'agit de s'élever à une conception d'ensemble. Elle reste le seul discours à même d'habiller une pensée de l'éducation ambitionnant de se rationaliser. Mais elle compose dans les faits, au jour le jour, avec une vision pragmatique de ce que peut vouloir dire apprendre qui puise à une autre source, une source juridique et sociale celle-là, résultant de la place acquise par l'individu dans le fonctionnement collectif.

C'est de cette façon que le paradigme évolutionniste a ouvert la voie à un schème intellectuel plus large et plus profond, avec lequel il continue d'entretenir une étroite connivence, mais qui possède une consistance indépendante. Ce schème s'inscrit dans les horizons de l'évolutionnisme, mais pour ses motifs propres, qui lui permettent à l'occasion de jouer pour son compte. Il exprime une contrainte de pensée, s'agissant de comprendre ce qui se passe dans l'éducation. Une contrainte double : d'une part, il y a hominisation, ce qui renforce l'enjeu du processus éducatif, qui n'est autre que le devenir humain, moyennant l'acquisition des fruits de ce processus qui nous a faits ce que nous sommes ; d'autre part, cette éducation est celle d'un individu au sens défini par l'individualisation radicale de nos sociétés, c'est-à-dire un être qui n'a rien avant et au-dessus de lui, de telle sorte qu'il n'y a pas de sens à vouloir lui imposer des directions ou des contenus prédéfinis. Il a à devenir lui-même, en s'appropriant ce qu'il ressent comme pertinent pour lui.

Cette double contrainte détermine toute représentation spontanément possible des voies et des moyens du processus éducatif. Elle enferme l'imagination dans un cercle assez rigoureusement tracé. Les apprentissages qui nourrissent le développement des facultés de l'enfant ne peuvent consister, fondamentalement, que dans une hominisation réitérée. Ils doivent être guidés par cette perspective d'un chemin vers soi-même qui s'effectue sur la base d'une retraversée de l'odyssée humaine. Nous arrivons dans les parages d'un véritable mythe enfermant l'idée d'éducation dans un récit initiatique.

Kieran Egan : l'origine des idées fausses en éducation

De ces contraintes de pensée, nous avons une parlante illustration dans l'œuvre d'un théoricien canadien de l'éducation, Kieran Egan. Il est notamment l'auteur de deux livres qui nous emmènent droit au cœur de notre problème – le premier, *Getting it Wrong from the Beginning : Our Progressivist Inheritance from Herbert Spencer, John Dewey and Jean Piaget,* procède à une critique sévère des pensées pédagogiques inspirées de l'évolutionnisme. Le second, *The Educated Mind : How Cognitive Tools Shape Our Understanding,* représente l'autre versant de la démarche, le versant positif[1]. Il propose une conception alternative de ce que pourrait être un processus éducatif efficace, parce que mieux adapté au développement effectif de l'esprit enfantin. Le premier ouvrage a eu en outre l'intérêt considérable de nous permettre de remonter aux sources de ce corps d'idées, issu de l'évolutionnisme, qui pèse si lourd dans le champ pédagogique. Quant au second, il met involontairement en lumière la difficulté qu'il y a à s'émanciper de ce cadre intellectuel. Kieran Egan dénonce vigoureusement la prégnance de la théorie de la récapitulation biologique au sein de la pensée pédagogique ; il y voit l'origine de son fourvoiement. Mais c'est en fin de compte pour en revenir

1. Kieran Egan, *Getting it Wrong from the Beginning : Our Progressivist Inheritance from Herbert Spencer, John Dewey and Jean Piaget,* Yale University Press, 2002 ; *The Educated Mind : How Cognitive Tools Shape Our Understanding,* Chicago, University of Chicago Press, 1997. Cette présentation logique ne respecte pas l'ordre chronologique des publications, *Getting it Wrong from the Beginning* est en effet paru après *The Educated Mind.* Signalons l'important ouvrage de Nathalie Bulle, *L'École et son double. Essai sur l'évolution pédagogique en France,* Paris, Hermann, 2009, qui développe une critique du constructivisme pédagogique d'une inspiration voisine de celle de Kieran Egan, auquel, au demeurant, elle se réfère.

à une version plus sophistiquée, plus culturelle de la même récapitulation. Comme quoi cette idée exerce une attraction dont il n'est pas simple de se dégager. Elle représente davantage qu'un héritage théorique insistant. Elle constitue une sorte de passage obligé dont on ne saurait trop se demander ce qui pousse si irrésistiblement vers lui. Car les conséquences de cette vision récapitulative du parcours éducatif vont loin. Elle entraîne avec elle une vision de la nature des apprentissages qui empêche à coup sûr d'en reconnaître la réalité.

Spencer : le développement psychologique et l'enseignement

Kieran Egan souligne avec raison le rôle de Spencer dans la genèse des idées modernes sur l'éducation. C'est à lui que revient la mise en place du schéma évolutionniste qui allait si durablement marquer la pensée pédagogique. Auteur grandement oublié aujourd'hui, Spencer est l'inventeur d'une « philosophie synthétique » qui a joui en son temps d'un rayonnement hors du commun et dont on ne cesse de réévaluer le legs[1]. Elle unifie, sous l'égide du concept d'évolution, la biologie, la psychologie et la sociologie, en conférant une portée renouvelée à l'idée de progrès. Personnage d'une ambiguïté remarquable et libéral intransigeant, Spencer est le véritable inspirateur de ce qu'il est improprement convenu d'appeler « darwinisme social », dont il a défini le principe de base, la « survivance du plus apte ». Mais l'orientation libertaire de sa pensée la rend assimilable par des auteurs progressistes, alors même que Spencer s'est opposé à toute politique sociale, en laquelle il voyait une résurgence de l'ancien système de patronage politique. C'est particulièrement vrai dans le domaine éducatif. Les psychologues et les pédagogues de l'éducation progressive,

1. Voir Daniel Becquemont et Laurent Mucchielli, *Le Cas Spencer. Religion, science et politique*, Paris, PUF, 1998, ainsi que Daniel Becquemont et Dominique Ottavi, *Penser Spencer*, Saint-Denis, Presses universitaires de Vincennes, 2011.

qu'il s'agisse de William James ou de John Dewey et de ses disciples, ont pu conserver son héritage pour produire ce que Lawrence Cremin appelle le « bon sens partagé de l'éducation américaine », où domine l'idée que l'apprentissage se construit sur la base du développement de l'activité de l'enfant. Kieran Egan résume ainsi cette vision : « La croyance centrale du progressivisme est que pour réussir l'éducation des enfants il faut respecter la nature enfantine, particulièrement dans les apprentissages (*learning*) et les stades de développement, et accommoder la pratique pédagogique à ce que nous découvrons dans ce domaine[1]. »

Même si la part qu'occupe l'éducation dans l'œuvre de Spencer est marginale, elle n'en est pas moins très influente. Spencer est le premier à avoir formulé nettement l'idée que le *curriculum* des études devait se régler sur les lois du développement psychologique. Son intérêt pour le sujet date de la première phase de son œuvre. Il a pris la forme d'une série d'articles dont la réunion en volume, en 1861, sous le titre *De l'éducation physique, intellectuelle et morale* a constitué un événement tant leur impact a été considérable[2].

Il faut se souvenir ici que Spencer est le véritable inventeur du concept d'évolution, qui représente pour lui ce qu'il appelle une « loi naturelle de progrès ». Il a formulé cette loi notamment dans un article paru en 1857, « Le progrès »[3]. Cette loi régit le mouvement du monde à l'image de l'attraction universelle de Newton. L'hypothèse, en l'occurrence, est empruntée à l'embryologie qui donne à lire une évolution allant du simple au complexe, de l'« homogène » à l'« hétérogène ». Aux yeux de Spencer, elle permet

1. Kieran Egan, *Getting it Wrong from the beginning*: *Our Progressivist Inheritance from Herbert Spencer, John Dewey, and Jean Piaget, op. cit.*, p. 5.

2. Voir Dominique Ottavi, « Éducation et individu chez Herbert Spencer », *in* Daniel Becquemont et Dominique Ottavi, *Penser Spencer, op. cit.*, p. 195-207.

3. Herbert Spencer, « Le progrès, loi et cause du progrès », *Essais de morale, de science et d'esthétique*, t. 1, *Essais sur le progrès*, Paris, Germer-Baillière, 1877.

d'interpréter l'ensemble des faits observables. Ces faits peuvent relever des êtres vivants, des sociétés, des sciences : la loi d'évolution est universelle.

La confiance en la nature que suppose l'évolution se retrouve dans la vision spencérienne de l'éducation. Celle-ci, comme les autres aspects de la vie sociale, ne peut manquer d'être entraînée par le mouvement du progrès : elle doit subir des mutations profondes dans le monde moderne. L'intérêt de Spencer pour l'éducation s'enracine dans sa biographie ; son père était instituteur, émule de Pestalozzi et lecteur de Rousseau. Mais la référence à ces grands pédagogues n'est pour lui qu'un point de départ. C'est le souffle de l'idée de Progrès qui porte sa pensée. Le concept d'évolution est le pivot de ses réflexions, qui posent les bases d'une vision nouvelle de l'éducation.

Cette modernité revendiquée et l'ambition réformatrice qui lui est associée ressortent dans les thèmes de ses différents articles.

Le premier texte du recueil répond à la question : « Quel est le savoir le plus utile ? » Il affirme la prééminence des sciences, à commencer par les sciences de la nature, dans le domaine du savoir et de l'enseignement. Les sciences, dit Spencer, sont utiles pour la vie. Elles sont l'aboutissement de la recherche intellectuelle de l'humanité.

L'article intitulé « De l'éducation intellectuelle » met en avant la liberté de l'élève. Pour Spencer, l'affirmation de l'individualité et la manifestation de la diversité des talents sont un effet de l'évolution vers davantage de complexité ; elles nécessitent le recul de l'autorité. L'apprentissage par cœur, l'inculcation de règles de grammaire et de vérités abstraites sont destinés à laisser la place à un apprentissage par l'usage et l'expérience concrète. C'est dans cet article que Spencer fait appel à la théorie de la récapitulation : plutôt qu'enseigner à l'enfant des résultats dont il risque de ne pas comprendre l'intérêt, il faut l'inviter à refaire le chemin emprunté par l'humanité depuis ses premières expériences pour élaborer ses connaissances. Au passage,

Spencer souligne la nécessité de connaître la psychologie de l'enfant pour forger des méthodes appropriées.

« De l'éducation morale » propose un système emprunté à Rousseau, mais radicalisé, celui des « réactions naturelles » ; l'enfant doit éprouver les conséquences de ses actes. Un acte répréhensible est en fait un acte dangereux, qui porte en lui l'avertissement nécessaire. Ce système rend inutile la discipline et les punitions. Les détracteurs de Spencer, comme Renouvier et bien d'autres après lui, n'ont pas eu de peine à montrer que cette éducation n'avait de « morale » que le nom.

Enfin, « De l'éducation physique » insiste sur l'importance de la santé et de l'exercice physique pour les deux sexes. Il dénonce le mépris du corps et la honte qui s'attachent à la nature dans l'éducation traditionnelle.

Spencer ne reviendra que ponctuellement sur l'éducation après le recueil de 1861. Il aura cependant installé dans le paysage intellectuel et les mentalités plusieurs idées destinées à marquer sans retour les théories pédagogiques ultérieures et la psychologie de l'enfant. Pour commencer, l'appui pris sur le progrès ou l'évolution entraîne une opposition systématique aux traditions ; tout ce qui apparaît comme hérité du passé est dévalorisé par principe. Par ailleurs, Spencer réactive le principe utilitariste que l'on trouve déjà chez Rousseau : l'apprentissage s'accompagne de plaisir, le plaisir est une condition de l'apprentissage, il représente un indice naturel de sa possibilité. Enfin, et c'est une idée capitale, le respect de la nature de l'enfant implique sa liberté. Pour Spencer, on l'oublie souvent, elle est nécessaire à l'expression des qualités individuelles mais aussi au repérage des différences et des inégalités. Un aspect des choses que ses admirateurs auront parfois tendance à laisser de côté. Aussi la relation entre les enfants et les maîtres doit-elle être radicalement modifiée. Si l'enseignement est d'abord un complément au développement, l'autorité n'a pas à être le socle de la relation pédagogique. L'idée se fait jour chez Spencer que le maître doit plutôt accompagner l'apprentissage que transmettre, et que sa légitimité est plutôt celle du spécialiste de l'apprentissage que celle d'une autorité morale.

Autant d'idées qui nous sont devenues familières au point d'oublier les bases conceptuelles sur lesquelles elles sont accréditées. Elles reposent sur une conception du développement de l'intelligence considérée comme une faculté adaptative qui permet d'appréhender le réel d'une manière de plus en plus exacte, au niveau de l'espèce humaine dans son évolution, d'une part, et au niveau de l'individu dans son développement d'autre part. De l'adoption de cette idée, il s'ensuit une série de conséquences qui ont continué à réorienter les systèmes d'enseignement. Le *curriculum* doit être conçu d'après le développement de l'enfant, et doit bannir, par exemple, les langues anciennes jugées très éloignées de ses expériences et de ses intérêts. Les sciences sont les savoirs les plus utiles, ceux qui ont un impact sur la vie matérielle et représentent la pointe du progrès de l'esprit humain, par rapport à tout l'arsenal de religions, mythologies, connaissances littéraires, qui ne sont que des tentatives inabouties de penser le monde. Le raisonnement scientifique est la pensée naturelle de l'homme moderne, l'enfant ne doit pas être encombré de survivances d'un état antérieur de l'intelligence de l'espèce. Le mode naturel et efficace de la pensée est celui qui va de l'empirique au rationnel. L'enseignement doit donc opérer selon le chemin de l'induction, et se fonder sur l'expérience des élèves, elle-même favorisée par une plus grande liberté, ainsi que l'avait déjà recommandé Rousseau. L'idéal cartésien de « penser par soi-même » peut se transformer dans cette ligne en une exigence de « reconstruire le savoir », comme on le dira plus tard, grâce à cette liberté retrouvée de l'enfant. Le chemin de l'intelligence est censé commencer aux origines, pour conquérir une compréhension adéquate du monde réel, dans un perpétuel recommencement, à l'échelle de l'individu, de l'aventure de l'espèce.

Autant de présupposés désormais enracinés et dont Kieran Egan nous invite à revoir le bien-fondé. Et si nous étions au total devant une « idée fausse » comme il le soutient ? Et s'il n'était pas vrai pour commencer que l'esprit s'élance dans sa pureté naturelle à la conquête des choses ? Avant d'examiner sa critique et l'alternative qu'il propose il convient toutefois de prendre une mesure plus complète des dimensions de la problématique dont nous avons saisi l'origine chez Spencer. Car l'influence de ce dernier ne saurait tout expliquer. Les thèses qu'il a introduites ont connu des prolongements qui en ont fait un édifice intellectuel hégémonique. Il s'agit d'un paradigme qui a dominé le XXe siècle.

L'horizon évolutionniste de la psychologie de l'enfant

La théorie de la récapitulation a une histoire très ancienne qui peut la relier à ce que l'historien des idées Arthur Lovejoy nommait *The Great Chain of Being*, ou à l'antique analogie du macrocosme et du microcosme[1]. Elle exprime le sentiment d'une solidarité entre tous les organismes vivants, qui peut se manifester sous forme de hiérarchie, d'un ordonnancement des différences, ou sous forme d'histoire, ce qui est plus proprement le cas de la théorie de l'évolution. Cette idée de base peut inspirer des théories scientifiques mais aussi un sentiment d'ordre esthétique, inspirer une perception émotionnelle des formes vivantes. Contrairement à l'évolutionnisme darwinien, dans lequel le hasard et la lutte jouent les rôles principaux dans l'évolution des espèces, la « récapitulation » conserve l'idée d'un plan de la nature et d'une harmonie qui subsiste au milieu du changement sur la très longue durée.

Il est important de saisir ce double aspect scientifique et esthétique pour comprendre son pouvoir de séduction. Corrélativement, sur le plan logique et scientifique, il faut

1. Jean Céard, « L'analogie du macrocosme et du microcosme, figure de la récapitulation », *in* Paul Mengal (éd.), *Histoire du concept de récapitulation*, Paris, Masson, 1993.

souligner que le principe sur lequel repose cette théorie peut se décliner de diverses manières.

Sa forme en quelque sorte canonique lui a été donnée par le biologiste Ernst Haeckel, disciple allemand de Darwin. Très actif pour la diffusion de la théorie de l'évolution darwinienne, Haeckel ne lui a pas moins imposé sa marque au passage. Artiste lui-même, il a fait partager à ses lecteurs son enthousiasme pour les « merveilles de la nature » à travers les magnifiques gravures qu'il a réalisées pour ses livres, et qui représentent notamment des animaux marins et des métazoaires. C'est lui qui a posé le plus nettement, sous le nom de « loi biogénétique fondamentale », que le développement de l'individu, ou ontogénie, est la récapitulation accélérée de l'histoire passée de ses ancêtres, ou phylogénie[1]. Alors que le prudent et modeste Darwin n'abordait jamais qu'avec réticence les questions sociales et l'évolution de l'humanité, Haeckel au contraire veut produire une théorie totalisante, un vaste système englobant dans une évolution unique l'espèce comme l'individu, la nature comme la société, les civilisations comme les races. Ce qui est chez Darwin, avant tout, recherche sur la « descendance avec modification » peut devenir ainsi chez Haeckel une véritable « anthropogénie »[2], une histoire de l'humanité qui remonte aux plus simples espèces vivantes mais qui peut virtuellement s'étendre aux développements les plus récents de l'espèce, c'est-à-dire la civilisation occidentale contemporaine, état le plus avancé de la civilisation en général dans l'esprit de Haeckel.

Sous cette forme extensive, la théorie de la récapitulation peut s'appliquer à l'histoire et à l'explication des formes de

1. Sur l'origine et le destin de la notion en biologie, voir Stephen Jay Gould, *Ontogeny and Phylogeny*, Cambridge, Harvard University Press, 1977. Sur son impact dans le domaine de la pensée pédagogique, voir Dominique Ottavi, *De Darwin à Piaget*, Paris, CNRS Éditions, p. 45 *sq.*

2. Ernst Haeckel, *Anthropogénie ou histoire de l'évolution humaine*, Paris, Reinwald, 1874.

société successives. Elle devient alors une théorie anthropologique naturaliste. Il est certain qu'elle offre ainsi davantage de perspectives à l'imagination que l'austère recherche des facteurs de la sélection chez Darwin. Elle offre aussi aux esprits avides de progrès du XIXe siècle l'espoir de réunir par ce principe unique les différentes branches de la connaissance. En effet, la « récapitulation » peut concerner l'évolution des formes vivantes dans leur ensemble, comme lorsque Haeckel décrit l'évolution à partir des êtres unicellulaires. Elle peut aussi concerner spécifiquement l'évolution humaine en incluant le phénomène de la culture et l'origine des langues et des civilisations. C'est ainsi qu'un linguiste comme August Schleicher a pu produire une hiérarchie évolutionniste des langues, violemment contestée dès son époque[1]. Appliquée au développement de l'intelligence, la théorie appelle logiquement l'attention sur l'enfant et son développement, dans la mesure où celui-ci est considéré comme répétant des phases de l'histoire naturelle des espèces, ou des phases de l'histoire humaine, ou les deux.

C'est dans ce cadre, à la fois métaphorique et théorique, que s'est effectuée l'objectivation du développement psychique de l'enfant, par un chemin qu'exemplifie bien cette anticipation du spécialiste de la préhistoire humaine, John Lubbock, dès 1891 : « L'opinion se répand rapidement parmi les naturalistes que le développement de l'individu est un *épitomé* de celle de l'espèce – une conclusion qui, si elle est confirmée, s'avérera des plus instructives [...] De ce point de vue, la ressemblance entre les sauvages et les enfants acquiert une importance singulière[2]. »

Ce sont des philosophes ou des psychologues qui ont fondé ce que les Anglais ont nommé *Child Study*, ou étude

1. Voir Patrick Tort, *Évolutionnisme et linguistique*, suivi d'August Schleicher, *La Théorie de Darwin et la Science du langage* et *De l'importance du langage pour l'histoire naturelle de l'homme*, Paris, Vrin, 1980.

2. John Lubbock, *The Origin of Civilisation and the Primitive Condition of Man*, New York, Appleton and Co, 1871, p. 505.

de l'enfant. Ce mouvement est habité par l'idée que l'enfant dans sa croissance rend visible l'évolution. En outre, ces auteurs ont convergé vers la mise en évidence d'une notion promise à un grand avenir, l'*activité* de l'enfant. C'est ainsi qu'Hippolyte Taine, en 1876, a étudié dans une observation pionnière les tentatives de l'enfant quand il apprend à parler. Il a supposé que la logique à l'œuvre dans la formation des grandes familles de langues de l'humanité était décelable dans les expériences du petit enfant pour communiquer. Wilhelm Preyer, auteur du premier livre de psychologie de l'enfant en 1881, *L'Âme de l'enfant*, a observé quant à lui les efforts spontanés de l'enfant pour marcher. Darwin lui-même est l'auteur d'une observation de son fils, publiée en 1878 mais réalisée bien avant, dans laquelle il s'intéresse aux réflexes précoces du nouveau-né, à ses premiers apprentissages moteurs.

Le psychologue américain Granville Stanley Hall a donné une forme aboutie au concept de « développement psychologique ». À ses yeux, l'évolution mentale des enfants et des jeunes est régie par un processus interne d'évolution qui rend incontournable certaines étapes de leurs apprentissages. Il est par là le fondateur de la psychologie « génétique ».

Pour l'interprétation des étapes du développement du psychisme individuel, Hall privilégiait un parallèle entre l'enfant et le « sauvage » ou « primitif » sur le plan du comportement, des activités et des goûts. Parallèle que Rousseau avait déjà fait, sans aucun doute, mais à partir d'un présupposé différent. Rappelons que, selon Rousseau, l'intelligence humaine est « perfectible », susceptible de progrès et d'apprentissage, mais non de modification intrinsèque : il conjecture que l'homme originel est le même sous ce rapport que l'homme actuel. Pour Hall, au contraire, l'intelligence elle-même se modifie, elle augmente au fur et à mesure des générations.

Considérer ce psychologue uniquement comme la victime d'une illusion et le champion d'une « théorie fausse », empêcherait de voir que la théorie de la récapitulation a eu un pouvoir heuristique en dépit de son inexactitude globale. Car Hall a su transcender, dans une certaine mesure, ce fondement théorique, pour parvenir à la mise en évidence de faits et d'objets de connaissance nouveaux. Le parallèle entre l'enfant et le sauvage, jusque dans la civilisation, est certes absurde, mais il lui a permis d'établir la valeur du jeu dans l'expérience de l'enfant. Dans son œuvre principale, *Adolescence*, on voit nettement comment fonctionne l'analogie de l'enfant et du primitif : dans un environnement naturel que Hall estime nécessaire pour le bon développement de l'enfant, comme il l'a été pour les débuts de l'humanité, les jeux des garçons vont consister en guerre et en chasse, avec toute la fabrication que cela suppose d'abris et d'armes. Du point de vue de Hall, ce stade est celui des sauvages qui ignorent l'agriculture, reparcouru spontanément par l'enfant moderne. Rétrospectivement, l'analogie nous semble grotesque ; elle n'en a pas moins permis à Hall de *voir* que le jeu enfantin requiert beaucoup d'intelligence et d'organisation, et qu'il renvoie l'adulte civilisé à ses ignorances, à son incapacité de faire face de façon efficace à des besoins élémentaires. Le regard naturaliste et anthropologique qu'il a porté sur l'enfant demeure un acquis de cette version déviante de la théorie de l'évolution.

Cette conception du développement est globalement « lamarckienne ». Elle suppose que les expériences réalisées par l'espèce se transmettent à titre de capacités acquises au fil des générations. On peut donc se demander légitimement comment elle a survécu aux découvertes d'August Weismann. Rappelons que celui-ci publie à partir de 1892 des travaux qui distinguent la transmission des caractères héréditaires et les caractéristiques acquises par les organismes pendant leur vie. Ces découvertes nient qu'il puisse y avoir une sorte de mémoire biologique qui s'accumule dans les individus actuels[1]. Psychologue et l'un des protagonistes

1. Stephen Jay Gould, *Ontogeny and Philogeny*, *op. cit.*

de l'étude psychologique de l'enfant, James Mark Baldwin a perçu immédiatement l'importance du problème. Il a pris acte dès 1895[1] de l'impossibilité d'une récapitulation purement biologique : les variations de l'espèce ne sont pas dues directement à l'adaptation à l'environnement que les individus ont effectuée, mais aux caractéristiques de leur hérédité, les deux choses étant séparées. Ce complément a posteriori au concept de sélection naturelle darwinienne contredit l'idée d'un perfectionnement fondé sur le développement du simple au complexe, avec une conservation d'étapes antérieures. Bref, il sape les bases de la théorie de la récapitulation.

Cependant, cela n'a rien changé à la puissance du paradigme récapitulatif. En effet, Baldwin a estimé que si les modes de pensée ne se succédaient pas de manière entièrement héréditaire, l'enfant qui arrive dans le monde d'aujourd'hui n'en est pas moins contraint de franchir certaines étapes pour s'y adapter. Il a ainsi ouvert la voie à une récapitulation *culturelle* et non plus biologique. Selon cette conception, l'enfant immergé dans ce monde doit le reconquérir par des expériences qui ne peuvent être qu'ordonnées et successives, à partir d'un état qui le rapproche de l'homme primitif. La perspective renforce l'importance de l'activité de l'enfant dans l'apprentissage. Même si l'adulte est en position de transmettre son savoir, d'après Baldwin, l'enfant lui opposera toujours la nécessité de sa propre activité dans la conquête de la maîtrise et de l'intelligibilité du monde. La prématuration de l'enfant et les efforts plus grands que chez d'autres espèces auxquels il est contraint pour atteindre l'âge adulte augmentent une capacité d'apprendre, et de réinventer la culture.

La théorie « récapitulative » a été abondamment diffusée et directement transférée à la pédagogie aux États-Unis, alors qu'en Europe elle est restée pendant longtemps du

1. James Mark Baldwin, *Mental develepement in the Child and the Race*, New York, Macmillan, 1894, deuxième édition modifiée, 1895.

domaine de la pure psychologie. Elle a trouvé son organe dans le périodique fondé par Hall en 1893 : *Pedagogical Seminary*. L'idée de récapitulation y est déclinée dans tous les domaines possibles, de l'éducation religieuse à l'éducation artistique... Les psychologues qui écrivent dans le *Pedagogical Seminary* partagent tous le même postulat : la pédagogie scientifique doit s'appuyer sur la psychologie et la connaissance du développement de l'enfant, et cette psychologie repose sur le principe de la récapitulation.

La revue a du reste publié en 1900 un article intéressant qui concerne explicitement ce transfert. Cet article est dû à Cephas Guillet, par ailleurs auteur d'un livre sur le même thème[1]. Il fait le point sur les discussions qui entourent la théorie de la récapitulation. Parfaitement au courant des recherches de Weismann, l'auteur prend acte de la découverte que l'évolution de l'espèce ne s'opère pas à la manière d'un souvenir qui persisterait à travers les générations. Guillet se demande honnêtement quelles sont les répercussions de ces résultats sur l'éducation. Pour lui, la récapitulation en tant que fait résiste à la faillite de son explication, le parallélisme entre l'espèce et l'individu sur lequel elle repose est lié à un développement organisé en étapes, même s'il faut renoncer à voir dans l'individu une mémoire de l'espèce : « La théorie de la récapitulation peut n'être que le constat d'une analogie ou d'un parallélisme sans aucune base héréditaire à proprement parler [...]. Dans cette théorie [Weismann], l'évolution des formes de vie actualise des formes présentes dans le plasma germinatif et en dépend, l'environnement ayant simplement un rôle sélectif. Mais même ainsi, les faits d'analogie n'en sont pas moins intéressants. Comme dans le monde physique, dans le monde psychique il y a un ordre de la croissance. Parce qu'il y a un ordre de la nature qui fait que le nouvel organisme doit parcourir certaines étapes du développement, nous devons

1. Cephas Guillet, « Recapitulation and Education », *Pedagogical Seminary*, 7, 1900, p. 397-445 ; *Education, Theory and Practice*, 1900.

étudier le plan de la nature, et tenter de l'appuyer plutôt que de le contrecarrer. Car la nature a toujours raison ; il n'y a pas de meilleur critère. Il n'y a donc pas d'étude plus importante pour l'éducateur que celle du développement naturel des organismes[1]. »

Cette inspiration a durablement marqué la pensée pédagogique américaine, c'est sans surprise qu'on la retrouve à l'œuvre chez Dewey. Du côté européen, l'articulation entre psychologie du développement et pédagogie s'est opérée plus tardivement. Elle a eu son haut lieu à Genève, où Édouard Claparède a fondé en 1912 l'institut Jean-Jacques-Rousseau[2]. Claparède, non seulement veut observer l'enfant, mais encore l'étudier expérimentalement dans un cadre scolaire. À l'instar des psychologues américains, il espère fonder une pédagogie scientifique. S'il s'intéresse au processus du développement intellectuel, il met particulièrement à l'honneur la notion d'activité, déjà mise en valeur par Baldwin, comme facteur de l'apprentissage, d'où les développements importants donnés dans son livre *Psychologie de l'enfant et pédagogie expérimentale*[3] à la question du jeu. Tirer parti des activités spontanées et de l'apprentissage autonome des enfants est le sens de l'« éducation fonctionnelle » qui veut que l'enseignement réponde aux besoins de l'enfant, à l'étape qu'il a atteinte dans son développement. Trois points doivent être plus particulièrement retenus de l'œuvre de Claparède, relativement aux destins croisés de la psychologie génétique et de la pédagogie.

En premier lieu, il est l'auteur de la fameuse formule selon laquelle l'enfant, et non le savoir, doit être mis au centre des apprentissages. D'où la métaphore de la « révolution

1. Cephas Guillet, « Recapitulation and education », art. cit., p. 426-427.

2. Voir Rita Hofstetter, Marc Ratcliff et Bernard Schneuwly, *Cent ans de vie, 1912-2012. La faculté de psychologie et de sciences de l'éducation héritière de l'institut Rousseau et de l'ère piagétienne*, Genève, Georg, 2012.

3. Édouard Claparède, *Psychologie de l'enfant et pédagogie expérimentale* (1905), Genève, Kundig, 1926.

copernicienne » de la pédagogie pour signifier ce renversement. Claparède, en deuxième lieu, a opéré une synthèse entre les idéaux éducatifs antiautoritaires et la psychologie de l'enfant. L'enfant, dit-il, ne doit pas rentrer dans le lit de Procuste de la pédagogie. En d'autres termes, l'éducation qui respecte le développement de l'enfant est conçue pour alléger le poids de l'autorité dans la relation enseignant enseigné. En troisième lieu, point plus pratique que théorique mais néanmoins de grande conséquence intellectuelle, Claparède a recruté en 1921 Jean Piaget comme chef de travaux à l'institut Jean-Jacques-Rousseau. C'est dans ce cadre que Piaget a pu mener à bien son projet d'« embryologie de l'intelligence ». Nous y revenons plus loin, car l'importance de son apport justifie qu'on l'examine pour lui-même, mais on peut souligner dès à présent, à l'instar de Kieran Egan, combien la psychologie génétique demeure largement, même si c'est de manière implicite, dans l'orbite de la théorie récapitulative. Le couplage de la psychologie génétique avec une épistémologie génétique étudiant les étapes de la pensée scientifique en est la meilleure attestation. La mise en évidence de ces étapes vient à l'appui de la reconstitution d'un développement psychologique organisé en stades. Chez Piaget, ces principes sont devenus des évidences qui n'ont plus besoin d'être questionnées. Il va de soi, ainsi, que la psychologie des stades doit être la base d'un enseignement scientifiquement établi. L'activité de l'enfant, à la fois signe de son développement et sollicitation pour les apprentissages, peut apparaître comme le point de rencontre entre psychologie et pédagogie, qui dispense de la poursuite de la réflexion amorcée par exemple chez Baldwin, sur ce qu'est « apprendre ». L'école active, l'enfant au centre, deviendront une sorte de vulgate pédagogique à laquelle la psychologie génétique apporte une caution savante qui la rend indiscutable. Elles se pareront au fil du temps d'une légitimité de plus en plus grande. En France par exemple, le plan Langevin-Wallon adopté au lendemain de la Seconde Guerre mondiale, en porte la marque. L'émancipation de l'enfant et l'enseignement démocratique ne paraissent plus pouvoir emprunter d'autre chemin.

De la récapitulation biologique à la récapitulation culturelle

S'il fallait une preuve supplémentaire de la prégnance de ce paradigme, elle est fournie par Kieran Egan lui-même. L'alternative pédagogique qu'il oppose à ce modèle dominant s'inscrit en fin de compte dans la même orbite. C'est l'objet, donc, de l'ouvrage intitulé *The Educated Mind* (*L'Esprit éduqué*). Egan entreprend d'y définir une autre démarche par rapport à la psychologie évolutionniste dont il dénonce l'erreur. Il propose une autre idée de *curriculum*, et, de manière plus générale, une autre conception du processus éducatif, qu'il voudrait mieux adaptée à la vérité du développement enfantin. Mais cette approche supposément alternative reprend en fait le schème de la récapitulation sur un autre plan. Elle s'écarte, certes, de la version dominante du modèle sur des points cruciaux. Elle desserre le lien entre croissance organique et développement intellectuel. Elle refuse de considérer la science comme l'étalon exclusif des progrès de l'esprit humain. Mais c'est néanmoins, en dernier ressort, pour produire une variation sur le même thème fondamental sous l'aspect de l'idée d'une *récapitulation culturelle.* L'éducation, dit Egan, devrait être conçue comme « un processus par lequel l'individu récapitule les modes de compréhension successivement développés dans l'histoire de la culture[1] ».

La reconnaissance de l'autonomie du niveau culturel est ce qui différencie l'approche d'Egan de celle des auteurs qu'il critique. Ce qu'il leur reproche, c'est leur *naturalisme,* leur vision d'une expérience humaine commandée par le rapport brut à la nature comme si notre expérience se déroulait

1. Kieran Egan, *The Educated Mind, op. cit.*, p. 73.

sous le signe d'une confrontation directe aux choses. Tel n'est pas le cas selon lui, parce que l'humanité vit dans la culture, et que l'intelligence humaine travaille avec des instruments qui ne viennent pas tout droit de l'expérience empirique : les outils cognitifs. Ici, Egan s'inscrit délibérément dans l'héritage de Vygotski et de sa critique de Piaget – nous reviendrons sur ce débat fondamental.

Il insiste sur l'importance du langage, de la médiation par les signes dans le processus d'apprentissage : « Le système des signes restructure entièrement le processus psychologique[1]. » Il souligne le rôle, plus largement, des outils cognitifs élaborés au cours du développement de la culture. Ce sens de la spécificité de la culture par rapport au développement « évolutionnaire » – naturel ou biologique –, est ce qui distingue son propos. Il refuse tout réductionnisme. Il est sensible à la discontinuité introduite par l'*écriture*, en particulier. De manière plus générale, il est attentif aux tensions qui traversent le champ éducatif. Celui-ci, par nature, est tiraillé entre plusieurs directions qui ne sont pas forcément conciliables.

Trois grandes idées, fait-il valoir, ont dominé l'histoire de l'éducation et continuent de travailler le champ éducatif : 1. l'idée de socialisation, puisque, au final, toute éducation a pour perspective l'insertion dans une société ; 2. l'idée d'accès à la vérité, inhérente au savoir, qui porte l'éducation vers l'émancipation de l'esprit par la connaissance adéquate ; 3. l'idée de développement des potentialités individuelles.

Précisément, la perspective de récapitulation culturelle que propose Egan est dans son esprit destinée à dépasser les tensions entre ces trois impératifs en les intégrant dans une démarche de rang supérieur.

1. Kieran Egan, *The Educated Mind*, *op. cit.*, p. 77.

Cinq formes d'intelligence

Kieran Egan distingue cinq modes de compréhension ou formes d'intelligence. Les deux premiers relèvent de l'évolution : le mode somatique et le mode mythique. Les trois suivants relèvent du développement culturel : le mode romantique, le mode philosophique, et le mode ironique.

Le mode *somatique* renvoie au fonctionnement corporel de l'identité personnelle et de la capacité représentationnelle. Egan s'appuie ici sur le psychologue Merlin Donald. La culture passe par un stade mimétique. Elle suppose la capacité d'élaborer des représentations intentionnelles qui se veulent des équivalents des réalités représentées, mais qui n'en sont pas.

Le mode *mythique* se caractérise par des représentations de l'univers humain, où la pression du langage sur le contenu de ces représentations est déterminante. Cela commence par la mise en ordre du monde au moyen d'oppositions binaires, selon une démarche que l'analyse structurale lévi-straussienne a mise en lumière. Il faut faire sa part dans la même ligne au rôle joué par la métaphore et la mise en forme de récits. L'univers mythique est tissé d'« histoires ».

Dans sa vision du développement de la culture, Kieran Egan s'appuie beaucoup sur la Grèce. Son parcours lui fournit une sorte de modèle de laboratoire. À cet égard, l'âge des mythes et la figure d'Homère lui servent naturellement de point de départ.

Le mode *romantique* est lié, lui, à l'invention de l'écriture. Du point de vue grec, il a sa figure exemplaire chez Hérodote, qui manipule l'extraordinaire, l'extrême, le mystérieux. Il se focalise sur le héros doté de qualités humaines transcendantes. Il est possible dans cette optique de définir un *curriculum* fondé sur l'exploration des limites de l'expérience et des formes extrêmes de la réalité. L'héroïsme en particulier est un ressort qu'il faut savoir utiliser en associant chaque objet de connaissance à une héroïsation : « Tout ce que nous savons peut être appris à travers la vie de ses inventeurs, de ses découvreurs, ou de ses premiers utilisateurs. »

Le mode *philosophique* est incarné par Thucydide. Il est illustré par les présocratiques, les physiciens, les théoriciens. Du point de vue de la culture moderne, il a reçu une impulsion déterminante avec la naissance de l'imprimerie et la formation des sciences de la nature. Il se caractérise par une pensée théorique systématique à la recherche du vrai. Ses outils intellectuels sont les concepts et les schèmes généraux, avec pour but l'adéquation à la réalité sous forme de certitudes.

Le mode *ironique*, enfin, a pour figure paradigmatique Socrate. Il a pour trait « un haut degré de réflexivité vis-à-vis de notre propre pensée, et une sensibilité aiguisée vis-à-vis de la nature limitée et fruste des ressources conceptuelles que nous pouvons déployer en essayant de faire sens du monde ». C'est en ce sens que le stade ironique couronne l'intelligence humaine, par la conscience de ses limites, qui est une incitation à la développer, et la mesure de ce qu'elle doit à notre nature d'animaux évolués. Ainsi, le mode ironique rejoint-il le mode somatique : la boucle est bouclée.

Les applications pédagogiques issues de cette conception, au niveau du *curriculum*, ne sont pas aussi révolutionnaires qu'on pourrait le penser. En fait, elles constituent un ajout plutôt qu'elles n'induisent une transformation complète. Il n'est que de prendre l'exemple des mathématiques, assez peu présentes, et pour cause, dans l'ouvrage. La proposition d'Egan est la suivante :

« Insérer les compétences et les algorithmes dans un contexte historique et humain. Saisir les buts humains pour lesquels différentes formes de mathématiques ont été développées et identifier, pour autant qu'on le sache, qui a inventé ou découvert chaque algorithme, théorie, technique, ou avancée dans l'intelligence mathématique. Le *curriculum* devrait être riche en figures historiques, particulièrement les Égyptiens, les Grecs, les Arabes et les Juifs, auxquels nous devons tant[1]. » La perspective, Egan l'avoue lui-même, « ne changera pas significativement le contenu du *curriculum* mathématique, mais introduira une dimension historique et humaine qui tend largement à être ignorée aujourd'hui[2] ».

Autrement dit, la proposition débouche plutôt sur un autre mode de présentation, ou sur une autre mise en scène, que sur un changement de contenu.

Un mythe moderne

Il faut souligner cependant ce qui fait la force de la proposition de Kieran Egan par rapport à la compréhension courante de la « construction des savoirs ». Celle-ci relève d'un bricolage individuel où chacun se forge un bagage personnel d'une manière hasardeuse, ce qui est peu satisfaisant par rapport à la perspective d'un niveau général de connaissance qui est dicté par l'état de la société et de la culture. Or l'enjeu éducatif, Egan y insiste, ne peut pas être simplement l'apprentissage individuel au sens de « chacun pour soi », mais *l'accès à ce qui est valable pour tous*, l'introduction de l'individu au niveau de références indispensables pour s'y retrouver dans le monde où nous évoluons (ce qui réintroduit l'idée de *culture commune*, qui vient balancer celle d'apprentissages individualisés).

De ce point de vue, la perspective d'Egan est pleinement humaniste : il s'agit de faire retraverser aux individus les étapes de la culture humaine de manière à ce qu'ils en saisissent l'inspiration fondamentale – de mettre chacun à la hauteur des accomplissements humains dans l'ordre de la culture. L'objet de l'enseignement, ce n'est pas ce dont l'individu a besoin personnellement ; sa visée doit être de communiquer l'idée de ce dont l'humanité a été capable. La tâche éducative concerne l'humanité culturelle en général, au-delà de l'individu singulier. Egan a donc une conscience

1. Kieran Egan, *The Educated Mind*, *op. cit.*, p. 223.
2. *Ibid.*

aiguë des risques que comporte un point de vue constructiviste qui ramène le savoir à ce que peut en reconstituer l'individu à partir de son expérience. Il y va du rabaissement de la signification humaine du savoir.

Mais ce qui est significatif pour notre propos, c'est le *chemin* qu'il envisage pour atteindre ce but. Ce chemin ne peut être qu'une récapitulation, une reviviscence, une retraversée du parcours qui a été celui de nos ancêtres pour atteindre le point d'aboutissement où nous sommes. Pourtant, Egan est averti de la difficulté : « L'évolution ne nous a pas équipés idéalement pour les tâches éducatives requises par des sociétés culturellement avancées[1]. » Il sait que le développement de la culture est d'une autre nature que l'évolution – et néanmoins, c'est selon ce *schéma évolutionniste* de la récapitulation et exclusivement selon lui qu'il peut penser l'accès à la culture telle qu'elle existe.

Il est permis de voir dans cette dépendance le signe que le schéma évolutionniste n'est qu'un outil pour penser autre chose. Nous ne sommes plus simplement ici dans le registre des suggestions d'un modèle scientifique. C'est une autre source qui fonctionne pour déterminer le recours à cette figure de pensée. Une source qui tient aux transformations sociales et culturelles intervenues depuis l'époque de Dewey ou de Piaget et qui donne un autre sens au schéma évolutionniste. Il bascule carrément du côté du *mythe*, un mythe destiné à traduire une contrainte de pensée qui ne trouve pas d'autre langage. Car il y a une authentique difficulté, dorénavant, à penser l'éducation dans un univers d'individus complètement individualisés, comme celui que nous connaissons depuis peu.

L'éducation, c'est-à-dire le devenir pleinement humain au travers de l'acquisition des instruments de la culture, est quelque chose qui ne va pas de soi pour un individu posé en droit comme pleinement humain depuis le départ. Pareil individu, en effet, exclut toute antériorité d'un ordre

1. Kieran Egan, *The Educated Mind*, *op. cit.*, p. 278.

culturel qui s'imposerait à lui comme modèle et qu'il aurait à s'incorporer pour véritablement accéder à l'humanité.

C'était l'opération autour de laquelle s'organisaient les sociétés de tradition et de transmission. Elles postulaient l'existence d'un acquis culturel formant le préalable à toute humanisation et que les nouveaux venus, naissant selon la nature, avaient à faire leur. Ce pourquoi on n'hésitait pas à inculquer ce bagage hérité sans trop se poser de questions sur la manière de l'acquérir, puisqu'il s'agissait d'évidence de ne faire qu'un avec lui.

Au fond, le modèle de la récapitulation d'inspiration biologique offre une version naturalisée et optimiste de cette idée. Il revient à admettre l'existence chez les petits humains d'une tendance spontanée à refaire le chemin qui a préexisté à la constitution de cet acquis. Nul besoin de contrainte pour ce faire ; elle ne peut qu'être contre-productive au contraire. Il suffit d'accompagner la dynamique interne du développement pour qu'il mène vers ce terme nécessaire. Par où les pédagogies de l'activité conçues sur cette base appartiennent à la même époque que les pédagogies de l'inculcation. Elles tendent au même but par d'autres voies.

Nous avons changé de monde, en ceci que ce but a perdu son évidence impérative. Aussi, les perspectives introduites à l'enseigne du paradigme évolutionniste ont-elles changé de signification. Elles restent bien vivantes, mais sur d'autres bases et en fonction d'autres attendus. La réinterprétation du schème fondamental à laquelle se livre Kieran Egan est caractéristique de ce déplacement. La nouvelle individualisation a vidé de son sens l'autorité de la culture telle qu'elle se présentait en son surplomb obligatoire, comme condition d'accès à l'humanité. Celle-ci étant posée comme première et inconditionnelle, elle n'a plus besoin de ce levier pour advenir. Cela ne veut pas dire que la culture a disparu de l'horizon. Elle existe, nul n'en doute ni ne le conteste, mais elle ne se présente plus comme une antériorité incontournable et comme un passage inéluctable. Elle prend un autre sens : elle manifeste ce dont l'humanité est capable, elle témoigne du possible humain dans son extension et sa variété, ce pourquoi elle reste désirable. Il y a toujours du sens à vouloir se l'approprier, mais à un autre titre et d'une autre façon.

Son appropriation ne peut prendre que la forme d'un itinéraire de soi vers soi, dans ces conditions. Elle revêt l'aspect, pourrait-on dire, d'un chemin allant de ce que l'on *est* vers ce que l'on *a*, potentiellement, vers ce que l'on possède virtuellement, à titre patrimonial. Un chemin où il s'agit de recouvrer le domaine ancestral qui vous revient par héritage en refaisant pour son propre compte le parcours qui a conduit à sa formation. À partir de ces prémisses, impossible de se représenter autrement cette entrée en possession de ses biens putatifs. C'est pour cette raison qu'il convient de parler d'un parcours mythique, exprimant la seule façon dont l'individu de droit peut se figurer son accès à la culture dans ses différentes composantes. Il passe par une répétition qui le rend contemporain de l'humanité créatrice en lui. Elle n'est pas avant lui, elle s'actualise en lui. L'éducation est là pour faciliter, favoriser, encourager, cette réactualisation.

Il y a un imaginaire extrêmement puissant à l'œuvre derrière cette figure de la redécouverte par-devers soi de ce dont l'humanité est capable. Elle traduit un nouveau rapport à la culture et à son appropriation qu'il est difficile de concevoir sur un autre mode. L'individu de droit tend à être pensé spontanément comme un récapitulateur, éducativement parlant, par rapport à la somme des connaissances et des démarches de pensée accumulées avant lui et dont il est dans l'obligation de fait de se saisir. Ajoutons d'ailleurs que cette appropriation-récapitulation se présente de manière beaucoup plus individuelle et sélective qu'elle ne l'était dans le cadre de la vision biologisante de la récapitulation. Elle n'est pas guidée par le vecteur unique de la nécessité d'un développement organique. Elle laisse une plus grande latitude aux manifestations de la singularité personnelle. Du même coup, elle fait davantage de place encore à l'activité de construction de ses savoirs par l'individu que ne le permettait l'idée d'un développement linéaire avec ses étapes obligées. À tel point que la libre construction individuelle des savoirs peut prendre toute la place, en faisant oublier le schème de la récapitulation où la perspective a sa source.

Le problème est que ce cadre de pensée n'a pas grand-chose à voir avec la réalité. Il s'impose à nous pour de forts motifs, à la fois intellectuels et sociaux, qui tiennent autant à ce que nous avons appris sur la genèse de l'humain qu'à ce que nous suggère la place acquise par l'individu dans le mécanisme collectif. Mais ces motifs d'y croire, si puissants soient-ils, n'en font pas pour autant des vérités. Il s'agit justement de les dégager, de les analyser, d'en cerner les tenants et les aboutissants, afin de pouvoir s'en déprendre au lieu d'y obéir aveuglément. Tout ce système de représentations qui s'est élaboré et diffusé sur un siècle et demi est à soumettre à un examen critique sans concession. La légende prométhéenne de l'autoconstruction dans laquelle il a enfermé la réflexion pédagogique est à déconstruire pièce par pièce. Ce n'est pas de cette façon que nous apprenons, que l'esprit se pénètre peu à peu des rudiments de ces fameux « outils cognitifs » qui permettent de s'y orienter. Mais comment ? La déconstruction des images selon lesquelles nous sommes incités à penser ne suffit pas. Il faut en outre retrouver les « choses mêmes » derrière l'écran de ces représentations contraintes. Nous avons besoin d'une phénoménologie de l'expérience d'apprendre, saisie à son niveau le plus humble et le plus concret, là où se joue l'accès effectif à la culture, c'est-à-dire l'entrée dans l'univers de l'écrit.

6

Nature ou culture ?
Piaget vs. *Vygotski*

Complémentaires ou opposés ?

Si l'origine des « idées modernes sur l'éducation » remonte au XIXe siècle, comme on vient de le voir, c'est au XXe siècle qu'elles ont été véritablement mises en forme, avec l'émergence de la psychologie de l'enfant. C'est fortes de ce soubassement scientifique qu'elles ont pénétré à grande échelle les systèmes d'enseignement et infléchi les pratiques pédagogiques. Il est intéressant à cet égard de regarder de plus près les conditions dans lesquelles s'est exercée cette influence. Elles sont moins claires qu'on ne pourrait le penser, vu de loin. La psychologie des apprentissages scolaires est loin d'être univoque dans ses approches et ses conclusions. Elle a donné lieu à des partages théoriques qui n'ont peut-être pas été suffisamment soulignés, la tendance étant plutôt à les gommer.

Un nom domine tous les autres dans la discipline, au point qu'il donne l'impression qu'il l'incarne à lui seul, celui de Jean Piaget. Et il est vrai qu'à l'autorité d'une œuvre immense, s'est ajoutée la légitimité des fonctions officielles qu'il a exercées à l'UNESCO, de telle sorte qu'il combine la figure du savant avec celle du pédagogue qui s'est chargé lui-même de l'application de ses découvertes. En réalité, à y regarder de près, on le verra, les choses sont autrement compliquées.

Toujours est-il qu'à côté de cette figure hégémonique, un nom n'a cessé de grandir, au fur et à mesure que son œuvre est devenue accessible, celui du psychologue soviétique Lev Vygotski. Exact contemporain de Piaget – il est né la même année, en 1896 –, il est mort très jeune, en 1934, après avoir réalisé une œuvre considérable, sur une dizaine d'années à partir de 1924 où il a été recruté à l'université de psychologie de Moscou, en pleine révolution bolchevique. Des circonstances qui n'ont pas permis que s'établisse une discussion avec Piaget sur leurs visions respectives du développement enfantin et qui ont, de surcroît, contrarié la diffusion de ses idées puisque ses conceptions ont été mises sous le boisseau durant la période stalinienne. Ses écrits ont été officiellement censurés entre 1936 et 1956. Ce n'est qu'à partir de cette date, à la faveur du « dégel » engagé par le rapport Krouchtchev et la condamnation de la politique de Staline, que ses travaux ont commencé à réémerger et à trouver un écho international au travers de traductions.

Ce travail d'exhumation a permis de découvrir peu à peu une authentique alternative au monument piagétien. À l'inspiration biologisante de Piaget, Vygotski oppose une conception historico-culturelle inspirée de Marx, et surtout il prête une attention à la spécificité du rôle du langage et de la pensée que ne montre pas Piaget, qui tendrait plutôt à la gommer. Nous avons là, dans cette divergence des deux lignes de pensée, le grand débat du XXe siècle sur l'apprentissage qui n'a pas pu avoir lieu, mais qu'il importe néanmoins de reconstituer pour avoir une juste idée de la suite possible. Il est un point de départ pour la réflexion d'aujourd'hui. Bon nombre de spécialistes voudraient voir ces différences d'approche comme une complémentarité permettant de bâtir une synthèse supérieure. C'est ainsi qu'est né un « socio-constructivisme » cherchant à combiner les deux perspectives. Il nous semble plus fécond au contraire de marquer leur opposition. Il s'y joue un choix théorique dont toute reprise de la question de l'apprendre se doit d'être avertie. Il s'agit d'en tirer les conséquences et d'en prolonger les leçons.

Piaget : une embryologie de l'intelligence

La psychologie de Piaget demeure jusqu'à présent une référence majeure pour penser l'apprentissage. Indépendamment de sa valeur intrinsèque, on l'a dit, elle est pourvue d'une aura qui lui vient du rôle institutionnel que Piaget a été amené à remplir. Sa théorie de l'apprentissage est donc incontournable pour penser l'école et la pédagogie. Mais le concept d'« apprentissage » est-il suffisant pour rendre compte du processus qui consiste à « apprendre » ? Nous avons eu l'occasion de montrer que l'articulation de ce concept à l'éducation n'était pas dénuée d'obscurité, ce qui reste vrai dans le cadre de la psychologie génétique du XXe siècle.

Pour saisir l'intérêt et les limites de la théorie piagétienne, il faut donc considérer l'apprentissage dans ses aspects conceptuels mais aussi prendre en compte des éléments factuels qui tiennent à la biographie et au parcours de Jean Piaget. L'« apprendre » est-il contenu dans l'« apprentissage » tel que l'a théorisé Piaget ? Le problème réside avant tout dans l'objet ou les objets que Piaget lui-même a choisi d'étudier. On peut considérer que par réductions successives, il en est arrivé à écarter de son étude le sujet qui apprend.

L'intelligence comme objet

Piaget entretient un rapport curieux au passé, un passé encore récent à l'époque où il a commencé ses recherches, où est apparue l'étude scientifique de l'enfant. Son attitude tient du déni et en même temps s'explique par une position épistémologique : il en parle peu, ne cite pas systématiquement de sources. Implicitement, ses prédécesseurs font partie d'un moment révolu de la science, dont les progrès rendent les étapes récentes plus légitimes. Ce n'est pas que la nouveauté garantisse la vérité : Piaget est plutôt convaincu de poursuivre un courant de recherches et d'être le scientifique le plus avancé, dans une vision plus générale de l'histoire de la connaissance où celle-ci conquiert une correspondance de plus en plus grande avec le réel.

Plutôt que d'adopter à notre tour ce point de vue, nous considérons que Piaget se situe dans la continuité de l'étude du fonctionnement normal de l'apprentissage initiée à la fin du XIXe siècle, dont il se plaît à dévaloriser l'héritage. Cette formulation n'est pas un truisme : il ne va pas de soi que la psychologie de l'enfant s'oriente vers le fonctionnement normal de l'intelligence. Ainsi, beaucoup de recherches importantes du point de vue psychologique comme du point de vue pédagogique sont issues au départ de l'étude de pathologies. On peut penser au cas de Victor de l'Aveyron, l'enfant sauvage qui a suscité tant de spéculations sur la nature au XVIIIe siècle. Jean Jamin[1] a bien montré qu'il fallait distinguer le contexte culturel dans lequel s'épanouissait la pensée de la nature, et le cas lui-même. C'est son décalage par rapport à la norme et ses troubles qui n'avaient pas de nom qui en ont fait un objet d'étude pour le Dr Itard, lui-même disciple de Seguin, éducateur des sourds-muets.

C'est avec l'étude du fonctionnement normal de l'intelligence que la psychologie de l'enfant apparaît véritablement et se dégage de la psychopathologie, qu'elle devient le cœur de l'étude scientifique de l'enfant ou *Child Study*[2].

1. Jean Jamin et Jean Copans, *Aux origines de l'anthropologie française. Les mémoires de la Société des observateurs de l'homme en l'an VIII*, Paris, Le Sycomore, 1978 ; 2e édition revue et augmentée, Paris, Jean-Michel Place, 1994. Ouvrage accessible en ligne : classiques.uqac.ca/contemporains/copans_jean/origines_anthro_fr/origines_anthro_fr.html
2. Dominique Ottavi, *De Darwin à Piaget*, *op. cit.*

Contrairement à Édouard Claparède, qui l'accueillit à Genève à l'institut Jean-Jacques-Rousseau, qui s'est intéressé de près à l'histoire de cette étude de l'enfant, Piaget ne mentionne que de temps en temps des prédécesseurs comme James Mark Baldwin.

Si Piaget hérite de ce courant directement, au moins à cause de l'influence de Claparède, l'étude de l'enfant n'en est pas moins, pour lui, une sorte de préhistoire à dépasser. En 1952 encore, il en dénonce la faiblesse épistémologique, et les intérêts trop limités : « C'est que la psychologie de l'enfant a longtemps passé pour un recueil d'histoires de bébés. Même dans le domaine restreint de la psychologie proprement dite, on n'a pas toujours compris la nécessité d'envisager tout problème sous l'angle du développement, et il arrive encore que les "*Child psychologists*" forment un monde à part, sans contact avec les grands courants de la psychologie expérimentale[1]. »

Cette dénonciation de l'étude de l'enfant au nom de son insuffisante scientificité se trouvait déjà chez Alfred Binet, qui parlait pour sa part d'« histoires de bonnes d'enfant au jardin du Luxembourg » pour qualifier les observations de nourrissons par des psychologues ou physiologistes tels que Wilhelm Preyer. Piaget, comme le faisait déjà Binet, plaçait la scientificité de l'approche de l'intelligence avant l'étude de l'enfant. Le côté anecdotique des observations d'enfants de pionniers comme Bernard Pérez, ou même d'observateurs d'enfants d'âge scolaire comme l'Américain G. S. Hall, leur paraît une scorie dans un tri nécessaire pour établir des faits, et un obstacle à l'objectivité dans le travail sur l'intelligence qui est leur véritable objet. Les indices du développement de l'enfant ne sont intéressants que lorsqu'ils concernent l'apprentissage en tant que progrès du raisonnement.

1. Jean Piaget, « De la psychologie génétique à l'épistémologie », in *Psychologie et épistémologie*, Paris, Denoël, 1970. Texte initialement paru dans *Diogène*, n° 1, Paris, 1952.

C'est plus directement que Piaget rejette la psychanalyse, autre direction dans laquelle s'est développée à la même époque une forme de psychologie de l'enfant, qui est davantage au départ une psychologie de l'infantile. Il considère également que la pathologie y est trop prégnante et que cela fait obstacle à une psychologie générale de l'intelligence : « Bien que cet intérêt m'ait aidé à prendre du recul et à élargir le cercle de mes connaissances, je n'ai jamais ressenti le désir d'aller plus loin dans cette direction particulière, préférant toujours l'étude des cas normaux et du fonctionnement de l'intellect, à celle des malices de l'inconscient[1]. »

Ce rapport à la psychanalyse est aussi marqué par une vision continuiste et même récapitulative du développement. Comme Freud dans un certain volet de ses recherches, et principalement dans *Totem et Tabou*, Piaget est en quête d'une pensée primitive. Mais il refuse l'idée que les affects, les strates primitives de la vie psychique, donnent lieu à des conflits inconscients. Pour lui, le primitif est dépassé par l'évolué, une continuité est envisageable entre les deux et toute forme d'intelligence s'intègre dans une évolution : « Nous croyons donc qu'un jour viendra où l'on mettra la pensée de l'enfant sur le même plan, par rapport à la pensée adulte, normale et contemporaine, que la "mentalité primitive" définie par Lévy-Bruhl, que la pensée autistique et symbolique décrite par Freud et ses disciples, et que la "conscience morbide", à supposer que ce concept dû à Monsieur Charles Blondel ne fusionne pas un jour avec le précédent[2]. »

L'inconscient est donc pour Piaget, au début de sa carrière, un état de la pensée qui doit être dépassé, et que les forces intégratrices de la conscience ou du caractère doivent transformer en activité intellectuelle et en conscience

1. Jean Piaget, « Les traits principaux de la logique de l'enfant », *Journal de psychologie normale et pathologique*, 1924, vol. 21, n° 1, p. 100-101.

2. Jean Piaget, « Les traits principaux de la logique de l'enfant », art. cit., p. 100-101.

morale[1]. Le conflit, tant du point de vue de l'économie psychique que du point de vue moral, fait place à une évolution qui exclut le « primitif » du fonctionnement normal, alors que, chez Freud, l'infantile demeurera vivace dans la normalité même, de plus en plus clairement au fur et à mesure du développement de sa théorie. Au cours des années 1920, quand Piaget reprend à Bleuler des termes comme « pensée symbolique et autistique », il qualifie ces formes de pensée de « pré-conceptuelles » ; il y voit des manques : manque de logique, manque de connexions, prédominance de l'image sur le mot..., défauts comblés naturellement par l'évolution future. Le terme même de pensée « pré-conceptuelle » appartient à cet horizon théorique de l'évolutionnisme darwinien et a été utilisé par George John Romanes dans ses études sur l'intelligence humaine et l'intelligence animale[2].

Ceci permet de saisir toute l'importance de la notion de développement psychologique, définie dans sa forme achevée par les fameux stades : l'intelligence se pense à travers son histoire, c'est-à-dire à travers le processus par lequel elle dépasse ses stades primitifs, sa limitation et ses manques, pour conquérir le réel, intellectuellement et pratiquement. En 1923, c'est encore avec des mots qui font écho à la psychanalyse qu'il définit cette direction du développement : la « satisfaction supérieure de l'adaptation au réel[3] ».

La méthode

Les protocoles d'investigation dans les opérations de l'intelligence enfantine sont définis essentiellement pendant la Seconde Guerre mondiale, à l'institut Jean-Jacques-Rousseau. La méthode mêle l'approche clinique, les tests,

1. Jean-Jacques Ducret, *Jean Piaget, savant et philosophe*, Genève, Droz, 1984, p. 709.

2. Le mot est employé dans « La pensée symbolique et la pensée de l'enfant », *Archives de psychologie*, vol. 18, 1923, p. 273-304.

3. Jean Piaget, « La pensée symbolique et la pensée de l'enfant », art. cit., p. 303.

les questionnaires, la conversation. Piaget emprunte ainsi aux différentes techniques utilisées avant lui par différents psychologues de l'enfant, ces méthodes ayant été expérimentées, confrontées, discutées, parfois de façon polémique. Ainsi, Binet avait critiqué les méthodes d'enquête chères aux psychologues américains défendant le contact direct et individuel avec l'enfant. Il avait en revanche cherché à mettre au point des tests standardisés pour, à la fois, pallier les inconvénients de la subjectivité dans l'observation et permettre la comparaison entre individus[1]. Piaget a d'ailleurs contribué à perfectionner les tests de Binet et Simon, ayant travaillé à Paris avec Théodore Simon, après la disparition prématurée de Binet en 1911. C'est ainsi qu'il a eu l'occasion de fréquenter les services de la Salpêtrière où étaient accueillis des enfants anormaux, et d'étudier les enfants de l'école de la rue de la Grange-aux-Belles. Dans ce lieu mythique où Binet a travaillé à la mise au point de ses tests, dès cette époque, Piaget a éprouvé le besoin d'aller plus loin que la mesure, et de dépasser également l'appréciation du succès ou de l'échec scolaires. À la lumière de ces expériences et de ces controverses, ses choix méthodologiques s'éclairent : en situation de « laboratoire », hors contexte familial et scolaire, il ménage un contact direct avec l'enfant, qui est soumis à des questions et à des épreuves dont il espère qu'ils permettent de saisir le raisonnement, et l'état de ce raisonnement eu égard à l'âge de l'enfant. Contrairement à des résultats de tests standardisés pour écoliers, contrairement aussi aux grandes enquêtes de G. S. Hall qui livrent des résultats, des contenus de pensée ou de représentations, dirions-nous aujourd'hui, la prétention de la méthode est de saisir un processus de pensée, une activité. Ce passage de l'« Autobiographie » de Piaget, où apparaît le terme d'« embryologie de l'intelligence », le montre bien : « Mon but qui était de découvrir une sorte

1. Dominique Ottavi, « L'étude monographique de l'enfant : de Taine à Binet », *Les Études sociales*, n° 133, 2e semestre 2001, p. 27-47.

d'embryologie de l'intelligence était adapté à ma formation biologique ; dès le début de mes réflexions théoriques j'étais convaincu que le problème des relations entre organisme et milieu se posait aussi dans le domaine de la connaissance, apparaissant alors comme le problème des relations entre le sujet agissant et pensant et les objets de son expérience. L'occasion m'était donnée d'étudier ce problème en termes de psychogenèse[1]. »

Le « psychologique », pour Piaget, va se confondre avec le « logique » ; il poursuit la mise au jour d'une logique sous-jacente, un inconscient logique en quelque sorte, qui opère au départ sans réflexivité. Ensuite, cette logique se « développe » dans le cadre d'un enrichissement de l'expérience et de la conscience de soi. D'autres processus psychiques qui seraient éventuellement sous-jacents à cette logique, ou en conditionneraient les manifestations, comme les facteurs affectifs ou sociaux, ne sont pas pris en compte. Ils ne relèvent pas à proprement parler de l'intelligence opérative et adaptative (capable éventuellement de réflexivité) dans une situation observable, qui est désormais l'objet par excellence de la psychologie génétique piagétienne. L'apprentissage est l'adaptation mais aussi le progrès de la conscience selon l'expression de Léon Brunschvicg, l'inspirateur de Piaget.

Le développement de la connaissance

Dans une interrogation sur l'apprentissage et l'intelligence, la question du langage est attendue, mais, dans *Le Langage et la Pensée chez l'enfant*[2], contrairement à ce que ce titre indique, il s'agit plutôt de psychosociologie. Piaget étudie les interactions entre enfants dans le cadre scolaire. Il montre notamment comment les enfants plus jeunes ont

1. Jean Piaget, « Autobiographie », *Cahiers Vilfredo Pareto*, vol. 14, *Les Sciences sociales avec et après Jean Piaget*, publié en 1976 en hommage à Jean Piaget pour son 80e anniversaire (p. 1-43). Le texte fut rédigé en 1950.

2. Jean Piaget, *Le Langage et la Pensée chez l'enfant*, Neuchâtel, Paris, Delachaux et Niestlé, 1923.

tendance à monologuer, même quand ils sont en groupe, alors que, progressivement, se constitue un dialogue, une argumentation qui permet un décentrement et une conquête de l'objectivité. C'est la sortie de l'égocentrisme et une capacité de mettre à distance son point de vue qui permettent à l'enfant de raisonner et de se socialiser en même temps, sans que l'on puisse dire que la vie de groupe soit davantage que l'occasion pour l'individu de rendre effectives ses capacités.

Ce qui intéresse Piaget, ce n'est pas le langage dans sa relation à la logique ou au concept, mais la science elle-même dans ses résultats, la connaissance dans son état actuel, et le chemin qui a permis d'y parvenir. Et cet intérêt est, chez Piaget, précoce. Avant même qu'il enseigne la philosophie des sciences à Neuchâtel en 1925 (et il a enseigné l'histoire de la pensée scientifique à Genève en 1929), un compte rendu de *L'Expérience humaine et la Causalité physique* de Léon Brunschvicg[1], dès 1924, nous renseigne sur son intérêt pour une épistémologie qui inclut la dimension de l'histoire des sciences, et qui conçoit celle-ci comme un développement de l'intelligence. Brunschvicg interprète l'histoire des sciences comme un progrès discontinu : l'esprit se manifeste dans les grandes œuvres en se libérant des étapes antérieures de la pensée, et également des préjugés liés au vécu. Dans ce processus, l'intelligence elle-même se modifie. Ainsi, il nie l'identité de l'intelligence depuis les débuts de l'humanité, et le postulat de Rousseau que « tout est bien sortant des mains de l'auteur de la nature[2] ». L'histoire des sciences reflète une évolution d'ordre biologique et anthropologique des facultés intellectuelles. La « mentalité primitive » et la

1. Jean Piaget, « *Léon Brunschvicg. L'Expérience humaine et la causalité physique* », *Journal de psychologie normale et pathologique*, vol. 21, 1924, p. 586-607, p. 598.

2. Nous renvoyons à l'ouvrage synthétique de Léon Brunschvicg, *Les Âges de l'intelligence*, Paris, PUF, 1947. Ce livre rassemble des conférences tenues en 1932 et 1933.

pensée prélogique de Lévy-Bruhl représentent un horizon au-delà duquel on ne peut aller, une altérité qui sépare les âges et les êtres, sur laquelle l'homme contemporain adulte ne peut projeter sa logique : « La pensée du non civilisé, comme la pensée de l'enfant, doit être envisagée, non en fonction de la nôtre, mais pour elle-même dans son comportement intrinsèque[1]. »

Ces commencements obscurs devant lesquels la pensée développée s'arrête laissent leur trace dans les âges de la science, comme le montrent pour Brunschvicg les progrès de la physique, domaine où les certitudes se sont trouvées renversées brutalement. Par exemple, on assiste à une telle rupture lorsque Descartes rejette la scolastique et la physique aristotélicienne. Cette épistémologie complète, pour Piaget, la psychologie génétique telle qu'elle existe alors, car il n'en est pas à proprement parler l'inventeur. Comme nous l'avons préalablement signalé, le psychologue américain James Mark Baldwin (1861-1934), notamment, s'est illustré par une « théorie génétique de la réalité » estimée de Piaget ; Baldwin est d'ailleurs l'un des prédécesseurs auxquels il consent volontiers à se référer, notamment parce qu'il a observé et théorisé la « réaction circulaire », première forme d'apprentissage chez le nourrisson. Dans sa théorie génétique, Baldwin considère en effet que la connaissance est un état du monde pour nous. Elle correspond à un certain état de l'expérience de ce monde, et reflète l'adaptation de l'humanité à ses conditions de vie, sans que ce rapport soit celui du miroir au réel, celui d'un reflet exact des choses. Car Baldwin met en valeur l'idée d'activité, aussi bien celle qui s'exerce sur les objets extérieurs que celle qui transforme l'individu de l'intérieur : l'expérience sollicite l'activité intellectuelle, qui à son tour excède un cadre étroitement utilitariste, car elle ne s'adapte pas sans en être transformée. Un état du monde pour Baldwin comprend aussi une part d'imaginaire, il comprend également

1. Léon Brunschvicg, *Les Âges de l'intelligence*, *op. cit.*, p. 18.

des interrogations métaphysiques même si cela n'entretient pas de rapport direct à la survie. En effet, un moment du développement de l'intelligence ou un état de son activité sont une création et une construction, pas seulement des réponses ponctuelles aux circonstances. L'ensemble de ces transformations entraîne le changement économique et social, mais aussi, plus largement, l'existence de la culture au sens des créations littéraire, religieuse, philosophique. L'état du monde pour un sujet qui naît à un moment donné, c'est, de manière indissociable, le monde physique avec ses contraintes, et le monde d'une civilisation, qui conditionne à son tour le développement psychologique. Au fur et à mesure du développement de l'humanité, l'environnement moral, artistique, technique, constitue au même titre que les lois physiques, le cadre de l'expérience et du développement individuels.

La théorie de Baldwin fait partie des théories « génétiques » américaines, parce que l'intelligence se produit elle-même en même temps qu'elle transforme le monde où les générations nouvelles sont accueillies. Un certain état du monde réel devient accessible à la pensée en même temps que celle-ci forge ses capacités logiques et imaginatives[1], d'autant plus approfondies que le réel est lui-même modifié par la création d'un monde humain.

L'idée de stade

Cette idée de construction de l'intelligence chez Baldwin et l'interprétation de la discontinuité en histoire des sciences de Brunschvicg, avec son insistance sur l'altérité de la pensée primitive, sont les outils intellectuels avec lesquels Piaget a forgé l'idée de stades de l'intelligence. On pourrait y ajouter l'idée d'intérêt pour les apprentissages chère à Claparède. Rappelons que dans la pédagogie

1. James Mark Baldwin, *Thought and Things : A Study of the Development and Meaning of Thought*, Londres, George Allen and Co, New York, Macmillan, 1908.

« fonctionnelle » de Claparède, selon qui tout apprentissage répond à un besoin et a donc une fonction, l'enfant peut apprendre ce qu'il est prêt à comprendre ; et ce qui le manifeste, c'est l'intérêt qu'il porte aux choses qui lui sont proposées. Le manque d'intérêt n'est donc pas de la paresse ou de la mauvaise volonté, c'est tout simplement de ce point de vue un signe biologique : l'enfant n'est pas prêt à apprendre ce que l'on voudrait, et il est probable que l'effort ne suffira pas à le faire réussir. L'épistémologie évolutionniste de Brunschvicg et la psychologie génétique de Baldwin donnent un substrat théorique à ce qui est chez Claparède une observation, déjà étayée cependant par l'idée d'un développement des intérêts. L'intérêt correspond à une certaine capacité de connaître, et cette capacité est rapportable à des étapes de l'histoire des sciences : ces éléments sont présents dans l'idée de stade telle qu'elle est élaborée par Piaget.

Dans *La Représentation du monde chez l'enfant*[1], Piaget est encore proche de la théorie génétique de la réalité de Baldwin. L'ouvrage met en valeur l'apport spontané de l'enfant à l'idée de réel, et par conséquent la relativité de ce réel au point de vue de l'enfant. Attentif à saisir le mouvement derrière certains états du raisonnement, il montre comment l'égocentrisme, déjà présent dans *Le Langage et la pensée chez l'enfant*, y est dépassé par la construction de l'objectivité, qui se structure selon de grandes catégories comme la causalité. Mais il est remarquable que dans ce recueil, comme chez Baldwin, tous les aspects de la pensée enfantine soient pris en compte. Le rêve, l'imaginaire, qui marquent la spécificité de l'esprit enfantin, y sont pensés, par exemple, à travers la notion d'animisme.

Il montre donc comment les représentations de l'enfant sont appréhendées par l'adulte sous le signe de l'altérité. Le chapitre 5, sur la « conscience prêtée aux choses », est représentatif. Il étudie le moment où, entre huit et douze

1. Jean Piaget, *La Représentation du monde chez l'enfant*, Paris, PUF, 2003.

ans, se modifie cette croyance. Dans un premier temps, l'enfant pense que tout ce qui a une activité, comme une ficelle enroulée qui se défait, est pourvu de conscience. Piaget rapproche cet état d'esprit de la pensée des sociétés primitives : il cite un témoignage concernant un chef indien qui pense que le caillou qui tombe a le vertige. À un deuxième stade, l'enfant pense que tout ce qui est en mouvement, comme les astres, agit consciemment : la lune nous guide la nuit. Dans un troisième stade, la conscience est attribuée aux objets doués d'un mouvement propre, comme le vent qui sait qu'il souffle. Enfin, un quatrième stade conduit à attribuer cette conscience aux animaux distingués des choses, ce qui ouvre à la notion de vie, étudiée dans la suite du livre.

On pourrait dire que ce livre demeure une étude de psychologie de l'enfant et qu'on y trouve l'héritage de la *Child Study*.

Ensuite, va s'approfondir le fossé entre ce point de départ et l'orientation épistémologique des recherches de Piaget, et la poursuite d'un parallélisme envisagé très tôt entre l'évolution psychologique et l'histoire des sciences :

« Il se peut fort bien que les lois psychologiques obtenues grâce à notre méthode restreinte se prolongent en lois épistémologiques obtenues grâce à l'analyse de l'histoire des sciences : l'élimination du réalisme, du substantialisme, du dynamisme, les progrès du relativisme, etc., sont autant de lois d'évolution qui paraissent communes à l'évolution de l'enfant et au développement de la réflexion scientifique[1]. »

Inévitablement, cette problématique conduit à s'interroger sur l'inné et l'acquis. Cette question va être résolue par Piaget dans l'élaboration de ses grandes périodes, le stade sensori-moteur, le stade symbolique, le stade des opérations concrètes et enfin celui des opérations formelles. Malgré ce que suggère une représentation schématique de ces stades bien ordonnés, ils ne représentent pas des

1. Jean Piaget, *La causalité physique chez l'enfant*, Paris, Alcan, 1927, p. 272.

paliers structurellement équivalents, et leur destin est lui-même éloquent par rapport à la vision d'ensemble du développement.

Il faut dans un premier temps rappeler à titre de repère quelles sont ces grandes étapes du développement, élaborées principalement dans *La Naissance de l'intelligence* (1936), *La Construction du réel chez l'enfant* (1937), et *La Formation du symbole chez l'enfant* (1945).

Le stade est une structure évolutive qui régit le comportement et le raisonnement. Il se modifie par accommodation et assimilation, c'est-à-dire qu'il intègre des éléments nouveaux au fur et à mesure de l'expérience. L'état de cohérence maximale d'un stade est son état d'équilibration. Le schème, structure issue d'une généralisation sans langage, garantit la répétition possible d'un savoir ou savoir-faire et son transfert dans d'autres circonstances.

Le stade sensori-moteur caractérise la petite enfance et succède aux mouvements réflexes du nouveau-né. L'enfant d'un mois se trouve dans une situation d'« adualisme », mot que Piaget a repris à Baldwin : il ne distingue pas le monde extérieur de son être propre. La répétition d'actions (la réaction circulaire de Baldwin) apparaît avec une première forme d'apprentissage quand l'enfant recherche une stimulation par cette répétition, comme lorsqu'il agite un jouet. Autour d'un an, l'enfant coordonne des schèmes et est capable d'articuler un moyen à une fin. Il acquiert aussi la permanence de l'objet qui lui permet de retrouver un objet caché. La « révolution copernicienne » de l'intelligence enfantine advient vers dix-huit mois, quand l'enfant acquiert la capacité de décentrement et situe son corps comme un objet parmi d'autres. Il utilise des représentations mentales et des symboles mentaux d'objets absents.

La période préopératoire qui se situe environ de deux à quatre ans est dominée par la pensée symbolique, le jeu et l'image. L'enfant apprend également à parler, les mots étant, dans la continuité du dernier moment de l'étape sensori-motrice, des équivalents mentaux de l'expérience.

Mais l'enfant est indifférent à ses propres contradictions, ne réfléchit pas à sa propre pensée. Il raisonne par analogie, n'envisage pas de régularité dans les phénomènes, et ne conçoit pas, par exemple, la conservation des quantités dans le monde physique.

Au stade des opérations concrètes en revanche, les enfants réagissent logiquement aux manipulations proposées par l'expérimentateur dans le laboratoire piagétien. S'il ne peut encore résoudre par la pensée des problèmes et raisonner de manière abstraite, il fait preuve de logique dans les situations proposées à son observation : l'enfant va correctement inclure des éléments dans un ensemble, estimer la permanence des quantités de matière en dépit de changements de forme, envisager la réversibilité de certaines opérations. Il va utiliser en pratique des notions comme le hasard, des relations comme plus et moins, et manifester les bases d'une logique qu'il n'utilisera en tant que telle qu'au stade des opérations formelles.

L'enfant préadolescent peut, en dehors de toute situation concrète, effectuer une combinatoire, utiliser le raisonnement hypothético-déductif. Il a en outre un intérêt pour ses propres pensées, est capable de réflexivité. Sur le plan moral, il peut aussi se projeter dans un idéal et envisager le bien commun : il est entièrement dégagé de l'égocentrisme de départ, et est en rapport avec un réel de plus en plus étendu, qui dépasse indéfiniment en tout cas la sphère de son expérience.

Nous avons suggéré précédemment que les stades n'étaient pas équivalents.

Le stade préopératoire, d'abord, et la pensée symbolique, qui inspirent notamment le jeu, ne s'intègrent pas dans une série continue des progrès de la logique. Cet aspect majeur de l'activité de l'enfant est en quelque sorte une scorie dans le cheminement qui y mène. Après l'avoir considéré dans *La Représentation du monde chez l'enfant*, Piaget n'en fait finalement qu'une étape à dépasser, une fausse direction du raisonnement, l'âge des illusions et de la magie.

L'enfant s'y voit attribuer un certain nombre de défauts, comme l'indifférence à sa propre pensée, le manque de discernement dans la hiérarchisation des êtres, l'ignorance de la causalité, plus que les qualités d'imagination qui avaient émerveillé les premiers psychologues de l'enfant comme l'anglais James Sully.

Pour d'autres raisons, le stade sensori-moteur, très détaillé par Piaget en sous-stades, mérite attention. Il permet de préciser la part de l'inné (Piaget recourt au terme de préformisme) et de l'acquis (empirisme). Ceci est particulièrement important sur le plan épistémologique, car l'idée de base selon laquelle les progrès de l'intelligence individuelle renvoient aux étapes de l'histoire des sciences conduit tout droit à utiliser la vénérable théorie de la récapitulation selon laquelle l'ontogenèse récapitule la phylogenèse. Comme on l'a vu plus haut, une telle loi, issue de la biologie évolutionniste d'Ernst Haeckel, est séduisante parce qu'elle explique en apparence beaucoup de choses par une « mémoire » des organismes. Haeckel allait d'ailleurs jusqu'à expliquer l'histoire humaine et l'histoire des langues de cette manière. Cette hypothèse mise à mal par le néodarwinisme en biologie avait déjà été écartée par Baldwin. Avec le stade sensori-moteur, Piaget peut faire la part entre ce qui relève de l'expérience depuis la naissance de l'enfant, et ce qui relève de ses capacités d'assimilation, d'accommodation, et de son schématisme : à part au stade réflexe où l'organisme est autocentré, l'enfant engage un dialogue avec le milieu, auquel il va s'adapter en utilisant ses capacités internes d'organiser l'expérience. Ainsi, l'intelligence et son progrès peuvent-ils être considérés comme relevant du domaine de l'inné mais les circonstances dans lesquelles ces capacités sont mises à l'épreuve délimitent le domaine de l'acquis. Si cette clarification est sans aspérités pour ce qui concerne le développement individuel, il reste une difficulté, qui persistera jusqu'à la fin de l'œuvre de Piaget pour penser l'articulation entre intelligence individuelle et histoire des sciences.

Le tournant épistémologique

Cette difficulté habite le projet d'épistémologie génétique vers lequel se dirige Piaget après un tournant dans son œuvre, en 1950. Dans son « Autobiographie », Piaget mentionne ce moment, en l'interprétant comme un retour à ses intérêts initiaux par-delà une grande parenthèse qui est l'étude de l'enfant : « Au lieu de consacrer cinq ans à la psychologie de l'enfant comme je l'avais prévu en 1921, j'y avais passé près de trente ans, c'était un travail fascinant et je ne le regrette pas le moins du monde. Mais il était temps de conclure et c'est ce que je tentai dans cet ouvrage général qui est fondamentalement une analyse du mécanisme de l'acquisition des connaissances, examiné non statiquement mais du point de vue de la croissance et du développement[1]. »

C'est finalement arrivé à ce point de reconsidération de ses objets privilégiés que Piaget tranche la question du rapport entre phylogénie et ontogénie, entre le progrès intellectuel de l'individu et celui de l'humanité. Dans les années cinquante, dans l'*Introduction à l'épistémologie génétique*, ainsi que dans l'article « De la psychologie génétique à l'épistémologie », il fait la part entre l'apport de la psychologie de l'enfant et la prise en compte de l'histoire des sciences[2]. La connaissance commence par l'expérience, et c'est ce que montre la psychologie de l'enfant, éclairant ainsi l'épistémologie. Les actions sur le monde physique comme soupeser une barre de plomb ou une boule de cuivre permettent à l'enfant d'abstraire les propriétés des choses, quand il pense, par exemple, l'identité du poids de ces objets. Mais il existe un autre type d'expérience, souligne Piaget, celle qui porte non sur les objets, mais sur les actions dont ces objets sont l'instrument. L'enfant qui compte dix cailloux, qui en

1. Jean Piaget, « Autobiographie », art. cit., ch. 8.
2. Jean Piaget, « De la psychologie génétique à l'épistémologie », in *Psychologie et épistémologie*, *op. cit.*

permute l'ordre et constate qu'ils sont toujours au nombre de dix, expérimente ses propres actions de dénombrer et d'ordonner. Il y a donc deux degrés de l'expérience : le premier porte sur les choses, le second, sur les actions, sur les choses et sur leur coordination. Dans les deux cas, il y a une direction qui mène de l'expérience à la connaissance ; dans les deux cas également, un infléchissement de cette marche en avant ou une différence de rythme peuvent intervenir en fonction des circonstances ; c'est ainsi que Piaget a toujours considéré que les différences de culture se traduisaient d'abord par la rapidité plus ou moins grande d'acquisition par les individus. De même, au niveau de l'histoire des sciences, on peut imaginer une marche en avant régulière de la connaissance, mais en fonction des contextes historiques et géographiques, cette connaissance ne se déploie pas tout uniment. Ces contextes peuvent la favoriser ou non, l'empêcher ou l'accélérer. C'est pourquoi Piaget, dans *Psychologie et épistémologie*, précise que l'histoire des sciences ne provient pas d'influences de savants les uns sur les autres, mais consiste en un développement des concepts, avec des étapes, une succession.

Pour lui, dans l'idéal, l'histoire des sciences reflète la marche des concepts, comme le développement individuel, sans que le mécanisme de la récapitulation soit nécessaire puisque le même aller-retour entre les facultés intellectuelles et l'expérience est à l'œuvre dans les deux cas. Piaget a cherché la preuve de sa vision des choses dans une manifestation de cette histoire des sciences « pure » en quelque sorte. Avec Rolando Garcia, dans *Psychogenèse et histoire des sciences*, paru en 1983, il a présenté la théorie du mouvement comme en étant le meilleur exemple[1]. Il considère que, à travers la théorie de l'*impetus* et sa critique, puis à travers la théorie de la gravitation universelle de Newton, l'explication du mouvement des corps a progressé conceptuellement

1. Rolando Garcia et Jean Piaget, *Psychogenèse et histoire des sciences*, Paris, Flammarion, 1983.

sans être recouverte par trop d'obstacles et de régressions malgré la longue durée de son déploiement.

Cette idée d'un développement conceptuel dégagé des circonstances de sa transmission et de la circulation des théories (ce que Piaget qualifie d'« influence ») a séduit Bachelard qui y reconnaissait son propre « rationalisme ». Il ne pouvait qu'apprécier l'idée d'une discontinuité entre stades et états du réel, puisque son épistémologie se caractérise par une rupture entre le scientifique et le préscientifique. C'est pourquoi Bachelard en a clairement tiré des conclusions pédagogiques. Dans un texte de 1950[1], par exemple, il souligne l'intérêt de la théorie de Piaget pour la réforme de l'éducation, et y trouve un appui pour « défendre l'activité rationnelle en pédagogie ». Cette perspective de faire de l'école le lieu de la rationalité par excellence, contre la vie familiale, contre le savoir établi, contre l'enseignement même, tel qu'il est institué, conduit à une envolée utopique : « L'école n'est pas faite pour la société, c'est la société qui doit être faite pour l'école. C'est dans l'école qu'on trouvera la société parfaite[2]. » On perçoit ici comment l'école, au lieu d'être considérée comme un instrument de transmission du savoir, peut être imaginée comme un lieu où l'intelligence de l'enfant est développée « contre » la culture ambiante.

On voit donc que Piaget, après avoir congédié l'enfant au profit du développement et le développement psychologique au profit de l'histoire des sciences, est parvenu à une position théorique totalement éloignée de la pédagogie et de l'éducation. En effet, outre que son objet n'est plus l'enfant, l'apprentissage scolaire ne l'est pas non plus : il s'intéresse en priorité à des situations idéales, à un face-à-face entre intelligence et expérience, qu'il recrée dans

1. Gaston Bachelard, « Philosophie et pédagogie au XXe siècle », *Les Cahiers pédagogiques*, n° 3-4, janvier 1950, p. 28-31. Voir aussi Gaston Bachelard, *Le Rationalisme appliqué*, Paris, PUF, 1949.

2. Gaston Bachelard, *Le Rationalisme appliqué*, *op. cit.*, p. 31.

ses situations de laboratoire. De ce face-à-face résulte la connaissance, dans un apprentissage qui ne peut être qu'un auto-apprentissage : le sujet effectue le chemin logique qui lui est biologiquement ouvert, reflétant ainsi des fragments d'histoire des sciences réchappés de leur ensevelissement historique qui les rend, à l'image de la statue de Glaucus invoquée par Rousseau, méconnaissables.

Même si Piaget envisage, comme Claparède, que la connaissance psychologique puisse indiquer à quel moment un apprentissage est envisageable pour l'enfant avec le maximum de chances de succès, la réduction de son approche à l'aspect logique du problème fait qu'il ne pense pas les modalités de cet apprentissage. Piaget ne peut être un penseur de l'apprentissage, si l'on entend par là un processus par lequel le sujet reçoit quelque chose qui lui est au départ extérieur et étranger, ni de la pédagogie.

Piaget le dit lui-même d'ailleurs : « Écoutez, je n'ai pas d'opinion en pédagogie. Le problème de l'éducation m'intéresse vivement car j'ai l'impression qu'il y a énormément à réformer et à transformer, mais je pense que le rôle du psychologue est avant tout de donner des faits que peut utiliser la pédagogie, et non de se mettre à sa place pour lui donner des conseils[1]. »

Piaget et l'éducation

Le processus par lequel Piaget est devenu l'un des penseurs de l'éducation les plus influents au XXe siècle n'est pas entièrement imputable à la théorie ; le rayonnement de ses idées est dû aussi à ses responsabilités au Bureau international d'éducation (BIE) à Genève.

Sur le plan théorique, Piaget a toujours présenté la psychologie scientifique comme l'auxiliaire de la pédagogie, en s'opposant, au besoin, à une vision trop techniciste du rendement scolaire, reproche dont son maître Claparède,

1. Jean-Claude Bringuier, *Conversations libres avec Jean Piaget*, Paris, Robert Laffont, 1977, p. 194.

auteur de *Comment diagnostiquer les aptitudes des écoliers*, n'est pas exempt, mais qui s'adresse en priorité aux mesures de Binet : « Il est indispensable de relier la recherche pédagogique avec la recherche psychologique, c'est-à-dire de faire de la psychopédagogie et non pas seulement de la mesure de rendement en pédagogie expérimentale[1]. »

Comme Claparède, il considère qu'une pédagogie scientifique est en rupture avec les routines du passé ; ce point de vue est sensible dès la contribution de Piaget à l'*Encyclopédie française* en 1935, « Les méthodes nouvelles et leurs bases psychologiques[2] ». Dans ce texte important, il énonce une convergence entre les idées pédagogiques issues de l'éducation nouvelle, et la psychologie de l'enfant : une pédagogie scientifique est ainsi l'horizon d'une harmonie entre science moderne et pédagogie moderne.

En toute rigueur, l'Éducation nouvelle, ce mouvement multiforme incarné par des pédagogues parfois philosophiquement opposés, n'a pas forcément besoin d'une justification scientifique pour promouvoir ses idéaux. Mais Piaget apporte là à certains pédagogues l'espoir d'un fondement scientifique de leurs revendications, et aux scientifiques l'espoir d'une utilité qu'ils peinent parfois à justifier. Cette convergence d'intérêts ne suffirait pas à expliquer l'autorité croissante de Piaget pendant le XXe siècle. Celle-ci est due aussi à sa position institutionnelle à Genève à l'institut Jean-Jacques-Rousseau puis à la tête du Bureau international d'éducation. Piaget fut engagé comme chercheur à l'institut Jean-Jacques-Rousseau en 1921, et codirigea cet institut avec Pierre Bovet à partir de 1933. Rappelons que cet institut devint, en 1930, l'Institut des sciences de l'éducation avant

1. Jean Piaget, « Discours du directeur du Bureau international d'éducation », in *Conférence internationale de l'instruction publique*, 29e session, 1966, Genève, BIE, Paris, UNESCO, p. 39.

2. Jean Piaget, « Les méthodes nouvelles et leurs bases psychologiques », *Encyclopédie française*, Paris, Société de gestion de l'Encyclopédie française, 1935 ; *Psychologie et pédagogie*, Paris, Denoël, 1969, p. 203-264.

d'être rattaché à l'université de Genève en 1975[1]. Quant au Bureau international d'éducation, créé en 1925 à l'initiative d'Adolphe Ferrière, Pierre Bovet et Édouard Claparède, Piaget le dirigea à partir de 1929, pendant quarante ans. Le BIE a organisé, depuis 1934, la Conférence internationale de l'instruction publique, qui s'est tenue depuis 1945 également sous l'égide de l'UNESCO. Il a été intégré à l'UNESCO en 1969. Piaget a donc, pendant la plus grande partie de son activité scientifique, bénéficié de cette tribune internationale, qui ne faisait que prolonger le rayonnement de l'institut Jean-Jacques-Rousseau en matière de psychologie de l'enfant, de promotion des méthodes nouvelles, sans oublier l'institutionnalisation des sciences de l'éducation. Encore faut-il préciser la nature du composé dont l'autorité s'affirme ainsi dans le cours du XXe siècle.

Depuis les écrits de Claparède, au nom de la psychologie de l'enfant, se répand la critique du verbalisme et des méthodes traditionnelles, la remise en cause de l'autorité magistrale, des programmes, l'appel à l'intérêt et à l'activité de l'élève… Un « climat » et un désir de réforme deviennent ainsi la norme d'un discours que Piaget n'a jamais désavoué. Cependant, Piaget ne rentre guère dans les discussions pourtant très nourries qui agitent ses contemporains, comme Adolphe Ferrière, Pierre Bovet, puis Robert Dottrens, sur la définition précise du « nouveau » en pédagogie, les nuances qui distinguent éducation nouvelle et école active, etc. En revanche, il prend systématiquement position en faveur de l'autonomie de l'enfant. La défense de l'autonomie de l'enfant est peut-être le plus petit dénominateur commun entre les différentes tendances de l'éducation nouvelle et les applications envisageables de la psychologie de l'enfant à la pédagogie. Cette notion permet de défendre les méthodes actives, de placer l'enfant « au centre » de l'école, de s'en remettre à son activité pour

1. Rita Hofstetter, Marc Ratcliff et Bernard Schneuwly, *Cent ans de vie, 1912-2012*, *op. cit.*

assurer l'apprentissage..., et Piaget n'a pas de mal à trouver chez les pédagogues ce sésame de l'innovation qui entre en résonance avec sa propre conception de l'apprentissage.

Un exemple de ce syncrétisme est sa défense de la méthode du *self-government*. Cette méthode est en fait une manière de former le citoyen dans la démocratie, et est au départ promue aux États-Unis par le président Theodore Roosevelt[1]. Elle consiste à modifier la discipline dans les établissements scolaires en confiant des responsabilités aux élèves. Dans son principe, cette volonté d'expérimentation sociale s'enracine dans la philosophie politique et pas dans la psychologie. Ceci n'empêche pas Piaget, en se référant au pédagogue Wilhelm Foerster, engagé dans cette réflexion politique, de justifier la méthode au nom de la sortie de l'égocentrisme[2]. Le *self-government* devient ainsi une aide à la socialisation qui correspond au développement des capacités de raisonnement, et, du même coup, les pédagogues qui ne sont pas forcément des psychologues se voient apporter un appui scientifique, même si, en l'occurrence, ils ne l'ont pas demandé.

Un autre bénéfice de cette opération est de réintégrer le domaine moral, absent de la conception purement intellectualiste de l'apprentissage développée par Piaget. C'est ainsi que, dans « Les procédés de l'éducation morale »[3], publié en 1930, il engage une discussion posthume avec Durkheim. Ce dernier, dit Piaget, défend une morale de l'hétéronomie, en considérant la règle comme un aspect essentiel de la vie sociale et de l'éducation, et en insistant sur la contrainte inévitable liée à celle-ci. Piaget s'emploie à montrer que la règle est d'autant mieux respectée quand elle est construite

1. Dominique Ottavi, « L'enfant autonome et ses paradoxes », in Alain Kerlan et Laurence Loeffel (dir), *Repenser l'enfance ?*, Paris, Hermann, 2012.

2. Voir le recueil d'articles de Jean Piaget, *De la pédagogie*, Paris, Odile Jacob, 1998.

3. Jean Piaget, « Les procédés de l'éducation morale », in *De la pédagogie*, *op. cit.*, p. 25-62.

et qu'elle résulte de l'activité liée au développement de l'enfant. Ainsi le point de vue constructiviste sur l'apprentissage se trouve transporté dans le domaine moral, en harmonie avec les pédagogies critiques de l'autorité. Par la même occasion, les problèmes posés par la sociologie durkheimienne se figent dans une alternative schématique entre contrainte et liberté dans l'éducation.

Piaget, qui n'est pas un psychologue de l'enfant ni un pédagogue, se trouve donc, à la faveur de ces circonstances et de ces interprétations, promu chef de file de la subversion de l'autorité et de la forme scolaire. En même temps, conformément aux idéaux de l'UNESCO, il soutient la croyance en la toute-puissance de l'éducation : entre « la régression vers la barbarie » et « l'organisation internationale et sociale », la conviction s'impose, dit-il, que « l'éducation seule remédiera au mal »[1].

Lev Vygotski : développement, histoire et culture

L'originalité de Vygotski a été d'introduire la dimension de la culture et de la société, et, donc, d'une forme de transmission, dans le développement cognitif de l'enfant. Certaines lectures de son œuvre tendent à la rapprocher du constructivisme piagétien en lui ajoutant le rôle des interactions entre pairs et de la coopération dans les apprentissages, ce qui, d'ailleurs, ne fut étranger ni à Piaget lui-même ni à ses disciples. Il suffit de donner un nom syncrétique à cette nouvelle théorie – le « socio-constructivisme » –, et le tour est joué. De ce fait, on manque ce qui fait la force et l'originalité de la pensée du psychologue russe, qui pointe bien autre chose qu'une réalité au demeurant fort juste : « On n'apprend pas tout seul. » Au-delà de ce qui les rassemble, à commencer par le contexte historique et politique,

1. Jean Piaget, « Rapport du directeur », *Le Bureau international d'éducation en 1930-1931*, Genève, BIE, 1931.

il importe de relever les différences fondamentales entre ces deux approches de la pensée de l'enfant. Elles concernent au plus haut point la question qui nous intéresse.

Le biologique et le social

Lev Vygotski est né à Orsha, petite ville de Biélorussie, en 1896, la même année que Jean Piaget. Il a suivi des études universitaires de droit, de philosophie et d'histoire à Moscou à partir de 1912, et reçu une formation en linguistique, esthétique et littérature. En 1924, il est recruté à l'institut de psychologie de Moscou. Pendant les dix années qui précèdent sa mort précoce en 1934, entouré de collaborateurs passionnés par une véritable reconstruction de la psychologie, il publie près de deux cents articles et crée sa « théorie historico-culturelle du développement psychologique »[1]. Sa grande œuvre, *Pensée et langage*, paraît en 1934, à titre posthume[2]. Ce livre a été traduit en anglais en 1962 (*Thought and Language*) et n'a rayonné à l'étranger qu'à partir de cette période. Un autre texte important, *Mind in Society*, fut publié également en anglais en 1978[3]. Mais, en Union soviétique même, l'œuvre entière a été mise sous le boisseau jusqu'à la condamnation par Krouchtchev, en 1956, des errements de la période stalinienne ; *Pensée et langage* reparaît à la faveur de ce changement, dans un volume de « Recherches psychologiques choisies », avec cinq autres études de Vygotski regroupées sous le titre global de *Problèmes du développement psychologique de l'enfant.* Une édition de ses œuvres complètes,

1. Sa bibliographie a été reconstituée par Jean-Pierre Bronckart et Bernard Schneuwly, avec la traduction de quelques articles, dans *Vygotsky aujourd'hui*, Lausanne, Delachaux et Niestlé, 1985.

2. Lev Vygotski, *Pensée et langage*, Paris, Éditions sociales, 1985, réed. Paris, La Dispute, 2002.

3. Lev Vygotski, *Mind in Society*, Cambridge, Harvard University Press, 1978. Le chapitre "Interaction Between Learning and Development" a fait l'objet d'un reprint dans Mary Gauvain et Michael Cole (éds), *Readings on the Development of Children*, New York, Freeman and Company, 1997.

en six volumes, a été publiée en russe entre 1982 et 1984. La confrontation à des traductions multiples, dispersées dans le temps, explique en partie les divergences d'interprétation, ainsi que la difficulté de reconstitution d'un parcours intellectuel très ouvert aux productions de son époque.

Le psychologue a créé, en compagnie de ses confrères Leontiev et Luria – la *troïka* –, une « théorie historico-culturelle du développement des fonctions mentales supérieures ». Il s'agissait, tout en retrouvant les bases du marxisme, de s'opposer aux courants dominants de la psychologie de l'époque, qui, tels la réflexologie ou le behaviorisme, ne s'intéressaient qu'aux comportements communs aux hommes et aux animaux. Pour Vygotski, l'être humain ne peut ni exister ni connaître le développement propre à son espèce sans l'apport des outils construits par toute la culture de l'humanité. Cette culture fait partie intégrante de l'individu, donne forme à ses pensées, lui permet de maîtriser ses processus mentaux. Elle fournit à son intelligence des instruments analogues aux outils nécessaires au travail de production des objets. La référence au Marx du *Capital* est explicite : l'outil est le moyen par lequel l'homme transforme la nature et, ce faisant, se transforme lui-même[1]. L'action de l'homme sur la nature par le travail n'est jamais immédiate, mais *médiatisée* par des objets spécifiques, collectivement élaborés, fruits des expériences des générations précédentes et par lesquels se transmettent et s'élargissent les expériences possibles. Les outils s'interposent donc entre la nature et l'homme qui agit ; ils déterminent son comportement, le guident, affinent et différencient sa perception de la nature. Les activités humaines, ainsi médiatisées par la culture, ne se déroulent pas entre deux pôles, l'homme et la nature, mais entre trois : l'homme, les outils et la nature.

1. « La méthode instrumentale en psychologie », conférence donnée à l'Académie pour l'éducation communiste en 1930, traduite dans Jean-Pierre Bronckart et Bernard Schneuwly, *Vygotsky aujourd'hui*, *op. cit.*, p. 44.

De la même manière, il existe des outils de transformation du psychisme. Il s'agit de toute une gamme d'objets qui, orientés vers l'homme lui-même, peuvent être utilisés pour contrôler, maîtriser, développer ses propres capacités : « Le langage, les techniques de comptage et de calcul, les moyens mnémotechniques, les symboles algébriques, les œuvres d'art, l'écriture, les schémas, les diagrammes, les cartes, les plans, tous les signes possibles, etc.[1] » Ces instruments psychologiques, ou « outils cognitifs », sont transmis essentiellement par l'éducation, dans la famille puis à l'école. Impossible aux adultes de les transmettre s'ils les méconnaissent, ou encore s'ils ne perçoivent pas leur rôle dans l'accès de l'enfant aux fonctions psychiques supérieures. Ces instruments, parfois nommés « médiateurs », sont si importants dans l'éducation qu'ils suffisent à caractériser la démarche adoptée par le psychologue : une méthode *instrumentale*, « qui étudie le développement naturel et celui de l'éducation comme un tout indissociable[2] ». En effet, le rôle majeur que jouent les outils de la culture dans la formation du psychisme interdit d'envisager le développement de l'enfant uniquement comme un processus naturel qui se déroulerait à la faveur de l'adaptation de l'organisme à son environnement. Le développement de l'enfant est un processus artificiel. Plutôt que d'une psychogenèse, il convient de parler d'une *sociogenèse* de la pensée.

C'est sur ce point que Vygotski prend ses distances avec Piaget. Il a pu le lire, dans la mesure où sa courte vie le lui a permis, et l'a admiré, tout en exposant ses désaccords, en particulier dans un chapitre entier de *Pensée et langage*, mais aussi tout au long des cinq autres[3]. Il partage son

1. Lev Vygotski, « La méthode instrumentale en psychologie », art. cit., p. 39.

2. *Ibid.*, p. 45.

3. Lev Vygotski, « Le problème du langage et de la pensée dans la théorie de Jean Piaget », in *Pensée et langage*, *op. cit.*, p. 65-134. Ce chapitre reprend une préface écrite par Vygotski pour la traduction en russe des deux livres de Piaget en 1932, *Le Langage et la Pensée chez l'enfant*, *op. cit.*

intérêt fondamental (si ce n'est exclusif) pour la pensée de l'enfant et pour l'étude de la genèse des fonctions mentales supérieures. Mais, outre ses convictions marxistes, sa pratique éducative va le mener dans une tout autre direction. Contrairement au savant genevois, il fut directement engagé dans des activités pédagogiques et a été enseignant. Membre de différents organes de direction de l'Éducation nationale en URSS, il fut amené à agir sur les problèmes pratiques auxquels était confronté le système éducatif soviétique à l'époque, y compris celui du passage de l'enseignement par « complexes » à l'enseignement par disciplines scolaires à l'école primaire[1]. Il eut à cette occasion la conviction que l'apprentissage des concepts scientifiques nécessite un enseignement systématique, discipline par discipline, dont le caractère spécifique n'empêche pas les répercussions sur d'autres aspects de la pensée de l'enfant.

Nombre de ses articles portent sur l'« *obuchenie* », mot qui signifie exactement « processus d'enseignement-apprentissage » et que l'on traduit généralement par *apprentissage* (ou *learning*). Réduction malheureuse, si l'on sait que Vygotski tient à montrer que l'un ne peut aller sans l'autre : l'apprentissage des fonctions psychiques supérieures, écriture et concepts scientifiques en premier lieu, ne peut se faire que dans le cadre de l'enseignement scolaire, et avec la médiation des adultes. Telle est sa première idée-force.

Mais la conviction qui orientera toutes les recherches théoriques et empiriques de cette courte vie, c'est que les psychologues n'ont pas encore compris le lien qui existe entre le développement de l'enfant et le processus d'enseignement.

---

et *Le Jugement et le Raisonnement chez l'enfant*, Neuchâtel, Paris, Delachaux/Niestlé, 1924. Vygotski connaît aussi *La représentation du monde chez l'enfant*, Paris, Alcan, 1926.

1. Le système d'enseignement par complexes, ou assemblage de différentes disciplines en fonction d'un projet de travail, fut appliqué dans l'enseignement soviétique de 1923 à 1931. Il produisit un tel abaissement du niveau des connaissances qu'il fut aboli par décision du Comité central en 1931.

En effet, le développement de l'enfant ne peut être abordé comme un processus autonome intérieur se déroulant entre le sujet et l'environnement, avec un accent sur le premier pour les théories de type piagétien, ou sur le deuxième pour les théories behavioristes. Le rapport du sujet à l'environnement est médiatisé par le groupe social auquel il appartient. Le développement des systèmes cognitifs complexes doit donc être vu d'abord comme le résultat du développement historique de la société, et, par conséquent, leur évolution doit être analysée dans le contexte de l'éducation et de l'enseignement. C'est là que tout être humain acquiert les outils symboliques qui lui permettent d'accéder à une pensée consciente d'elle-même, à commencer par le langage. Il s'ensuit que, pour le développement de l'enfant, en particulier dans la prime enfance, les facteurs les plus importants sont les interactions avec les adultes porteurs de tous les messages de la culture, comme Vygotski l'affirme avec vigueur en 1932 : « C'est par l'intermédiaire des autres, par l'intermédiaire de l'adulte que l'enfant s'engage dans ses activités. Absolument tout dans le comportement de l'enfant est fondu, enraciné dans le social. Ainsi, les relations de l'enfant avec la réalité sont dès le début des relations sociales. Dans ce sens, on pourrait dire du nourrisson qu'il est un être social au plus haut degré[1]. » Ensuite, avec l'école, l'enfant va accéder aux fonctions supérieures par le biais de l'enseignement de l'écrit et des concepts abstraits qu'il ne peut tirer ni de son expérience, ni de son développement interne.

Sur ce point, Vygotski ne pouvait qu'être en désaccord avec Piaget. Quand Piaget met l'accent sur les aspects structuraux et sur les lois universelles d'origine biologique du développement des opérations mentales, proposant une conception endogène du processus, Vygotski insiste sur

1. Lev Vygotski, *Œuvres complètes*, vol. 4, p. 281, cité dans Ivan Ivic, « Lev S. Vygotski (1896-1934) », in *Perspectives : revue trimestrielle d'éducation comparée*, Paris, Unesco, vol. XIX, n° 3, 1989, p. 793-820.

les apports de la culture et sur la dimension historique du développement mental. Il reproche à Piaget d'établir une rupture entre le biologique et le social, et de concevoir le biologique comme le « facteur initial, primaire, intrinsèque à l'enfant lui-même et formant sa substance psychologique[1] ». Certes, Piaget a reconnu le rôle du social dans la formation du jugement et du sens moral, mais en tant que contrainte externe, c'est-à-dire comme un ensemble de forces étrangères qui refoulent les modes de pensée propres de l'enfant. Il est clair que, pour lui, l'enfant ne fait pas partie, dès sa naissance, d'un ensemble social : tout le social est étranger à l'enfant, lui est imposé de l'extérieur.

Deux analyses particulièrement importantes permettent de mieux cerner les divergences entre les deux psychologues. La première porte sur les interactions entre le développement de l'enfant et l'« enseignement-apprentissage », analyse qui débouche chez Vygotski sur une véritable pédagogie de la médiation et de la transmission. Le deuxième concerne l'acquisition de savoirs fondamentaux, comme celle des concepts scientifiques ou encore du langage écrit et de la grammaire. Le rôle d'un enseignement systématique arrive ici au premier plan.

Apprentissage et développement

La thèse fondamentale de Vygotski quant aux rapports entre « développement » (ou maturation naturelle) et « apprentissage » (en particulier scolaire) est que l'apprentissage *devance* par principe, et par là stimule, le développement intellectuel enfantin. Contre l'idée – apparue comme un dogme chez Rousseau et renforcée par la théorie piagétienne des stades – qu'il faut attendre que l'enfant ait atteint un certain niveau de développement pour lui enseigner des notions complexes ou sans rapport avec ses besoins, Vygotski introduit une dynamique dialectique dans laquelle l'enseignement occupe la première place. L'exemple de la grammaire, qui lui tient à

1. Lev Vygotski, *Pensée et langage, op. cit.*, p. 119.

cœur, est pour lui une parfaite illustration d'une loi générale selon laquelle l'enseignement scolaire s'adresse chez l'enfant à des fonctions psychiques encore « immatures », que cet enseignement a justement pour fonction et pour effet de développer. En effet, l'enseignement de la grammaire, dont l'utilité n'apparaît pas immédiatement, permet le développement d'un rapport conscient et volontaire avec la langue parlée : ainsi les savoir-faire acquis de manière spontanée lors de l'apprentissage de la langue deviennent peu à peu l'objet d'une prise de conscience réfléchie, ce qui donne à l'enfant la possibilité d'accéder à un niveau supérieur dans le développement de son langage.

Vygotski reproche justement à Piaget de construire son étude de la pensée de l'enfant en excluant les processus de l'apprentissage scolaire et, de manière plus générale, en niant les effets des interactions avec les adultes[1]. Ce faisant, Piaget considère comme allant de soi ce que précisément il faut expliquer, la question de l'apparition des structures mentales supérieures : langage écrit et concepts scientifiques d'une part, mémoire, attention, contrôle du comportement et de la pensée d'autre part. Il sépare de manière incongrue deux processus indissociables, celui du développement et celui de l'apprentissage : « [Piaget] part du principe que tout ce qui apparaît chez l'enfant dans le processus d'apprentissage est dénué d'intérêt pour l'analyse du développement de la pensée [...]. Le fait que l'enfant apprend et le fait qu'il se développe n'ont pas de rapport entre eux, et ceci parce qu'il s'intéresse à la *structure* de la pensée elle-même, mais ne s'intéresse pas à la *fonction* de la pensée[2]. » Or la pensée a bien une fonction, pour Vygotski, celle de permettre une plus grande maîtrise de l'activité propre, un plus grand contrôle de soi-même et de son rapport aux autres. Maîtrise et contrôle qui ont besoin, pour se développer, de l'apport de tous les outils déjà élaborés

1. Lev Vygotski, *Pensée et langage*, *op. cit.*, p. 330.
2. *Ibid.*, p. 405-406.

par l'humanité. C'est ainsi que Vygotski reproche à Piaget, en raison de son approche biologique et naturaliste, de ne tenir aucun compte de l'activité pratique de l'enfant : « Il tente de déduire la pensée logique de l'enfant et son développement de la pure communication des consciences, en la détachant totalement de la réalité, sans tenir compte de la pratique sociale de l'enfant, qui est dirigée vers la maîtrise du réel[1]. » Ainsi, cet enfant éloigné de toute pratique sociale réelle est imperméable à l'expérience.

Quelle est donc la dynamique du développement ? Pour Vygotski, la genèse des systèmes cognitifs complexes suit toujours la même direction : elle va *de l'extérieur vers l'intérieur* ; du contrôle matériel par des signes extérieurs vers un contrôle intérieur automatisé. Plus précisément, pour chaque individu, la possibilité d'agir sur l'autre et celle de l'autre d'agir sur lui sont le modèle et l'origine de la transformation de sa propre activité. Dans ce sens, le développement va de *l'interpsychique* vers *l'intrapsychique.* Cette conviction amène Vygotski à critiquer vigoureusement la thèse piagétienne de l'égocentrisme enfantin.

Piaget, en effet, caractérise la pensée enfantine par un égocentrisme cognitif, une incapacité initiale à sortir de soi qui appelle un processus de décentration comparable à la révolution copernicienne. Selon une thèse qui lui a été inspirée par la psychanalyse, cette pensée de type autistique serait, dans l'histoire du développement de la pensée, le stade primaire, qui ne manquera pas d'être dépassé. Or le processus réel est exactement contraire aux yeux de Vygotski : le mouvement propre à la pensée enfantine s'effectue non pas de l'individuel au social, mais du social à l'individuel.

1. Lev Vygotski, *Pensée et langage, op. cit.*, p. 128. Précisons que Piaget a répondu à cette critique en disant que toute son approche du développement est justement fondée sur l'« activité » de l'enfant. Ce qui est vrai si l'on entend activité au sens de « construction » des structures logiques et des « opérations ». Ce n'est évidemment pas le sens que donne le psychologue marxiste à l'activité humaine.

L'égocentrisme du langage enfantin est du plus haut intérêt théorique en ce qu'il fait la transition entre le langage extériorisé et le langage intérieur ; alors que, pour Piaget, c'est une étape transitoire entre l'autisme et la logique, entre l'intimement individuel et le social, pour Vygotski, c'est un langage intériorisé, transition du langage social au langage intérieur. L'enfant rencontre d'abord le langage en tant qu'outil de communication, d'action sur l'autre. Ce langage extérieur et social devient aussi de plus en plus un outil pour agir sur soi-même, pour mieux contrôler ses actions, pour mieux structurer une situation problématique. Cette spécialisation du langage dans un nouveau domaine l'affecte profondément du point de vue de sa structure sémantique, syntaxique et phonétique : condensation extrême, agglutination des significations, syntaxe purement prédicative en sont quelques-unes des caractéristiques principales. Le langage intérieur prend la forme qui correspond à sa fonction : par cette transformation, nécessaire pour le passage de l'extérieur à l'intérieur et de l'interpsychique à l'intrapsychique, il devient le langage intérieur, la pensée verbale.

En fait, Piaget, en décrivant les particularités de la pensée enfantine, cherche surtout à montrer la faiblesse de cette pensée, son inconsistance, son irrationalité, son manque de logique au regard de celle de l'adulte. Pire, il avoue que son développement relève de circonstances contingentes[1]. Piaget ne permet pas de comprendre comment la pensée logique apparaît et se développe à partir de la pensée enfantine. Ce qu'il met en avant, c'est juste que la pensée logique supplante les particularités de la pensée enfantine.

Ainsi la recherche des membres de la « troïka » fait apparaître le rôle des pratiques sociales, de l'enseignement et des systèmes médiateurs sur le développement des fonctions psychiques supérieures. Le rapport entre développement et apprentissage-enseignement n'est placé ni sous le signe

1. Lev Vygotski, *Pensée et langage*, *op. cit.*, p. 130.

d'une dépendance de l'apprentissage par rapport au développement (position piagétienne), ni sous le signe d'une dépendance du développement par rapport à l'apprentissage (position behavioriste). L'apprentissage est en interaction dialectique avec le développement dans le sens où il ne peut avoir lieu que dans la *zone proximale de développement*, zone définie par ce qu'une personne n'est pas encore capable de faire seule, mais qu'elle peut réaliser grâce à des aides extérieures (adultes, enseignants, autres enfants).

Cette notion capitale de « zone proximale de développement » aborde le développement de l'enfant dans son aspect dynamique et dialectique. Appliquée à la pédagogie, elle permet de sortir de l'éternel dilemme de l'éducation : faut-il attendre que l'enfant ait atteint un niveau de développement particulier pour commencer l'éducation scolaire ou bien faut-il l'exposer à une certaine éducation pour qu'il atteigne tel niveau de développement ? Le ressort par excellence de l'éducation est l'*anticipation* sur les performances à venir, permise par l'appui éclairé de celui qui sait à celui qui n'est pas un simple ignorant, mais quelqu'un qui est en mesure d'exécuter une tâche ou de mobiliser un savoir sans en avoir la maîtrise. Dans cette zone, et en collaboration avec l'adulte, l'enfant pourra plus facilement acquérir ce qu'il ne serait pas capable de faire s'il était livré à lui-même. Les modalités de l'assistance adulte dans la zone proximale sont multiples : démonstrations de méthodes pouvant être imitées, exemples donnés à l'enfant, questions faisant appel à la réflexion intellectuelle, contrôle des connaissances de la part de l'adulte, mais aussi, et en tout premier lieu, collaboration dans des activités partagées. Ainsi, pour Vygotski, il y a à la fois un « seuil inférieur » et un « seuil supérieur » d'apprentissage, et c'est seulement dans cet intervalle que se situe la période optimale d'apprentissage d'une matière donnée. De manière réciproque, le développement est plus productif si l'enfant est exposé à des apprentissages nouveaux justement dans la zone proximale de développement.

De cette thèse, et contre « la vieille erreur selon laquelle le développement doit préparer entièrement le terrain sur lequel l'apprentissage pourra bâtir son édifice », Vygotski tire la conséquence pratique capitale selon laquelle « la pédagogie doit s'orienter non sur l'hier mais sur le demain du développement enfantin ».

Le point essentiel est que l'éducation *devient* le développement, alors que, dans le modèle piagétien, elle n'est qu'un moyen de renforcer le processus naturel. Nous allons voir avec l'accès à la pensée logique et à l'abstraction que l'éducation ne se limite pas au fait d'influencer les processus du développement, mais qu'elle restructure de manière fondamentale l'ensemble du comportement.

Concepts spontanés et concepts scientifiques

Les deux principales études de *Pensée et langage* portent sur la formation des concepts scientifiques[1]. Elles sont exemplaires de la démarche de Vygotski dans son opposition à Piaget et à toutes les pédagogies de la découverte. Elles montrent comment l'appropriation des outils culturels qui deviennent des techniques intérieures concerne au plus haut degré la formation des concepts. Dans cette perspective, Vygotski et son équipe ont mené nombre d'études comparatives entre les concepts spontanés et les concepts scientifiques chez l'enfant d'âge scolaire.

Bien qu'il approuve la distinction opérée par Piaget entre les concepts spontanés (ou quotidiens) et les concepts scientifiques, Vygotski ne partage pas ses conclusions sur l'apparition des catégories de nombre, d'espace et de temps, ainsi que sur la formation des opérations logiques[2]. Pour Piaget, l'enfant passe progressivement, en fonction

1. Lev Vygotski, *Pensée et langage, op. cit.*, ch. 5 et 6, p. 189-415.

2. Par concepts spontanés ou quotidiens, il faut entendre les concepts qui se forment au cours de l'activité pratique de l'enfant ou dans sa communication immédiate avec son entourage. Voir Lev Vygotski, *Pensée et langage, op. cit.*, p. 274, n. 1.

du développement de ses schèmes mentaux, des concepts quotidiens ou empiriques – dits aussi spontanés et inconscients – (frère, meuble, fleur), à la construction des rapports de généralité ou d'abstraction qui permettent d'établir des hiérarchies (plante, fleur, rose). Son enquête traque la manière dont l'enfant commence à utiliser et à manier les concepts avant d'en prendre conscience[1]. Mais ses travaux ne permettent pas de comprendre comment les concepts conscients peuvent surgir dans la pensée enfantine[2]. Or, ce qui intéresse Vygotski, ce sont les concepts scientifiques, qui se distinguent par leur caractère volontaire et conscient. Et également par leur contenu systématique et hiérarchisé[3]. Vygotski cite Marx à ce propos : « Toute science serait superflue si l'apparence et l'essence des choses se confondaient. » Le concept scientifique serait inutile si, comme le concept empirique, il se contentait de refléter l'objet dans son apparence. Dépassant la simple perception, il enveloppe un autre rapport à l'objet – une relation « supra-empirique » – qui n'est possible que dans le concept scientifique, et celui-ci suppose nécessairement à son tour l'existence de rapports entre concepts, c'est-à-dire un « système de concepts ».

Le refus du système est, selon notre auteur, la raison de l'impuissance de la théorie de Piaget à répondre à la question : comment s'effectue la prise de conscience des concepts par l'écolier ? Comment les concepts spontanés deviennent-ils conscients et volontaires ? Or, précisément, l'acquisition du système des concepts scientifiques est l'acquisition la plus importante au cours de la période scolaire. Cette capacité se développe essentiellement à partir de l'activité d'abstraction, de regroupement et de mise en ordre. Les signifiants, autrement dit des signes sociaux extérieurs, interviennent dans ce processus en le soutenant et le modifiant. Les enfants deviennent de plus en plus capables

1. Lev Vygotski, *Pensée et langage*, *op. cit.*, p. 232.
2. *Ibid.*, p. 317-319.
3. *Ibid.*, p. 320.

de les utiliser pour contrôler leur activité de classification. Le mot fonctionne finalement comme moyen de contrôle volontaire de l'attention, de l'abstraction, de l'analyse des particularités des objets, de synthèse et de symbolisation. Avec la médiation de l'adulte, les mots et leurs significations, ainsi que plusieurs fonctions primitives (opérations logiques, analyse, symbolisation, synthèse), sont intégrés en une nouvelle fonction complexe : la formation des concepts.

On l'aura compris, le système des concepts scientifiques est un outil culturel capital. Il est porteur, lui aussi, de messages profonds et, en l'assimilant, l'enfant change profondément son mode de pensée. La propriété essentielle des concepts scientifiques est leur structure, le fait qu'ils sont organisés en systèmes hiérarchisés. En intériorisant une telle structure, l'enfant amplifie considérablement les possibilités de sa pensée dès lors qu'une telle structure met à sa disposition un ensemble d'opérations intellectuelles (différents types de définitions, opérations des quantifications logiques, réversibilité, etc.). Les avantages de cette structure sont évidents quand on la compare à des structures pratiques, par exemple des catégories telles que « meuble », « vêtement » : si nous tentons, par exemple, de donner une définition logique du terme « meuble », nous verrons très vite les limites des catégories pratiques ou des catégories fondées sur des expériences qui n'ont pas la structure formelle de concepts scientifiques.

C'est seulement dans le cadre de l'éducation systématique de type scolaire que le processus d'acquisition du système de concepts scientifiques devient possible. L'apport de l'éducation organisée et systématique est ici déterminant, en regard de l'acquisition du langage oral, où l'apprentissage avait un rôle important, mais ne requérait que la présence d'adultes possédant la langue en tant que partenaires dans les activités communes.

C'est là que réside l'essentiel de l'éducation scolaire. Elle consiste à procurer à l'enfant des outils, des techniques intérieures, des opérations intellectuelles, des systèmes conceptuels. La gamme des moyens à la disposition de l'enseignant est vaste : elle passe par l'imitation, processus capital chez les humains (les animaux n'imitent pas), et auquel Vygotski accorde un intérêt majeur ; mais aussi par l'interaction verbale, la proposition de situations-problèmes ou encore l'apport d'outils cognitifs comme les moyens mnémotechniques, les nœuds au mouchoir ou le comptage sur les doigts. Mais il existe aussi des outils de niveau très supérieur, écriture et concepts scientifiques, et ceux-ci nécessitent une transmission formelle, délibérée et volontaire. Par conséquent, plutôt que de persister dans l'hypothèse selon laquelle nous aurions affaire à une sorte de substrat psychologique qui se développerait de manière autonome, et auquel l'activité de l'éducateur devrait se plier, il faudrait au contraire mettre l'accent sur la portée transformatrice de ces instruments intellectuels. Il est certain, selon Vygotski, que les outils transmis par l'école affectent l'ensemble du comportement, non pas à la manière d'habitudes extérieures, mais en intégrant la personnalité elle-même, et en transformant l'ensemble de ses dimensions.

L'exemple de la langue écrite permet d'illustrer cette idée. Vygotski se livre en effet à une très belle analyse des difficultés de l'enfant dans l'accès à l'écriture[1]. Sous toutes ses formes, l'écrit représente la catégorie supérieure des médiateurs culturels. Le rôle de sa maîtrise s'impose au cœur du débat socioculturel dès les premières études de Vygotski et de Luria en 1930 : « Le langage écrit est une fonction verbale tout à fait particulière qui, dans sa structure et son mode de fonctionnement, ne se distingue pas moins du langage oral que le langage intérieur ne se distingue du langage extériorisé. Son développement, fût-il minime, exige un haut niveau d'abstraction[2]. » Par rapport au langage oral, il lui manque le son matériel, le timbre, l'aspect sensible. De plus, c'est un discours sans interlocuteur, situation verbale

1. Lev Vygotski, *Pensée et langage*, *op. cit.*, p. 336-360.
2. *Ibid.*, p. 338.

tout à fait inhabituelle pour l'enfant. Il est monologue, semblable à une conversation avec la feuille blanche ou avec un interlocuteur imaginaire. Les enseignants ont tendance à sous-estimer la difficulté de son acquisition, en raison d'une incompréhension profonde de ce qu'est réellement la langue écrite. Ni en théorie, ni en pratique, elle n'est considérée comme un système particulier de symboles et de signes dont la maîtrise conduira l'enfant à franchir une étape importante dans l'ensemble de son développement psychique et culturel.

Vygotski n'a malheureusement pas eu le temps de mener à bien, dans toutes ses composantes, le programme qu'il s'était fixé pour l'étude des processus d'apprentissage. Mais il en a tracé les lignes directrices : il s'agit d'analyser la manière dont les connaissances et compétences externes – fabriquées par la culture et par l'histoire – parviennent à s'« internaliser » dans l'esprit de l'enfant à la faveur de l'enseignement scolaire. Il faut constater que ce n'est pas ce qu'on a le plus retenu aujourd'hui de cette œuvre inachevée, malgré les nombreux travaux qui lui ont été consacrés, en particulier en matière de réflexion sur les processus de transmission des savoirs. Beaucoup d'entre eux associent cette pensée à celle de Piaget, en tentant de tempérer ce que la vision du développement de Piaget a de trop naturaliste et individualiste par cette théorie qui accorde de l'importance aux « interactions sociales ». C'est ainsi qu'une branche importante de la didactique, inspirée de Vygotski, s'intéresse au rôle de l'environnement social et du « conflit socio-cognitif » dans la construction des savoirs[1]. Bien sûr, l'idée de *construction sociale des savoirs*, tant prisée aujourd'hui, n'est pas étrangère à la pensée de Vygotski,

1. Deux ouvrages issus de l'école genevoise ont eu, de ce point de vue, un grand rayonnement : Anne-Nelly Perret-Clermont, *La Construction de l'intelligence dans l'interaction sociale*, Berne, Peter Lang, 1979 ; Willem-Doise et Gabriel Mugny, *Le Développement social de l'intelligence*, Paris, Interéditions, 1981.

pour qui les médiateurs et relais de la culture, s'ils sont généralement des adultes, peuvent être également des pairs plus avancés. Mais dans cette séduisante perspective interactionnelle, l'essentiel de ce qui pourrait nous aider dans la compréhension de ce qu'est apprendre est escamoté, à savoir la dimension spécifiquement culturelle des acquisitions indispensables au déploiement de la pensée avec ce qu'elle implique irréductiblement d'un tiers transmetteur. Il nous semble plus fécond de durcir l'opposition entre les deux théories. Leur divergence signale le choix fondamental devant lequel nous nous trouvons. Si le point de vue du développement représente un acquis irréversible, il ne peut servir de guide en pédagogie qu'à la condition de s'articuler à la reconnaissance du caractère artificiel des outils abstraits qui organisent les savoirs, à commencer par l'écriture[1].

1. « Nul n'est prophète en son pays. » Vygotski est sans doute l'exception à la règle, si l'on en juge par un très intéressant ouvrage codirigé par des Belges, des Québécois et des Russes : *Après Vygotski et Piaget. Perspectives sociale et constructiviste. Ecoles russe et occidentale*, Bruxelles, De Boeck Université, 1991. Le contraste est flagrant : la partie occidentale est « interactionniste », la partie russe comporte des textes très élaborés sur la transmission « culturelle » des savoirs physiques et mathématiques.

QUATRIÈME PARTIE

POUR UNE PHÉNOMÉNOLOGIE DE L'APPRENDRE

7

Lire, écrire, compter

Le problème le plus profond de l'école d'aujourd'hui est qu'elle ne sait plus ce que veut dire apprendre. L'école dite « traditionnelle » croyait le savoir, par une manière d'évidence, sans trop se poser la question. Ses conceptions, qui étaient plutôt des présuppositions, n'ont pas résisté à l'examen. Elles ont été balayées par les rénovateurs du XXe siècle, qui ont cru faire entrer la pédagogie dans l'âge positif, en l'appuyant sur l'acquis scientifique fondamental qui a bouleversé l'idée de l'homme et de son histoire : la théorie de l'évolution. S'est élaborée sur cette base une vision constructiviste de la formation des outils cognitifs de l'humanité. Cette inspiration intellectuelle s'est par ailleurs rencontrée avec les préoccupations des pédagogues de terrain, unanimes dans leur dénonciation de la passivité désastreuse entretenue par le système en place et dans leur volonté de mettre au premier plan l'activité de l'élève.

Le contexte historique et social a consacré ces orientations, à la faveur du grand tournant des années 1970. Il leur a donné une force hégémonique qu'elles n'avaient pas, en dissolvant le support tacite qui les maintenait malgré elles dans l'orbite traditionnelle. Cette fois, la rupture avec le moule invisible de la société de tradition a été consommée pour de bon, en même temps que la rupture avec le mode de socialisation qui allait avec. Il allait de soi dans ce cadre qu'apprendre consistait à acquérir pour son compte d'acteur individuel les capacités indispensables à l'existence et à la subsistance du collectif, et par conséquent les moyens d'y tenir sa place. La fonction de l'école était sans le moindre mystère : elle était de faire entrer les nouveaux venus dans une condition commune posée comme déjà là, avec les codes et les connaissances nécessaires à son fonctionnement. Si audacieuses qu'elles pouvaient être, les propositions des réformateurs continuaient de s'inscrire dans ce cadre, qu'elles entendaient simplement transformer de l'intérieur. L'individualisation radicale qui a résulté de la ruine de ce cadre, individualisation à la fois sociale et idéologique, a changé la donne. Elle a non seulement assuré le triomphe des conceptions réformatrices, en en faisant des évidences partagées (au point de renvoyer dans l'oubli le nom de leurs promoteurs), mais elle leur a aussi conféré en pratique une radicalité qu'elles ne comportaient pas. Elle a imposé une idée de ce que veut dire apprendre où il n'y a plus que des appropriations individuelles possibles et concevables, sur la base des motivations, des intérêts et des besoins de chacun, là où le souci des pédagogues, conscient ou non, était de préserver un équilibre entre la précédence des savoirs et leur nécessaire conquête personnelle.

Vieille expérience : une chose est la production des idées, autre chose sont les conditions de leur succès et de leur concrétisation. En l'occurrence, le grossissement déformant qu'elles subissent en étant devenues la vulgate dominante oblige à les réinterroger. Il en fait ressortir les limites. Les éléments de vérité qu'elles comportent ne permettent pas de s'en contenter, tellement pour le reste elles passent à côté de la réalité, tellement elles laissent l'école désarmée devant sa tâche. Il est chaque jour plus manifeste que les choses ne se passent pas de cette façon. Nous entrons, *volens nolens*, dans une troisième étape, celle de « la critique de la critique ». Il ne peut plus être question de se contenter de ce qui se révèle être une mythologie sociale tout aussi trompeuse, pour finir, que celle qu'elle a supplantée. La démarche prioritaire, dans cette situation, est d'essayer d'approcher la vérité, difficile à cerner, comme ces mésaventures le montrent, de l'acte d'apprendre, derrière ces constructions qui l'ignorent ou la travestissent. En principe, c'est par là qu'il eût fallu commencer. Dans les faits, c'est tardivement que nous y arrivons, parce que les évidences collectives qui s'emparent de ce genre d'objets sont lentes à défaire. Du moins l'émergence de la question laisse-t-elle espérer l'entrée de l'école dans son âge éclairé.

Nous avons basculé d'un unilatéralisme à l'autre. L'unilatéralité inhérente à la société de tradition et à la pédagogie de la transmission consistait à ne regarder que les contenus qu'il s'agissait d'inculquer, avec une indifférence relative à l'égard des moyens de les acquérir et des processus personnels par lesquels cette acquisition pouvait se faire. D'où les critiques justifiées à l'endroit de cette ignorance du « comment » individuel.

L'unilatéralisme de la vision individualiste de l'apprendre consiste, lui, à ne considérer que ce processus personnel d'appropriation, en négligeant la nature de l'objet des apprentissages ou en le réduisant à une somme d'informations sans aspérités, sans prendre en compte la résistance spécifique de cet objet, liée à la manière dont il se présente. Or cet objet ne s'ajuste pas spontanément à la logique de l'appropriation personnelle ; il la défie, voire la contredit. C'est précisément sur cette propriété que se fondait l'ancienne démarche « transmissive » pour imposer son répertoire de connaissances, sans trop se soucier de la façon de les assimiler. En prenant le parti du sujet de la sorte méconnu, la focalisation récente sur l'activité de l'« apprenant » pousse, dans l'autre sens, à méconnaître les problèmes que pose l'objet à assimiler. Ces problèmes, soulignons-le tout de suite, ne sont pas solubles dans l'approche dite didactique des savoirs, qui est à la recherche d'une coïncidence entre transparence logique des contenus enseignés et transparence psychologique du sujet apprenant. Mais cette quête est encore une manière de sous-estimer les défis attachés aux objets du savoir.

Bref, l'unilatéralisme ancien ignorait le *comment*, l'unilatéralisme nouveau ignore le *quoi*. Que s'agit-il d'apprendre ? Si le diagnostic est juste, la tâche qui en découle est claire : elle est d'accorder les deux perspectives, en faisant droit à ce que les deux questions et les deux ordres d'exigence comportent de légitime. Nous sommes à la recherche d'un équilibre que l'on devine difficile.

Les ressources du langage

Il n'est d'autre voie pour aller vers cette issue que de reprendre à nouveaux frais la question de ce que veut dire *apprendre* et de ce qu'il s'agit primordialement d'apprendre. Questions sur lesquelles nous savons à la fois beaucoup, en termes de connaissances positives, et très peu, en termes de réflexion théorique digne de ce nom.

En fait, nous sommes écartelés sur ce terrain entre une psychologie naturaliste des apprentissages, commandée par le modèle de l'adaptation de l'organisme à son milieu, et une philosophie qui ne s'intéresse qu'à la connaissance. Les deux passent à côté du sujet qui nous préoccupe. Apprendre, pour l'enfant en situation scolaire, c'est autre chose que développer les moyens de s'adapter à son environnement. Si adaptation il y a, c'est à un milieu qui n'a aucun équivalent dans la nature. Et, d'autre part, apprendre ne relève pas de la même démarche que connaître. Un physicien de haut vol qui décide d'apprendre le piano à cinquante ans ne recourt pas aux mêmes opérations intellectuelles en tant que chercheur dans son laboratoire et en tant que l'élève qu'il redevient ainsi. Depuis Descartes et Kant, la philosophie moderne a déployé une riche réflexion sur les instruments et les démarches de la raison scientifique. Elle ne nous est d'aucun secours pour comprendre ce qui est en jeu dans l'apprentissage de la lecture ou de l'écriture. Il y a bien eu l'épistémologie génétique de Piaget pour tenter de faire le pont entre les deux, en procédant en réalité par annexion de la théorie de la connaissance à la psychologie du développement. L'entreprise n'a pas convaincu et ne pouvait convaincre. Les philosophes ont résisté à l'annexion, avec de bons motifs. Et, dans l'autre sens, pour ce qui nous intéresse, la relecture des stades du développement de l'intelligence à la lumière et dans la perspective des progrès de la connaissance scientifique n'a pas vraiment contribué à éclaircir la nature du travail auquel l'enfant est appelé à se livrer à l'école. C'est de cette expérience qu'il faut essayer d'approcher.

La question escamotée, tant par la psychologie empirique des apprentissages que par les dérivations de la théorie de la connaissance, est celle du langage et de son maniement. Or c'est sur ce terrain que se joue l'essentiel, on commence à mieux le mesurer. C'est à l'intérieur de cet élément que se loge la difficulté. Apprendre, c'est d'abord apprendre l'usage du langage et de ce que le langage a permis comme développement d'une culture et de savoirs à partir du moment où il est devenu *langage écrit*. Langage écrit qui a permis le déploiement de l'abstraction, et qui, en démultipliant les registres de la signification, a démultiplié les problèmes de sa maîtrise.

Il y a un préalable à l'entrée dans la connaissance, qui est l'emploi dominé du véhicule primordial sans lequel elle serait inconcevable : le discours signifié sous sa forme écrite. Tel est proprement l'objet de l'apprendre. Ce n'est qu'après avoir été initié à l'usage de cet instrument compliqué entre tous, et sur la base des ressources qu'il offre, que l'on peut valablement engager une activité d'exploration indépendante. Une condition que la philosophie de l'école aujourd'hui dominante tend à minorer, si ce n'est à ignorer.

Partons du plus élémentaire : il faut d'abord apprendre à parler. Peut-être existe-t-il un « instinct du langage », comme le soutient Steven Pinker[1]. L'enfant, en effet, se met

1. Steven Pinker, *L'Instinct du langage*, Paris, Odile Jacob, 2006.

à parler de lui-même, encore que ce soit dans un environnement social et que ses progrès dépendent de ses interactions avec les autres. Mais, instinct du langage ou pas, et en dépit de ce développement plus ou moins spontané, nous ne savons pas parler. Nous parlons très mal – pas simplement du point de vue du code grammatical, mais du point de vue de l'expression à laquelle nous aspirons. Nous avons de la peine à traduire en mots ce que nous ressentons ; nous avons de la peine à nous faire comprendre de nos interlocuteurs. Nos paroles nous échappent, nous trahissent, nous laissent le sentiment d'une maladresse décourageante.

Il y a là un mal sans remède : nous n'en avons jamais fini d'apprendre à parler. Quels que soient les efforts que nous y investissons, nous ne pouvons parvenir qu'à une maîtrise relative de cet instrument qui est le plus puissant dont nous disposons, mais qui nous dépasse. Il n'est plus possible de l'ignorer : le développement inégal des capacités d'utilisation de l'outil langagier est la grande source des inégalités scolaires. Ce serait un sujet en soi que d'examiner les retombées de ces carences précoces sur le destin des individus. Les sociolinguistes se sont affrontés jadis sur la portée de la maîtrise du langage oral, une controverse à prolonger. La parole n'est pas qu'une affaire de compétence linguistique, elle engage un rapport psychologique à cette puissance/impuissance expressive qui compte beaucoup dans le profil des personnes et en tout cas dans leur rapport à l'école. Sa marque la plus banale est le repli conformiste sur une langue à base de locutions préfabriquées, qui conjure le risque de l'implication dans son propre discours.

L'écriture surgit, en regard, à la fois comme ce qui permet de mesurer l'imperfection de nos moyens, ce qui l'accuse, et comme ce qui permet de la corriger. Nous accédons avec elle à l'étape proprement scolaire du problème. Elle détermine le programme fondamental de l'institution, à savoir le remaniement de l'emploi du langage en fonction du contrôle autorisé par l'usage des signes graphiques.

C'est en ce point que se situe le saut crucial. L'école est fille de la révolution intellectuelle qu'a représentée le passage de la culture orale à la culture écrite, révolution dont Jack Goody, après quelques autres, nous a jadis appris à discerner l'importance névralgique. Par la fixation des termes qu'elle introduit, l'écriture incorpore un facteur potentiel de réflexivité dans l'usage du discours aux effets en chaîne immenses. Ils ne s'arrêtent pas à la possibilité d'apprécier sa correction ou son adéquation, en ouvrant sur un travail de reprise et d'amélioration. Cette réflexivité permet de questionner la signification – que veut dire tel mot au juste ? Elle permet de mettre en lumière la dimension abstraite des catégories que nous utilisons. Et si ces idées qui nous permettent de qualifier des réalités fort diverses en les regroupant sous un même terme, lorsque nous les disons belles et bonnes, étaient plus réelles que les objets auxquels nous les appliquons ? La philosophie platonicienne mettra spectaculairement en relief cette découverte de l'abstraction dont la constance du mot écrit autorise à interroger la consistance. Aussi bien, dans une autre direction, cette même réflexivité permet-elle de donner un caractère systématique à l'exigence de cohérence logique des propositions que nous enchaînons ou juxtaposons. C'est elle qui va permettre de développer la notion de nombre, notion qui lui préexiste, mais dont les applications acquièrent, grâce à elle, une allure méthodique. C'est elle qui va permettre de construire une langue écrite entièrement conventionnelle, la langue mathématique, une langue au second degré, bâtie sur des symboles abstraits et une grammaire formelle, purgée autant que faire se peut de l'équivocité des langues naturelles[1].

Ses conséquences vont au-delà du domaine intellectuel, du reste. La réflexivité liée à l'usage de l'écriture renforce l'individuation – individuation à distinguer de l'individualisation,

1. Clarisse Herrenschmidt donne une image frappante de ces développements intellectuels associés au déploiement de l'écriture dans *Les Trois Écritures*, Paris, Gallimard, 2007.

qui est un phénomène social. L'individuation est d'ordre psychique et cognitif. Elle renvoie à la conscience personnelle de posséder une identité distincte. Celle-ci n'a certes pas attendu l'écriture pour exister, mais elle en reçoit un appui supplémentaire notable. La culture orale, en effet, est une culture de la connivence, du partage de la signification, de la circulation des énoncés et des messages, dans un certain anonymat – ça parle –, sur fond de relative indifférenciation des locuteurs. L'écriture amène avec elle, en regard, l'appropriation du discours ; elle le responsabilise ; elle impose davantage de conscience de l'énonciation, de l'intention expressive, de l'action recherchée sur autrui. On pourrait dire qu'elle apporte à l'individuation le support qui rend possible le passage à l'individualisation. Ce qui rendrait raison des corrélations frappantes que l'on observe entre les chiffres de l'alphabétisation de masse et la poussée des révolutions démocratiques modernes[1].

Quoi qu'il en soit, ce qui est sûr, pour en revenir à notre objet direct, c'est que la problématique fondamentale de l'apprendre se noue autour de cette saisie du langage par l'écriture. Elle détermine deux régimes de la parole et du discours : un régime où la parole et le discours fonctionnent sous le contrôle de l'écrit, et un régime de la parole spontanée, « sauvage », laissée à son usage familier. L'école est l'institution qui doit assurer le passage de l'un à l'autre. Sa tâche primordiale est l'incorporation de ce contrôle et l'initiation au domaine intellectuel qu'il ouvre et conditionne. On comprend mieux à partir de là pourquoi le franchissement de ce seuil est un tel révélateur des inégalités culturelles d'origine et, éventuellement, un tel démultiplicateur. La familiarité avec le régime du discours contrôlé est un atout décisif, alors que le saut est rude pour ceux des élèves qui ont à effectuer pour leur compte cette

1. Emmanuel Todd a fait valoir de longue date le caractère décisif de cette corrélation. Voir en dernier lieu *L'Invention de l'Europe*, Paris, Seuil, 1990.

révolution culturelle, par rapport à un discours populaire qui a beaucoup moins intégré cette discipline réflexive[1].

Le labyrinthe de la signification

Assurer ce passage est l'objectif qui donne son sens au programme classique de l'école : lire, écrire, compter. Un programme dit à tort en même temps qu'à raison « élémentaire ». À raison, parce qu'il précède et conditionne tout ce qui va suivre, on ne saurait trop y insister à l'heure du mythe diffus d'un « constructeur de lui-même » né en sachant lire, écrire et compter. À tort, parce que ce prétendu « élémentaire » est en réalité un horizon indépassable. On ne s'arrête jamais d'apprendre à lire, à écrire et à compter. Ce sont des tâches dont l'approfondissement ne comporte pas de terme. L'acquisition de nouveaux contenus de connaissance ne se sépare pas de l'amélioration des capacités opératoires qui y livrent accès. Sans doute gagnerait-on de ce point de vue à rebaptiser les universités « instituts supérieurs de lecture, d'écriture et de calcul ». Leurs missions en seraient plus claires.

Là réside la spécificité des apprentissages scolaires : ils se déroulent de part en part dans l'univers des signes graphiques. C'est leur dimension irréductiblement culturelle. Ils ne relèvent pas de l'adaptation d'un organisme à son environnement, mais de l'assimilation de ce qui a pu être appelé une « technologie de l'esprit ». Nous n'instruisons pas des enfants de la nature, mais des enfants de la culture. Apprendre, c'est entrer dans le labyrinthe de la signification rendue visible et de ses prolongements indéfinis.

Il est naturel de parler, encore que cette proposition demanderait à être affinée, tant la socialisation du discours

1. Voir en particulier Bernard Lahire, *Culture écrite et inégalités scolaires, op. cit.* La thèse de Sarah Goutagny, *L'Affranchissement scolaire*, Paris, EHESS, 2008, apporte un éclairage original sur l'insécurité linguistique induite par le passage à l'écriture.

exige d'être initié à ses subtilités. En revanche, il est parfaitement artificiel d'écrire et de lire. Aucune théorie évolutionniste ne permettra jamais d'expliquer l'émergence de l'écriture. Ce sont les neurosciences elles-mêmes qui viennent de nous le confirmer, en montrant comment ces opérations procèdent d'un recyclage des neurones initialement dédiés à la reconnaissance des objets[1]. Sans doute fallait-il que l'architecture de l'appareil cérébral se prête à ce détournement, mais rien dans son programme de fonctionnement n'y conduisait. Apport décisif, d'abord pour les éclaircissements qu'il apporte dans la querelle des méthodes, en balayant les naïvetés de la « lecture globale », mais plus largement ensuite pour ce qu'il donne à comprendre des difficultés de cette conquête complexe de la conversion graphèmes-phonèmes. De par son caractère miraculeux, l'objectivation du langage que représente l'écriture est forcément problématique à acquérir, dans son mécanisme même comme dans les extensions intellectuelles qui se greffent sur elle. Ce sont ces difficultés, effacées par l'amnésie adulte, qu'il faut mettre au centre de la réflexion pédagogique. Le travail de l'école ne peut se borner à accompagner le développement de l'intelligence en ses stades successifs. Car ceux-ci sont tributaires de la maîtrise des outils cognitifs que l'écriture rend possibles, en faisant émerger certaines propriétés du langage à la conscience et en permettant de les cultiver. Le franchissement des étapes de la pensée abstraite est subordonné à la disposition de ce support primordial que constitue la transposition de l'audible dans le visible, avec le nouveau rapport à la langue qui s'établit en fonction de lui et qu'il appartient en propre à l'école d'exploiter.

Il est une première conséquence pratique à tirer de ce recentrage. Ce qui vaut pour l'acquisition première de la lecture et de l'écriture, à savoir l'établissement d'automatismes, vaut pour leurs dérivés intellectuels. L'aisance à se

1. Stanislas Dehaene, *Les Neurones de la lecture*, Paris, Odile Jacob, 2007.

mouvoir dans l'univers des signes graphiques ne peut s'obtenir que moyennant une certaine virtuosité, laquelle ne s'acquiert que par l'exercice. En cela, il n'y a aucune différence entre les activités intellectuelles et les techniques corporelles. Jouer d'un instrument de musique, se servir d'un outil, effectuer un geste sportif, ou bien lire, écrire et compter, c'est pareil. Sauf que l'exercice est par nature répétitif, monotone et donc vite ennuyeux, quels que soient les efforts que l'on fasse pour y introduire de la variété. Ce pourquoi il est tentant de chercher à l'éviter dans l'ordre intellectuel, parce que l'on y dispose d'un substitut apparent qui n'existe pas dans l'ordre corporel. Ce substitut, c'est la compréhension, cette possession en esprit qui crée l'impression que l'on peut se passer d'entraînement, puisqu'elle comporte la promesse d'une réitération à volonté de ce dont on a saisi le principe. Rien de tel dans le registre des habiletés corporelles, où le fait d'avoir « pigé » un geste n'en procure pas l'effectuation aisée. Mais cette puissance magique de l'intelligence ne va pas sans une bonne part d'illusion. « Je sais le faire » (dans l'abstrait) ne veut pas dire : « Je suis habile à le faire », ou simplement : « Je sais le faire sans peine. » Cela se vérifie quotidiennement à propos de nos trois opérations de base : il faut pouvoir oublier le travail mental qu'elles requièrent, grâce à son automatisation, pour vraiment disposer du contenu sur lequel elles ouvrent. Sinon, on ne lit pas, on déchiffre, en passant à côté du sens, on n'écrit pas, on dessine, en perdant de vue le message, on ne compte pas, on aligne des chiffres, ou des propositions, sans plus savoir en vue de quoi. On est en un mot esclave de son instrument au lieu de le dominer et de le mettre au service de ses desseins. Rien à faire, la conquête de l'aisance qui naît de l'entraînement est indépassable. Aux pédagogues d'imaginer les moyens de la rendre excitante.

Apprivoiser l'abstraction

Apprendre commence par apprendre à oublier ce qui permet d'apprendre. Le danger d'après-coup étant pour ceux qui ont franchi cette étape de ne plus en comprendre la nécessité, l'illusion des adultes sur ce dont ont besoin les enfants allant dans notre monde jusqu'au désir de leur épargner une épreuve confusément comprise comme périmée. Mais ce premier écueil contourné, il s'en présente un autre, plus sournois, parce que plus dissimulé, qui est la réduction de ces savoirs dits « élémentaires », savoir lire, savoir écrire, savoir compter, à des compétences purement mécaniques ou fonctionnelles. Comme si lire ne consistait qu'à appréhender le sens d'une suite de mots, n'importe laquelle, comme si écrire se ramenait à la traduction graphique de phrases entendues, ou compter au maniement de séries de chiffres. C'est techniquement vrai, en ceci qu'il s'agit de compétences générales, en elles-mêmes indifférentes à leur objet. Un signe graphique est un signe graphique, peu importe ce qu'il véhicule, la seule chose qui compte est de s'y retrouver dans ses agencements avec d'autres signes graphiques, qu'on ait affaire à un article de journal, à une notice pharmaceutique ou à un poème. Et les moyens utilisés pour introduire les enfants à ces compétences de base achèvent de conforter cette impression. On se soucie en priorité, à juste titre, de leur donner à lire des textes ou des phrases les mieux à même de faciliter les étapes de leurs acquisitions, la question du contenu important peu en regard des capacités opératoires à développer.

Il n'empêche que cette vérité technique masque en son abstraction une dimension capitale de ces opérations primordiales : leur dimension sémantique, pourrait-on dire, par contraste avec la dimension mécanique. Une dimension qui va représenter la difficulté majeure de l'entrée dans l'univers de l'écrit, bien plus grande encore que celle du recyclage neuronal, celle du maniement de la signification. Très vite, à peine surmontés, les obstacles fonctionnels à l'usage des signes graphiques font place à des défis intellectuels autrement redoutables.

Lire, c'est accéder à la signification par le déchiffrement et l'analyse des signes graphiques. Mais cet accès, du fait que la signification est déposée dans des signes permanents, à l'opposé de la fugacité de la parole, loin de procurer une possession solide, vaut ouverture sur l'incertain, confrontation à l'opacité et à l'inépuisabilité des significations[1]. La fixité de l'écrit donne à mesurer la multivocité du sens que le flux de la parole fait oublier. Que veut dire un texte ? Toujours beaucoup plus de choses, potentiellement, dès qu'il a un tant soit peu de consistance, que ce que vous livre la compréhension basique des mots qui le composent. Et c'est du reste une des épreuves les plus caractéristiques de ce nouvel univers que de pouvoir lire fonctionnellement un texte sans en saisir le sens, une épreuve typique de l'enfance, en raison de l'ambition qui l'agite, de précipiter le mouvement, de jouer dans la cour des grands – une épreuve à jamais décourageante pour certains. Lire, c'est entrer dans le dédale de l'interprétation. Il n'est pas besoin de s'y aventurer loin pour en deviner l'étendue. Probablement sous-estimons-nous le facteur d'intimidation, voire de répulsion, que représente cette incertitude à l'orée du continent de l'écrit. Leur position d'extériorité

1. La première des incertitudes appelant l'interprétation devant un texte écrit, souligne David Olson, est celle qui tient à sa décontextualisation. Alors que « l'énonciation orale indique à la fois ce qui est dit et la manière dont cela doit être compris », ce second élément est par essence absent de l'énonciation écrite ; il est à reconstituer. Toute opération de lecture comporte de ce fait deux aspects : elle est reconnaissance de ce qui est représenté graphiquement, mais aussi reconstitution de ce qui ne l'est pas et ne peut pas l'être. Olson voit dans cette tension herméneutique l'un des principaux moteurs de l'histoire culturelle. Voir David R. Olson, *L'Univers de l'écrit*, Paris, Retz, 1994.

rend les enfants éminemment sensibles à cette latence du sens derrière le sens qui empêche d'être sûr d'avoir tout à fait compris. On conçoit que cette perspective puisse être paralysante. Au-delà de l'expertise du déchiffreur, il y a l'aventure du lecteur herméneute. C'est un long chemin avant que d'en arriver à la dissociation sécurisante entre un univers familier, doté d'une organisation relativement stable, dont on peut se contenter, et le champ ouvert du travail sur la signification, que nous appelons « culture », où le perfectionnement dans l'art de lire est une tâche sans terme.

Écrire, de la même façon, ce n'est pas simplement transcrire ses pensées, comme si le recopiage scolaire de phrases toutes faites constituait le modèle définitif en la matière. Dès qu'il s'agit d'exprimer quelque chose qui vient de soi, c'est une autre affaire, comme l'épreuve du plus sommaire récit suffit à le faire apparaître. Écrire, c'est être confronté à l'obligation de mettre de l'ordre dans ses pensées à l'usage d'un lecteur virtuel – car tel est bien l'enjeu de l'objectivation visible de la parole qu'opère l'écriture : il s'agit de mettre ses mots sous les yeux d'un autre de manière qu'il puisse y retrouver ce que vous avez voulu y mettre, hors de la complicité trompeuse de la conversation. Écrire, autrement dit, c'est découvrir qu'il y a spontanément un grand désordre dans ses pensées et que seul un travail approprié peut vous permettre de vous rendre intelligible pour autrui. C'est entrer dans une autre dimension de la compréhension, celle de l'intercompréhension.

Elle suppose pour commencer de savoir ce qu'on veut dire soi. Mais la vérité est qu'on ne maîtrise pas ses pensées avant de les avoir exprimées, et que c'est l'effort pour les formuler qui vous en livre la possession. Rien de plus faux à cet égard que la fameuse maxime de Boileau, assénée à des générations d'écoliers qu'elle a terrorisés en vain : « Ce qui se conçoit bien s'énonce clairement. » Car c'est bien entendu l'inverse. C'est le travail pour parvenir à un énoncé clair qui ouvre accès à une conception ferme.

Encore l'aspect le plus redoutable de cet effort de clarté réside-t-il dans la difficulté de se mettre à la place de l'autre pour anticiper ce qu'il va pouvoir comprendre de votre propos. Cet arrachement à soi, cette excentration impliquée dans le statut même des mots écrits, qui vous met en demeure de vous demander ce qu'ils signifieront pour n'importe quel lecteur, constitue à coup sûr la partie la plus rude de la conversion mentale exigée par le passage à l'écriture.

Compter, enfin, ne se résume pas davantage à manipuler des nombres suivant les quatre opérations. Au travers et au-delà de ces puissants outils abstraits, il y va de l'accès à cette forme générale de la pensée qu'est le calcul. Ce qui compte, au-delà de la mécanique de l'addition, de la soustraction, de la multiplication, de la division, c'est le mode d'emploi de ces opérations fondamentales et l'intelligence des possibilités qu'elles ouvrent au travail de l'esprit. Le calcul mathématique n'est que la formalisation d'une discipline bien plus vaste, à laquelle il donne une expression rigoureuse et en vue de laquelle il représente, de ce fait, un entraînement salutaire. Ce pourquoi, soit dit au passage, c'est se fourvoyer que de vouloir traiter l'abstraction comme une fin en soi, alors qu'elle ne prend tout son sens qu'en tant que moyen de la raison calculante. Nous sommes des êtres de calcul parce que nous sommes des êtres d'action, qui projetons nos desseins dans le temps, avec ce que cela suppose de confrontation à l'incertitude des enchaînements, des conséquences et des interactions, et d'efforts pour réduire cette incertitude. Le calcul, dans son acception la plus générale, répond à ce besoin de maîtriser la grammaire de l'action au moyen d'anticipations méthodiques. Sa version numérique n'est que le noyau formel à partir duquel il se déploie. Mais, dès ce stade élémentaire, c'est tout le pouvoir de l'abstraction qui est présent, ce mystérieux pouvoir consistant à réduire la réalité à des représentations pour s'assurer d'une prise sur elle en manipulant les symboles qui la représentent. Un pouvoir vertigineux, puisqu'il projette l'esprit dans un autre monde qui est celui depuis lequel il est possible d'agir efficacement sur ce monde. On conçoit que son appropriation n'aille pas sans une appréhension très particulière, qui restera pour un grand nombre d'esprits, et parmi les meilleurs, une incompréhension douloureuse.

Mais à côté de ce détour par le calcul, « compter » comporte encore une autre dimension qui est l'obligation de réfléchir sur la langue naturelle et sur les liens logiques qui président à l'enchaînement de ses propositions afin de les élever à un usage rigoureux. Ce que l'on appelle ordinairement le « raisonnement ». Et en effet, parler, c'est raisonner. C'est articuler des propositions entre elles suivant des modalités logiques bien définies que compacte en français la formule mnémotechnique, longtemps populaire chez les écoliers, « mais ou et donc or ni car ». Autant de nuances cruciales dans la conjonction des énoncés que l'écriture permet de dégager, de préciser et de systématiser, au point d'en faire la base d'une discipline à part entière. C'est grâce à cet outil intellectuel qu'il est possible d'utiliser à bon escient les opérations de calcul proprement dites. Compter, c'est aussi et d'abord être averti de l'emploi de ces ressources logiques inscrites dans la langue qui confèrent à la pensée sa capacité de projection efficace. Il a d'ailleurs fallu s'en apercevoir : sans une conscience langagière suffisamment nette, chez les élèves, de ces nuances logiques entre le « donc », le « car », ou le « or », l'enseignement des mathématiques tourne à vide. Mais il n'est pas nécessaire d'être mathématicien pour en avoir l'usage et pour avoir besoin de s'exercer à leur maniement. Tout le monde « compte » et doit « compter », dans ce sens, c'est-à-dire expliciter les moyens de la logique qui conditionnent la puissance de la réflexion. L'esprit de finesse qui démêle et l'esprit de géométrie qui déduit y font semblablement appel, pour en tirer des usages différents. Ce ne saurait être une mince affaire que d'accéder à cette puissance. Elle a beau être la sienne, celle que l'on devine à l'état virtuel dans son propre esprit, elle se présente comme écrasante en son exigence inexorable. Le problème pédagogique est de l'apprivoiser.

Lire, écrire ou compter : il s'agit dans les trois cas, au-delà de la stricte compétence technique, d'accéder à un univers artificiel de la réflexion et de l'abstraction. Artificiel parce que systématisé et organisé. Ces propriétés, en effet, sont inhérentes au langage ; elles sont présentes dès la distanciation d'avec la réalité brute qu'impliquent l'usage des mots et la possibilité adjacente d'action sur les choses à partir de leur simulation dans des représentations. Et, d'ailleurs, les cultures orales offrent déjà assez d'exemples d'exploitation sophistiquée des potentialités ouvertes par cette capture du réel dans des systèmes de signes. Mais l'irruption des signes graphiques confère un autre statut à ces potentialités en autorisant leur développement méthodique. C'est l'initiation à ce continent de la réflexion du langage sur lui-même que l'école est proprement en charge d'opérer.

Difficulté d'apprendre

Aussi convient-il de soigneusement distinguer « apprendre » au sens général et « apprendre » au sens scolaire. Soit, nous sommes l'« espèce apprenante », dans une perspective évolutionniste, par rapport à la relative fixité de l'instinct animal. Chez « l'animal que nous ne sommes plus », la plupart des comportements sont appris. Ils résultent d'une expérience antérieure qui a induit un changement, éventuellement un conditionnement[1]. C'est à ce niveau que la définition scientifique s'applique : « L'apprentissage est un processus cérébral mis en jeu par un stimulus alliant perception, traitement et intégration de l'information. »

1. Je fais allusion au titre de l'excellent ouvrage d'Étienne Bimbenet, *L'animal que je ne suis plus*, Paris, Gallimard, 2011.

Mais c'est d'un processus très différent qu'il s'agit avec les apprentissages scolaires, d'un processus très spécifique en tout cas, même si on l'inscrit dans ce cadre général, d'un processus d'appropriation du second degré du langage lié à son objectivation écrite. L'objet par excellence de l'école, au fond, c'est la familiarisation avec l'abstraction, en donnant au concept l'extension qu'il mérite. L'abstraction n'est pas que conceptuelle ou symbolique. Il y a une abstraction concrète. Quoi de plus abstrait, quand on y réfléchit, que d'exploiter la coordination entre le son et le sens qui fait l'âme de la poésie ? C'est une activité éminemment abstraite que de mettre en ordre les séquences d'un récit, ou que d'établir la consécution des événements au sein d'une chronologie historique, la palme en la matière revenant à la carte géographique, sommet de la maîtrise de l'espace concret par sa représentation. Lire, écrire, compter sont autant de voies d'accès à cet univers d'objets qui n'existent pas dans la nature.

Ce que les approches de ces activités à débanaliser auraient voulu rendre sensible, c'est à quel point il est difficile d'apprendre. De ce point de vue, la réflexion pédagogique du XXe siècle nous a fourvoyés. Elle a été guidée de part en part par la recherche d'une manière d'apprendre qui serait facile, parce que « naturelle ». En s'engageant dans cette voie, elle a escamoté le vrai problème, qui est, à l'opposé, d'aider les enfants à surmonter la difficulté intrinsèque qu'il y a à dominer ces démarches hautement artificielles que sont l'analyse d'une signification, la construction de l'expression ou l'organisation d'un calcul raisonné. C'est en reconnaissant cette difficulté, en la posant au départ, au lieu de la minimiser, voire de l'ignorer, qu'il sera possible d'avancer. Nous n'avons pas à ce jour de pédagogie qui soit véritablement parvenue à entrer dans la boîte noire où se déroulent ces processus. Si parfaitement justifiée qu'elle ait été, la critique de la routine scolaire qui se contentait d'imposer du dehors ne nous a guère avancés à cet égard. En mettant l'activité de l'élève au centre, elle n'a pas beaucoup éclairé en quoi elle consiste. Elle le laisse se débrouiller tout seul, en fait, comme par-devant. Pour ce qui est de lui faciliter la tâche du dedans, tout est à inventer.

La difficulté d'apprendre acquiert encore un autre visage, il est vrai, lorsque l'on se tourne, au-delà de ce niveau « élémentaire » qui n'en est pas un et pour autant qu'il y ait lieu de distinguer des niveaux, vers les savoirs forgés sur la base des opérations permises par les signes graphiques. Apprendre, c'est devoir entrer dans un système de significations cohérent qu'il faudrait idéalement pouvoir s'approprier d'un coup – parce qu'il est cohérent, précisément, et que c'est sa dimension d'ensemble qui lui procure sa portée. Aussi toute entrée de ce genre se solde-t-elle chez les impétrants par le sentiment décourageant que l'entrée est impossible. La partie que l'on parvient à appréhender est dérisoire et le tout est hors d'atteinte. Arrivé au pied de la forteresse, elle apparaît imprenable. « Je n'y arriverai jamais » : cette impression d'un combat sans espoir est structurelle ; elle ne tient pas à la psychologie individuelle, mais à la nature de la tâche.

C'est pourquoi une médiation est nécessaire. C'est pourquoi apprendre passe par les autres et requiert transmission. Il est besoin de passeurs qui font le pont avec cette autre rive qui semble inaccessible. Il faut pouvoir compter sur des complices qui vous apportent à la fois la sécurité due à leur contrôle du point d'arrivée et la compréhension du chemin à parcourir.

C'est pourquoi la pédagogie est indispensable. Son objet stratégique est de construire les progressions permettant de surmonter le hiatus structurel entre le sens d'ensemble et le caractère inévitablement fragmentaire des acquisitions. C'est cela « transmettre ». Tâche éminemment difficile qui consiste à aménager des paliers donnant une idée globale du domaine concerné dans les limites d'une connaissance parcellaire. Car c'est sur cette tension interne que bute à tous les moments l'acte d'apprendre. Elle est son obstacle intime, son incitation autochtone au renoncement : elle fait que, plus vous apprenez, plus vous entrevoyez l'étendue de ce qui vous manque, et plus vous avez l'impression de reculer au fur et à mesure que vous avancez. La tâche de la pédagogie est de renverser ce facteur d'inhibition en facteur d'appel, grâce à des cheminements bien conçus, qui savent donner l'idée du but à quelque échelle modeste que ce soit.

Apprendre est une expérience à part, qu'il n'est que temps d'explorer pour elle-même, en reprenant les choses à la racine : telle est la conviction que ces réflexions sans autre prétention qu'exploratoire, justement, voudraient avoir étayée. Il faut se déprendre à cet égard du modèle illusoire fourni par la connaissance scientifique et l'effort de la raison face à l'obscurité des phénomènes, modèle auquel l'individualisation actuelle confère une séduction irréversible. Avant d'en arriver là, c'est un chemin d'une tout autre nature qu'il s'agit d'accomplir, aux prises avec les pièges des signes et le mur des savoirs constitués. Un chemin hérissé de difficultés spécifiques, dont les « obstacles épistémologiques » rencontrés par les sciences au cours de leur développement ne donnent pas l'idée. C'est autour de ces difficultés que doit se concentrer une école mieux avertie de sa mission. Mieux elle saura les prendre en compte, plus efficace elle sera.

CINQUIÈME PARTIE

FAUT-IL ENCORE APPRENDRE À L'HEURE D'INTERNET ?

8

Promesses et illusions du grand bouleversement

Naissance d'un « nouvel humain » ?

Le constat est répété à satiété : nous traversons actuellement une période d'immense basculement, comparable à ceux qui se sont produits avec le passage de l'oral à l'écrit, puis de l'écrit à l'imprimé. La troisième révolution est tout aussi importante : le passage de l'imprimé au numérique. Selon le philosophe Michel Serres, chacune de ces révolutions s'est accompagnée d'énormes mutations politiques et sociales : avec l'écrit s'est inventée la pédagogie ; le passage à l'imprimé a vu naître les savoirs modernes, ainsi que l'institution expressément conçue pour la transmission méthodique de ces savoirs : l'école. Ce sont des périodes de crise, et celle d'aujourd'hui a carrément fait émerger un être nouveau, que le philosophe baptise tendrement « Petite Poucette » pour sa capacité à envoyer des SMS avec son pouce. Ce « nouvel humain » vit un véritable tsunami et n'a pas la vie facile : « Tout repose sur sa tête car les institutions, complètement dépassées, ne suivent plus. Il doit s'adapter à toute allure, beaucoup plus vite que ses parents et ses grands-parents. C'est une métamorphose[1] ! » s'exclame-t-il en 2010. Formatés par les médias et la publicité, les jeunes de l'ère numérique n'ont plus la même tête, ajoutera le philosophe dans un livre publié deux ans plus tard. Ils connaissent, lisent et écrivent autrement. Ils parlent autrement. Ils apprendront autrement.

Jusque-là, on peut accepter le constat, et même le prendre pour ce qu'il devrait être : un appel à comprendre plus finement ce que ces nouveaux médias font à la tête de nos enfants, et comment l'école peut ou doit se transformer pour prendre en compte toutes ces mutations. Mais détrompons-nous : tout ira bien, puisque ces Petits Poucets n'auront plus besoin d'aller à l'école. Le savoir est là, devant eux, « objectif, collecté, collectif, connecté, accessible à loisir, dix fois déjà revu et contrôlé[2] ». Cette génération n'aura plus la tête bien pleine, elle surfera sur le Net, inventive et joyeuse, libérée de la guerre et de la misère. Réjouissons-nous. Et surtout, « soyons indulgents avec les Petits Poucets, ce sont des mutants ». Accordons-leur l'indulgence, évidemment. Mais gardons-nous de l'optimisme immodéré. Nous avons encore la possibilité de réfléchir. Et la compréhension des espoirs et des mythes construits aujourd'hui autour de cette « révolution » numérique peut nous apporter un éclairage sur la question qui nous préoccupe : les enfants peuvent-ils vraiment apprendre en dehors de toute transmission délibérée ?

Ce grand bouleversement s'est opéré sur une période de trente ans. Il peut être résumé en trois dates, trois étapes significatives :

1. En 1981, est publié en France le livre d'un chercheur du MIT, Seymour Papert, *Le Jaillissement de l'esprit. Ordinateurs et apprentissages*, où il se propose de montrer « comment les

1. « Petite Poucette, la génération mutante », entretien donné par Michel Serres à *Libération*, 3 septembre 2010.

2. Michel Serres, *Petite Poucette*, Paris, Le Pommier, 2012, p. 19.

ordinateurs nous amèneront à nouer avec le savoir des relations nouvelles[1] ». La question pédagogique de l'activité de l'enfant est centrale dans sa réflexion, et on la retrouvera, comme un slogan, dans toutes les exhortations postérieures invitant à l'utilisation de l'informatique à l'école : il s'agira toujours de favoriser l'activité de l'élève. Les premières recherches en intelligence artificielle suscitent par ailleurs une attente immense concernant la connexion possible entre les apports de la cybernétique et un contrôle plus efficace de l'acte d'apprendre. Attente rapidement déçue : décidément, le cerveau ne se gouverne pas comme une machine.

2. En 1990, changement d'espérance. Depuis plusieurs années déjà existait Internet, un réseau informatique permettant d'interconnecter tous les ordinateurs et de partager des informations. À la fin de cette année, l'Anglais Tim Berners-Lee, physicien chercheur au CERN de Genève, invente un système de gestion de l'information scientifique à base d'hypertexte, qu'il nomme World Wide Web (la Toile mondiale). Dès 1995, le Web s'étend au grand public, et, avec le courrier électronique, entraîne « une révolution qui va bouleverser notre mode de vie ».

3. Années 2000 : l'onde de choc atteint les systèmes éducatifs, déjà touchés depuis 1985 par l'utilisation des premiers logiciels pédagogiques. En France, un scientifique devenu ministre de l'Éducation prédit la disparition de l'École : « Le service public d'éducation va avoir désormais un concurrent redoutable. Ce n'est plus l'enseignement privé sous contrat, c'est l'Internet. L'Internet qui éduquera et contrôlera sans punir, qui aidera chacun à son rythme… Internet va tout balayer[2]. »

À partir de cette date, les milieux éducatifs redoublent d'efforts pour réduire une supposée « fracture numérique » entre ceux qui possèdent les clés – ou les moyens – des

1. Seymour Papert, *Le Jaillissement de l'esprit. Ordinateurs et apprentissages*, Paris, Flammarion, 1981, p. 15.

2. Claude Allègre, *Le Monde*, 8 avril 2000.

nouvelles technologies, et les autres, ainsi que pour favoriser l'accès des élèves à ces « nouvelles technologies de l'information et de la communication » (NTIC). Souterrainement, c'est autre chose qui se joue. En 2010, un petit livre écrit par des professionnels de la formation d'adultes pose sans ambages la véritable question : *Faut-il encore apprendre*[1] ? L'ouvrage évoque le trouble jeté sur l'acte d'apprendre par l'extension du Web et la généralisation chez les jeunes de la « culture des écrans[2] ». La question est radicale : est-il nécessaire d'apprendre, quand chacun peut à tout instant et selon ses besoins, accéder à l'encyclopédie universelle de tous les savoirs ? C'est précisément la question qu'il nous faut prendre au sérieux. Car, à travers ce livre au titre emblématique, de même que dans les innombrables rapports publiés depuis les années 2000, apparaissent les croyances, peurs ou fantasmes liés à l'apparition de ce nouveau média. Toutes nos conceptions antérieures du couple enseigner apprendre sont ébranlées. Faut-il vraiment faire des efforts pour apprendre ? A-t-on encore besoin de maîtres quand les machines mettent à la disposition de chacun tous les savoirs dont il peut avoir besoin ? Quel sens peut encore avoir l'idée proprement scolaire d'une progression méthodique dans l'acquisition des connaissances (le *curriculum*) ? Des espoirs de transformation de l'école à la conviction qu'elle n'a plus de raison d'être, de l'« apprendre autrement avec le numérique » au « est-il encore nécessaire d'apprendre ? », toute la gamme des possibles est parcourue.

La plupart de ces travaux évitent l'adhésion béate à la « modernité ». Nous sommes en effet en présence d'une technologie qui n'a d'effets, semble-t-il (mais il faudra y

1. Sandra Enlart et Olivier Charbonnier, *Faut-il encore apprendre ?*, Paris, Dunod, 2010.

2. À l'instar de l'Académie des sciences, nous utiliserons cette expression de « Culture des écrans » de préférence à « culture numérique », précisément parce qu'elle évoque simplement l'utilisation des différents terminaux d'accès à l'information (une culture « par les écrans ») sans préjuger d'une véritable intelligence du numérique.

revenir), que ceux que ses usagers veulent bien lui donner. Ouverture immense des possibles, élargissement de l'environnement de chacun, communications facilitées, informations accessibles en un clic, tous ces bienfaits peuvent évidemment s'annuler ou même se retourner en leur contraire. C'est pourquoi les très nombreux « rapports » ou enquêtes sur cette question à partir des pratiques scolaires ou extrascolaires des jeunes, alternent description des bénéfices et évocation des pertes et dangers, assorties toujours des précautions nécessaires, ainsi que des inévitables appels au dialogue et à la réglementation. Car, il faut le dire dès le départ pour en signaler l'ironie, ce média porteur d'une idéologie de liberté absolue suscite l'unanimité sur un point : la pratique des écrans chez les jeunes doit impérativement être encadrée et accompagnée par les adultes, comme on le disait déjà à propos de la télévision[1]. Les dangers des sollicitations possibles sur la Toile, la dépendance observable parfois, le caractère chronophage de l'ensemble de ces médias, appellent la même conjuration, dont on sait pourtant dans ce cas qu'elle ne peut être qu'un vœu pieux, puisque les nouveaux écrans sont dans la main, hors de la vue des adultes, et que tous les filtres sont faits pour être subvertis.

Nous sommes condamnés à la lucidité. Attitude d'autant plus nécessaire qu'une position distanciée sur ces questions est difficile, quand les études les plus approfondies sont financées ou produites par des opérateurs industriels du secteur (constructeurs, concepteurs de jeux vidéo, *serious games* et logiciels dits pédagogiques en particulier)... eux-mêmes créateurs d'emplois. Le député convaincu que le numérique va révolutionner la pédagogie apporte son soutien moral à la sénatrice ou au ministre rappelant à juste titre que « le développement du numérique est un atout

1. Elle est pourtant devenue ce que l'on sait, le « troisième parent », autrement dit un très pratique et très solitaire mode de garde des tout-petits.

majeur pour l'économie française »[1]. Sans même évoquer la crainte de passer pour un technophobe rétrograde (le qualificatif suranné de « luddiste » étant la pire injure), on voit combien la réflexion sur ces questions est contrainte. Les auteurs s'en cachent à peine.

Toujours est-il que, dans le cadre de cette nouvelle économie, significativement nommée « économie de la connaissance », tous les responsables éducatifs, de la maternelle à l'université, sont incités à introduire les différents outils numériques en tant qu'aides à l'apprentissage, et sommés de développer l'enseignement à distance ou *e-learning*[2]. Internet permettra d'apprendre plus efficacement, et dans le même temps son déploiement, toujours en retard sur les voisins, développera la nouvelle économie, facteur de croissance. Providentiel. Il est rare que soient évoqués d'autres

1. Nous avons deux volumineux rapports parlementaires commandés par François Fillon au député Michel Fourgous : « Réussir l'école numérique », février 2010 (page 5, on trouve cette phrase : « L'école peut-elle se tenir à l'écart de la révolution numérique qui progressivement transforme nos sociétés ? D'autant que nos enfants grandissent déjà depuis longtemps dans un environnement fortement impacté par le numérique. Par ailleurs, la France accuse un indéniable retard dans le numérique à l'école »), et « Apprendre autrement avec le numérique », février 2012. Au Sénat, Catherine Morin-Desailly, présidente du groupe d'études « Médias et nouvelles technologies » a sorti son propre rapport en 2012, dans lequel il est indiqué que : « selon une étude du cabinet Mc Kinsey, la valeur ajoutée de la filière a été de 60 milliards d'euros en 2009, soit 3,2 % du PIB, et devrait s'élever à 130 milliards d'ici 2015, soit 5,5 % du PIB. En moins de quinze ans, l'économie numérique a créé 700 000 emplois. Elle est, et sera encore plus à l'avenir, un moteur de la création d'emplois. Pourtant, la France est en retard dans ce domaine. Au cours de la dernière décennie, les effets directs de l'accumulation du capital numérique et ses conséquences indirectes sur la productivité globale des facteurs ont représenté environ la moitié de la croissance aux États-Unis et un peu moins du quart en France ».

2. Jean-Michel Fourgous, dans « Apprendre autrement à l'ère numérique », rapport de mission remis le 24 février 2012 à François Fillon, Premier ministre, affirme : « Je suis passionné depuis longtemps par le numérique, qui permet, études à l'appui, d'augmenter les résultats scolaires et facilite le passage d'une pédagogie *frontale* à une pédagogie *active.* »

travaux, certes moins nombreux, qui suggèrent que, quelles que soient la modération volontaire et la bonne intention pédagogique, l'impact d'Internet sur les façons de penser et d'apprendre des jeunes mérite d'être sérieusement analysé. Cela impliquerait de bousculer le « somnambulisme ambiant », comme disait McLuhan, et de considérer que le média peut avoir des effets en lui-même, au-delà de ses usages et de ses contenus (qui, somme toute, ne diffèrent pas beaucoup de ceux d'une bonne encyclopédie).

À l'inverse, on constate que, puisque l'important est de convaincre, il s'agit de fournir des études globalement positives, mais à la fois critiques et pondérées. L'exemple le plus significatif en ce sens est l'avis de l'Académie des sciences paru en janvier 2013, et intitulé *L'Enfant et les Écrans*[1]. Apparemment mesuré, il pointe en effet les dangers (par exemple la fameuse « addiction aux jeux vidéo[2] »), ou bien l'accès à des sites violents ou pornographiques, ou encore l'impact négatif des écrans sur l'intelligence[3]. Mais, à peine évoqués, ces dangers sont minorés, rapportés à un usage « excessif », ou ravalés au rang de gadget médiatique (par exemple à propos du titre provocateur de Nicholas Carr, « Internet rend-il bête ?[4] ». Et surtout, le texte se hâte de poursuivre en énumérant tous les aspects positifs des outils numériques, en particulier les jeux vidéo : vivacité des réflexes, amélioration de l'attention visuelle, stimulation des « zones d'inhibition », rapidité de la collecte

1. Jean François Bach, Olivier Houdé, Pierre Léna et Serge Tisseron, *L'Enfant et les Écrans. Un avis de l'Académie des sciences*, Paris, Le Pommier, 2013.

2. *Ibid.*, p. 126.

3. *Ibid.*, p. 79.

4. *Ibid.*, p. 179. L'article de Nicholas Carr, « Is Google Making us Stupid ? » fut publié en juin 2008 dans la revue américaine *The Atlantic*, puis repris en 2010 dans un livre très documenté : *The Shallows : How the Internet is Changing the Way we Think, Read and Remember*, NY, 2010 ; publié en France sous le titre *Internet rend-il bête ? Réapprendre à lire et à penser dans un monde fragmenté*, Paris, Robert Laffont, 2011.

d'informations, incitation à penser autrement (flexibilité, fluidité, spatialité). Au final, c'est l'usage des écrans pour leurs vertus supposées qui est prôné, en réponse à l'« angoisse » répandue par certains médias. Aux parents, et sans doute aussi à l'école, la charge d'apprendre aux jeunes à garder la mesure, à ne pas confondre virtuel et réel, à conserver des moments de lenteur et de profondeur, en bref, d'assurer la nouvelle mission d'éducation au numérique.

La barque est déjà bien chargée. Difficile d'accroître les enseignements tout en diminuant le temps scolaire... Pourtant nous n'avons pas le choix. Le ministre de l'Éducation nationale en poste en 2013 l'a bien compris : il a déclaré « priorité nationale » l'entrée de l'école dans l'ère du numérique. En créant un « service public de l'enseignement numérique », il met en place une éducation aux médias et une formation des élèves et des enseignants à l'utilisation des services et des ressources numériques. On ne peut qu'approuver.

Pourquoi fallait-il alors que l'argumentaire sacrifiât à la langue de bois, et attribuât à la technologie « couteau suisse » le pouvoir de résoudre tous les problèmes de l'école ? Selon le ministre, le numérique permettrait de « repenser en profondeur notre manière d'apprendre et d'enseigner, ainsi que le contenu des enseignements », en contribuant à en améliorer l'efficacité, et en « donnant à chacun le goût d'apprendre ». Sourd aux constats déplorables concernant « l'aide individualisée » (le plus souvent pratiquée sur ordinateur) mise en place par son prédécesseur en échange d'une demi-journée de classe, il persiste à laisser croire que les NTIC sont « plus adaptées aux rythmes et aux besoins de l'enfant », qu'elles renforcent l'interactivité des cours et rendent les élèves « acteurs de leurs propres apprentissages », encouragent « la collaboration entre les élèves et le travail en autonomie », sans parler de leur utilité en matière de « communication et d'échanges au sein de la communauté éducative, et d'implication des familles dans la scolarité de leurs enfants »[1]. Elles contribuent aussi, « en mettant des contenus de qualité à disposition de tous et en tous lieux, à réduire les inégalités territoriales et sociales ». On avait déjà lu pareil enthousiasme dans les propos du rapporteur à l'Assemblée nationale, qui présentait de manière exclusivement positive les effets cognitifs et sociaux supposés de l'usage des nouvelles technologies à l'école : plus grande motivation des élèves, meilleures pédagogies, meilleurs apprentissages, adaptation du système éducatif à chaque élève, renforcement de la relation enseignant apprenant et de la « confiance mutuelle » entre les élèves, diminution des inégalités et de l'échec scolaire. Bref, la solution miracle à la plupart des problèmes de l'école[2].

Tout cela est peut-être vrai. Rien n'est prouvé cependant sur l'efficacité de ces outils, même si des expériences convaincantes sont relatées ici et là. L'on sait aussi que les enseignants innovants sont souvent les plus efficaces, sans pouvoir dire si la cause de cette efficacité est l'innovation elle-même ou bien l'investissement personnel de l'expérimentateur passionné. Mais le plus grave est que, encore une fois, on envisage un remède (et celui-là réputé très puissant) avant d'avoir analysé la maladie. Pourquoi un tel taux d'échec en lecture à la fin de l'école primaire ? Pourquoi un tel accroissement des inégalités scolaires ces vingt dernières années ? Pourquoi cette incompréhension entre parents et enseignants ?

---

1. Toutes ces expressions se trouvent sur le site *eduscol. fr* du ministère de l'Éducation nationale, à la suite de la présentation par le ministre Vincent Peillon de la « stratégie pour le numérique à l'école », en présence de Fleur Pellerin, ministre chargée de l'Innovation et de l'Économie numérique, le 13 décembre 2012. Ce n'est probablement pas le lieu de rappeler que le samedi matin était le seul jour où les parents pouvaient rencontrer physiquement les enseignants de leurs enfants, et participer à des réunions pédagogiques ou à des rencontres conviviales.

2. On peut lire sur ce point le dossier sur l'école numérique dans l'excellent site *skhole.fr* de Julien Gautier et Guillaume Vergne.

Rarement une technologie n'a eu tant de puissance fantasmatique et n'a entraîné autant de certitudes. Autant d'amnésie aussi : le plan « Informatique pour tous » assorti des mêmes espoirs tant pédagogiques qu'industriels fut lancé voilà bientôt trente ans... Il a sans doute contribué à familiariser les enseignants avec le numérique, mais n'a sûrement pas transformé la pédagogie (ni sauvé Thomson).

Une si belle et si constante espérance demande à être examinée à nouveaux frais. Car l'arrivée d'Internet dessine cette fois pour de bon une société sans école, un monde de la connaissance où chacun apprendra selon ses besoins, partout, à tout instant, activement et efficacement, individuellement mais en collaboration avec des milliers d'autres. Promouvoir les ressources numériques dans l'école comme dans le reste de la société, « apprendre avec le multimédia et Internet[1] », comment pourrait-on ne pas acquiescer ? Tout indique cependant que l'on ne se dirige pas vers une simple « modernisation » de l'école destinée à la rendre plus efficace, mais vers une disparition de la « forme scolaire » au profit d'une autre forme d'acquisition des connaissances beaucoup mieux adaptée à notre présent et à nos nouveaux humains. Le modèle qui se dessine est celui de l'apprentissage que l'on dit « informel », caractéristique d'une pratique en pleine expansion, l'autoformation en dehors de toute institution. Sauf que cet excellent modèle concerne les adultes, et non les enfants. Sa généralisation masque difficilement une radicale contestation des savoirs transmis à l'école et des modes de transmission sur lesquels elle repose. Il y a sans doute de bonnes raisons à la critique de l'école telle qu'elle est, mais la désillusion risque d'être grande si nous ne faisons pas l'effort d'évaluer le bien-fondé de ce projet alternatif tacite. Commençons par explorer la nature des bouleversements évoqués.

1. Selon le titre du livre déjà ancien dirigé par Jacques Crinon et Christian Gautelier, *Apprendre avec le multimédia et Internet*, Paris, Retz, 2001.

Quels changements ?

C'est toute une rhétorique du changement qu'il convient de passer au crible de la réflexion. Laissons de côté l'idéologie simpliste qui consiste à attribuer à un système technique le pouvoir de transformer société et individus. Une nouvelle technique apparaît à l'intérieur d'une certaine société et dans un cadre de pensée caractéristique d'une période donnée ; elle est en phase avec le modèle culturel dominant. C'était le cas des médias de masse, c'est encore celui des réseaux numériques. Ils ne « produisent » pas cette nouvelle société de connexions mondialisées, ils en sont la chambre d'écho. Cela dit, nous sommes avec Internet en présence de ce que Daniel Bell pour l'ordinateur ou Jack Goody pour l'écriture ont appelé des « technologies intellectuelles », c'est-à-dire des technologies qui, de même que la carte ou l'horloge, ont un fort impact en elles-mêmes, indépendamment des contenus qu'elles diffusent, sur les comportements et les façons de penser de leurs utilisateurs : pour l'ordinateur, un mode de pensée « où priment le fonctionnel et le quantitatif »[1]. C'est ici qu'il faut rappeler l'intuition de McLuhan : le média a des effets en lui-même, au-delà de ses usages ou mésusages. Nous proposons d'en signaler quelques-uns, à titre d'interrogations plutôt que de certitudes, en les regroupant selon leur point d'application principal : culturel (conflit des cultures), psychologique (transformation de l'esprit ou des cerveaux), épistémologique (signification de la connaissance et de l'acte d'apprendre).

1. Daniel Bell, *Vers la société post-industrielle, op. cit.* : « La technologie intellectuelle apparaît avec la substitution aux jugements intuitifs d'algorithmes, c'est-à-dire de règles de résolution de problèmes. » Voir aussi, p. 235 : « La technologie est à l'origine d'une nouvelle définition de la rationalité, d'un nouveau mode de pensée où priment le fonctionnel et le quantitatif ».

La culture des écrans

La première question provient de l'opposition constatée entre la culture des jeunes « natifs du numérique » et la culture transmise par l'école, culture dite « classique » et généralement qualifiée d'humaniste, en référence à l'humanisme de la Renaissance et aux humanités modernes, littéraires et scientifiques. On voit d'emblée le rôle que joue la périodisation des trois « révolutions » évoquée plus haut. Après la révolution Gutenberg, nous sommes entrés dans la « galaxie Internet », et c'est toute la culture humaniste forgée pendant cinq siècles qui est sur le point d'être balayée. Il existerait un antagonisme entre la culture du Net, plébiscitée par la jeunesse, et la culture transmise par l'école, récemment déclarée « culture commune ». En quoi consiste donc cette nouvelle « culture numérique des ados »[1] ? Sur ce point, miracle, études et rapports abondent. Enquêteurs du ministère de la Culture, sociologues des médias, chercheurs en sciences de la communication, conseillers en management, nombreux sont ceux qui observent à la loupe les comportements de nos Petits Poucets, consommateurs de wi-fi, consoles, mobiles, tablettes et autres « Tu viens sur MSN ? »[2].

Il faut entendre culture numérique en deux sens. Culture technologique d'abord, c'est-à-dire compréhension de ce qui se passe dans la boîte noire du terminal (ordinateur, smartphone, tablette…) et sur la Toile : traitement et organisation des données, fonctionnement des moteurs de recherche et mode de circulation de l'information. Faisons ici un sort à la prétendue « compétence » numérique de ces jeunes qui ont grandi avec le Net. Depuis le fameux article de Marc Prensky, l'idée s'est répandue selon laquelle les « natifs du

1. Pascal Lardellier, *Le Pouce et la Souris, Enquête sur la culture numérique des ados*, Paris, Fayard, 2006.

2. Céline Metton-Gayon, *Les Adolescents, leur téléphone et Internet. « Tu viens sur MSN ? »*, Paris, L'Harmattan, 2009.

numérique » (la génération née avec le téléphone mobile, les jeux vidéo, le Web, etc.) seraient totalement à l'aise avec ces outils, Petits Poucets agiles et rusés surfant sur toutes les possibilités d'accès aux informations, par opposition aux adultes, malheureux « immigrants » dans cet univers qu'ils ont du mal à s'approprier. Il n'a fallu que quelques études dans lesdits milieux pour mettre à mal le dogme. Si la pratique des consoles et autres jeux vidéo, qui provoquent un véritable engouement chez les 5-16 ans, est d'accès immédiat, il n'en est pas de même de l'usage de l'ordinateur à des fins d'information, et encore moins de la compréhension des processus. Oui, les enfants d'Internet ont besoin d'une aide pour se diriger sur la Toile. Non, ils ne comprennent pas « naturellement » « pourquoi et comment le monde est devenu numérique »[1]. Oui, les fondements technologiques du traitement des données leur échappent, comme à la plupart des adultes. Même ce langage « algorithmique », que la Petite Poucette semble avoir acquis en tâtonnant joyeusement sur son clavier, doit faire l'objet d'un apprentissage méthodique (programme de mathématiques de la classe de seconde). De fait, les jeunes expriment une attente envers l'institution scolaire en matière d'accompagnement dans l'utilisation des connaissances et informations qu'ils vont puiser sur Internet[2]. Nombreux sont ceux qui souhaitent qu'on leur transmette des repères dans les modes d'utilisation des documents numériques auxquels ils ont accès. Il s'ouvre donc de beaux jours à « l'éducation au numérique et à la maîtrise de l'information » récemment inscrite au programme de la refondation de l'école... Si le projet ne passe pas à la trappe des bonnes intentions se heurtant à des programmes surchargés, à la suite de l'éducation sexuelle, de l'éducation aux médias ou de l'initiation au fait religieux.

1. Pour reprendre le titre de la belle leçon inaugurale de Gérard Berry au Collège de France, le 17 janvier 2008.

2. Étude Médiappro/CLEMI, 2006.

Mais la culture numérique, c'est aussi l'ensemble des pratiques de consommation des contenus dits culturels, qui englobent les objets traditionnels (musique, images, films, livres, jeux) accessibles sur les écrans, ainsi que toutes les nouvelles activités ludiques, associées ou non à des pratiques de communication (jeux en réseau, jeux vidéo, réseaux sociaux, chats). Ces contenus, désormais inscrits sur des supports numériques de plus en plus miniaturisés, sont devenus inséparables de l'individu d'aujourd'hui.

De nombreuses enquêtes signalent l'antagonisme entre la culture des écrans – ou « vidéosphère » – et la culture scolaire – ou « graphosphère » –, cette dernière étant définie essentiellement comme une culture de l'écrit et de la raison discursive[1]. Cet antagonisme accentuerait le caractère obsolète et peu attrayant de la culture transmise par l'école. Sans que l'on puisse dire encore si les nouvelles pratiques se substituent aux formes traditionnelles (lecture d'imprimés, cinéma, concerts) ou simplement s'y surajoutent, on note essentiellement le caractère chronophage de cette culture des écrans et donc la concurrence qu'elle est susceptible d'exercer : « Cette nouvelle culture se développe au détriment de toutes les autres pratiques, qu'elles appartiennent à la culture imprimée (hors presse gratuite), "juvénile", "cultivée", ou même audiovisuelle. […] les pratiques culturelles émergentes sont concurrentes des pratiques préexistantes en terme de budget et de budget-temps. Elles en constituent, d'ailleurs, par leur nature même, des substituts en

1. Sans oublier l'oral, si peu en faveur dans l'école d'aujourd'hui, et qui fait partie de cette culture écrite. Sur ce point, nous partageons totalement l'analyse de Jean-Pierre Terrail et du Groupe de recherches sur la démocratisation scolaire : « La culture écrite concerne tout ce qui s'appréhende directement par la voie de l'écrit mais aussi toutes les formes d'activités intellectuelles ou physiques dont les contenus sont profondément instruits, travaillés par l'écrit. À cet égard, l'oral à l'école est amplement informé par la culture de l'écrit », GRDS, *L'École commune*, Paris, La Dispute, 2013, p. 130, n. 2.

donnant accès à des contenus écrits, audio ou vidéo[1]. » Il n'est cependant pas certain que la « culture des écrans » soit vouée à se substituer à la culture de l'imprimé, pas plus que la culture écrite n'a effacé la culture orale qui persista sous la forme de la rhétorique et des *disputationes* durant tout le Moyen Âge. Il semble d'ailleurs que, au moins dans les milieux privilégiés, les deux cultures coexistent. La baisse des pratiques traditionnelles a sans doute d'autres raisons.

Plus éclairants en ce sens sont les travaux qui analysent l'attrait exercé par ces pratiques d'écran et le type de satisfactions qu'elles procurent. L'observation des usages de la messagerie instantanée, des blogs, des jeux vidéo, de la recherche d'information sur Google, des téléchargements, met en évidence certains traits dominants de la culture des 6-25 ans : une culture avant tout ludique, dynamique, « personnalisée à outrance »[2]. Une pratique à la demande, hors de toute institution (elle est dite aussi « culture de la chambre[3] ») qui atteindrait de plein fouet toutes les institutions culturelles (musées, bibliothèques, salles de concert ou de cinéma), de la même manière que l'école. Car les enfants et adolescents ont désormais des habitudes en matière d'individualisation et d'instantanéité qui remettent en question radicalement les institutions de transmission[4]. Trop grande distance entre les attentes des jeunes et l'offre scolaire : le discrédit des pratiques de l'école pourrait venir de là.

Sur ce point, le mouvement est engagé depuis les années 1970. Libre choix, plaisir, absence de contraintes, gratifications immédiates, interactivité, gratuité, échange et

1. Olivier Donnat et Florence Lévy, « Approche générationnelle des pratiques culturelles et médiatiques », *Culture prospective*, 2007-3, Ministère de la Culture, p. 29.

2. Pascal Lardellier, *Le Pouce et la Souris*, *op. cit.*

3. Hervé Glevarec, *La Culture de la chambre. Préadolescence et culture contemporaine dans l'espace familial*, Paris, DEPS, 2009.

4. Sylvie Octobre, « Pratiques culturelles chez les jeunes et institutions de transmission : un choc des cultures ? », *Culture prospective*, 2009-1.

collaboration avec les pairs, ces attentes n'ont pas été créées par les nouvelles technologies ; elles correspondent à un mouvement profond de nos sociétés d'individus. Mais ces écrans omniprésents leur donnent une légitimité supplémentaire, et les murs de l'école ne peuvent empêcher ni leur présence miniaturisée, ni leur irrésistible force d'attraction. Or tout, dans les exigences de l'école, s'oppose à ces valeurs : effort, persévérance, satisfaction différée, rythmes et contenus contraints, obligation et acceptation des codes – du langage, de l'écriture, des règles mathématiques et des lois scientifiques –, et même socialisation comprise comme intégration de chacun dans un groupe non choisi et dans une histoire collective. Certes, un rapprochement peut s'opérer entre la culture numérique et la culture scolaire par le biais de pratiques communes aux professeurs et aux élèves, comme l'échange par courriel ou la recherche de l'information sur le Web, mais il est clair qu'il est impossible aux enseignants d'adopter l'ensemble des valeurs qui se diffusent sur la Toile.

C'est carrément un autre univers. Pourquoi le nier ou faire semblant ? Les enfants ne sont pas dupes, et ce n'est pas l'introduction de quelques logiciels pédagogiques, tablettes tactiles ou tableaux blancs interactifs, qui leur fera avaler la pilule. Apprendre représente toujours un travail, même si celui-ci peut se faire dans la joie[1]. L'assimilation de nouvelles règles, l'accès aux concepts scientifiques, l'acquisition de savoir-faire artistiques ou techniques, tout cela exige de la lenteur, de la répétition, des exercices parfois fastidieux. Le support de l'écran n'y changera pas grand-chose.

Il est évidemment impossible de le faire accepter aux jeunes, s'il n'y a pas de la part des adultes une prise en compte des éléments de cette nouvelle culture – avec une

1. Comme l'ont montré Henri de Man (*La Joie au travail*, Paris, Alcan, 1930) ou Georges Snyders (*La Joie à l'école*, Paris, PUF, 1986), et, de manière beaucoup plus convaincante, Célestin Freinet (*L'Éducation du travail*, Paris, Ophrys, 1949).

volonté de se l'approprier –, ainsi qu'un minimum de soutien de l'ensemble de la société. Parents et responsables politiques, professeurs et animateurs des médias, tous sont capables de faire la distinction entre le divertissement et le travail. Tous seront amenés à faire le choix entre un peuple de consommateurs et une société de connaissance. Tous peuvent comprendre surtout que, quoique subjectivement plus attrayantes, ces nouvelles technologies nécessitent objectivement la transmission des savoirs de la culture écrite. Privilégiant le texte et la lecture, elles assurent d'ailleurs, et Internet tout particulièrement à travers les hyperliens, une formidable promotion de l'écrit. Elles exigent, comme le souligne Jean-Pierre Terrail, « une formation intellectuelle solide, qui permette à chacun de déchiffrer les images et les textes, de tracer son chemin dans la forêt des savoirs élaborés[1] ».

C'est précisément sur ce point que les responsables de l'enseignement devraient, semble-t-il, faire porter l'interrogation. Car ce sont bien des savoirs *élaborés* à travers toute une histoire que l'école se préoccupe encore de transmettre. La culture commune à laquelle il s'agissait jusqu'à présent d'introduire les nouvelles générations est essentiellement une culture écrite, rationnelle et réflexive. Or celle qui s'impose avec le Net passe toujours par l'écrit, tout en intégrant images, sons et de multiples liens. L'antagonisme n'est pas tant dans la nature des contenus que dans les priorités que l'outil valorise implicitement : interactivité, efficacité, rapidité, connexion avec le monde entier, oubli du passé. On gagnerait sans doute à expliciter ces valeurs. Elles orientent désormais une partie de nos vies. Pas forcément *toute* notre vie. N'en déplaise aux partisans des *serious games*, il est un temps pour le jeu et un temps pour le sérieux. Quel intérêt aurions-nous à élargir nos échanges à toute la planète si cela doit se payer d'une incompréhension de ce qui s'y passe et de ce qui nous a faits ce que nous sommes ?

1. Jean-Pierre Terrail, entretien publié sur le site *skhole.fr*.

L'école devrait s'adapter, dit-on. Elle n'est certes pas un sanctuaire à l'abri du monde et de ses changements. Ce n'est pas d'aujourd'hui d'ailleurs qu'elle est amenée à prendre en compte la culture et les goûts des élèves, bande dessinée, rock, rap, registres linguistiques divers. L'institution a toujours eu à composer ou à négocier avec d'autres pratiques culturelles, y compris lorsqu'elles s'opposent à ses propres valeurs. Cette difficulté est bien antérieure à ladite révolution Internet. L'école n'a en outre jamais eu l'exclusivité en matière d'apprentissage, et elle a dû affronter ce que l'on appelait autrefois l'« école parallèle » : la rue, la télévision, la famille, les Églises, les organisations de jeunesse. Redisons-le, enfants comme adultes apprennent beaucoup de la vie quotidienne. Ce qu'il y a de nouveau, avec l'arrivée d'Internet, c'est la brutale contestation des apprentissages scolaires, soudain frappés d'obsolescence : méthodes « archaïques » déclarées inadaptées aux « *digital natives* », outils périmés, savoirs soudainement dépouillés de l'intérêt qu'ils pouvaient encore susciter il y a trente ans.

Cette fois-ci, apparaît au grand jour ce que peu osaient dire auparavant : il est impossible à l'école, au risque de se détruire, d'être complètement en phase avec le contemporain. Sa fonction de tradition lui impose d'être toujours en décalage avec les mutations sociales et techniques, ainsi d'ailleurs qu'avec l'événement, aussi dramatique fût-il : « Maintenant, je commence la leçon de calcul », enchaînait l'instituteur de Jules Romains en 1908, immédiatement après avoir annoncé à ses élèves l'imminence de la guerre en Europe. L'institution scolaire est dans une autre temporalité, faite de rapport au passé, d'anticipation raisonnée du futur, et de lenteur dans l'acquisition des savoirs.

Transformer l'école pour l'« adapter » à cette culture qu'elle connaît mal, ou sur la nature de laquelle il n'y a pas eu encore de réflexion suffisante, individualiser l'accès aux connaissances, inonder les classes de tablettes numériques : autant de bonnes intentions qui resteront sans doute stériles. Le temps viendra vite où l'idée même d'apprendre aura perdu tout sens. Et cela pour une raison bien plus importante, qu'il nous faut aussi examiner : ces nouveaux outils, dit-on, ont bouleversé les manières de penser et d'apprendre. Nous savons que les écrans occupent aujourd'hui les 9-16 ans trois heures et demie par jour en moyenne (pour le couple télévision/Internet), hors du temps scolaire[1]. Que savons-nous réellement de leurs effets cognitifs ? Une telle enquête devrait amener une société qui prend soin de sa jeunesse à se poser au moins une question très simple : est-il bon d'augmenter encore le temps d'exposition des enfants aux écrans ?

De l'influence d'Internet sur les esprits

Il y a trente-cinq ans, Seymour Papert avait fait solennellement une prédiction : « Les ordinateurs vont affecter profondément nos manières de penser et d'apprendre[2]. » Il ne s'est manifestement pas trompé : cette conviction est largement partagée aujourd'hui. Technophiles et technosceptiques s'accordent totalement sur ce constat : le Net a des effets importants sur les modes de pensée et transformerait même les cerveaux. Nous l'avons vu avec Michel Serres (« Petite Poucette n'a plus la même tête »), et nous pouvons partager les interrogations d'autres observateurs plus inquiets[3]. Sur la nature des changements, nous ne pouvons que formuler des hypothèses, en tentant d'éviter la dramatisation. Tout changement n'est pas nécessairement une « révolution », et l'impact d'une innovation

1. London School of Economics, rapport final, EUKidsOnline, 2012, consultable en ligne. Pour les jeunes Européens, 88 minutes en moyenne par jour sur Internet, et 2 heures devant la télévision.

2. Seymour Papert, *Le Jaillissement de l'esprit*, *op. cit.* p. 13.

3. Comme le neuroscientifique Michel Desmurget, auteur d'une réponse à Michel Serres intitulée « Pauvre Poucette » (disponible sur le Net, via www.sauv.net/pauvrepoucette), et le journaliste Nicholas Carr, dont le livre (*Internet rend-il bête ?*) déjà cité comporte un grand nombre de références à des travaux de psychologie cognitive publiés aux États-Unis ces dernières années.

sur une société donnée comporte toujours, comme disait Marcel Mauss, la présence simultanée d'un progrès et d'un déclin. Cependant, pour ceux qui se préoccupent de « l'apprendre » aujourd'hui, la question ne peut être gommée : les esprits des jeunes et leurs capacités d'apprendre sont-ils en train de muter ? Et si oui, comment[1] ?

Une étude menée en 2007 par le cabinet Capgemini[2] a mis en lumière quatre caractéristiques du comportement intellectuel des natifs du numérique. D'abord, le *contrôle*, entendu comme l'exigence d'accéder à des contenus quand on le veut et où l'on veut. Ensuite, l'*impatience*, ou la volonté de faire l'usage le plus efficace possible de son temps, à travers un fonctionnement en mode multitâche. Troisième caractéristique, le besoin d'engager des relations et des *interactions* avec des communautés réelles ou virtuelles. Enfin, une très grande attention au développement de la créativité et de l'originalité de chacun (expression de soi). La première caractéristique est effectivement celle qui laisse penser que les jeunes générations ne peuvent plus s'accommoder de connaissances dispensées à heures fixes et hors de tout questionnement personnel. La pratique simultanée de plusieurs activités (*multitasking*), revendiquée par les jeunes eux-mêmes, représente sans doute un gain de temps. Est-on sûr qu'il s'accompagne d'un gain de qualité dans l'exécution des multiples tâches ? Quant à l'engagement dans des communautés de pairs, ceux-ci étant considérés comme les meilleurs prescripteurs de ce qu'il faut aimer (*like*), consommer et connaître, on voit aisément comment

---

1. Outre les témoignages de nombreux collègues observateurs de l'évolution des pratiques étudiantes, nous avons utilisé les travaux de neuroscientifiques (Maryanne Wolf ou Michel Desmurget), de linguistes (Alain Bentolila) ou de spécialistes de la lecture numérique (Alain Giffard).

2. Capgemini, « Digital Natives : How Is the Younger Generation Reshaping the Telecom and Media Landscape », avril 2007. Disponible sur le Net, voir www.capgemini.com/resources/thought_leadership/digital_natives/

il sape les autorités traditionnelles en matière d'orientation culturelle et cognitive. Et pour finir, quoi que l'on puisse penser de la qualité de l'expression intense diffusée sur la Toile sous forme de commentaires, de production de photos et de vidéos, de musique, il faut reconnaître que les singularités trouvent dans ce média une place à nulle autre pareille, et un public potentiel illimité. Il y a là un tremplin pour la popularité nettement plus efficace que n'importe quelle réussite scolaire.

De manière moins positive, il est permis d'envisager les conséquences intellectuelles qu'induit la facilité nouvelle à interroger des mémoires externes, ou « prothèses mnésiques ». À quoi bon encombrer sa mémoire, demande-t-on aujourd'hui, quand tout est disponible sur Internet ? C'est l'inquiétude qu'exprime le linguiste Alain Bentolila, bien placé pour savoir ce que parler veut dire, en matière lexicale par exemple. Comment peut-on apprendre à parler une langue sans acquérir et enrichir sans cesse son vocabulaire ? Il en est des mots de la langue comme des concepts scientifiques, ils demandent à être incorporés pour pouvoir être utilisés. Or la disponibilité des « informations », chacune prête à être activée au gré de la volonté de l'utilisateur, rend vain, aux yeux de l'usager du Web, « le fastidieux labeur de les intégrer dans sa propre mémoire d'homme[1] ». Bentolila l'affirme avec force : la mémorisation est essentielle à la compréhension : « Une information n'est comprise – prise en soi – que parce qu'elle est intégrée dans le réseau mnémonique que chacun s'est fabriqué et qui n'appartient qu'à lui[2]. » Comment donc la Petite Poucette, qui n'a plus besoin d'apprendre (entendons par là « encombrer sa mémoire »), pourra simplement *comprendre* des données nouvelles (puisque, selon la psychologie cognitive en vogue aujourd'hui, il n'y a de connaissances que déclaratives – les données – et procédurales – les opérations sur

1. Alain Bentolila, *Tout sur l'école*, Paris, Odile Jacob, 2004, p. 106.
2. *Ibid.*

ces données), si pour « faire des liens » entre ce qu'elle découvre et ce qu'elle sait déjà, elle ne peut s'appuyer sur des connaissances déjà assimilées, *incorporées* ?

Il faut signaler également une dimension dont font état tous les enseignants, ainsi que les rapports internationaux qui tentent de comprendre la baisse des performances scolaires. Les élèves auraient des problèmes de concentration, rencontreraient des difficultés à poursuivre la même activité pendant un long moment. On appelle cela « dispersion de l'attention ». Les psychologues considèrent qu'il s'agit plutôt d'une sorte d'hyperattention qui n'est pas une attention surdéveloppée, mais au contraire une attention qui exigerait d'être en permanence relancée, stimulée de l'extérieur. Une vigilance de tous les instants, tout le contraire d'une attention soutenue. Cela serait lié précisément à cette habitude de la pratique simultanée de tâches multiples (parler au téléphone + taper un tweet + écouter de la musique + voir une vidéo) ainsi qu'aux très nombreuses sollicitations (pubs, notifications d'appel ou de message, hyperliens, flux d'informations) qui créeraient une forme d'addiction au « plein » et au mouvement permanent. Rien de plus rébarbatif alors que la monoactivité. Le témoignage que donne le journaliste Nicholas Carr est de cet ordre : il constate qu'il n'arrive plus à se concentrer pour lire un texte long, que le jonglage numérique sur l'hypertexte (le passage d'un lien à l'autre, des textes aux images et aux sons) nuit à la concentration, fait obstacle à une réflexion approfondie et produit une sorte de « surcharge cognitive » (avoir à décider à chaque instant quel lien on va suivre, anticiper sur l'intérêt de ce lien par rapport à la recherche…) et une sensation d'éparpillement nuisible à l'élaboration d'une véritable argumentation. Ces habitudes de stimulations tous azimuts façonneraient le cerveau (la notion de « plasticité cérébrale » est largement convoquée dans ce sens) de façon à oblitérer la possibilité de temps longs de réflexion et d'approfondissement, la formulation d'hypothèses ou la capacité à produire une véritable argumentation ou une simple « narration de recherche », telles qu'elles sont nécessaires en mathématiques, par exemple. Ce qui s'installe en revanche, c'est un mode de pensée dit intuitif, ou « par essais et erreurs » (en totale contradiction – faut-il le préciser ? – avec la véritable démarche expérimentale), qui consiste à tenter des solutions sans aucune stratégie préalable, mais avec l'assurance d'une réponse immédiate.

En revanche, il faut faire un sort au mythe de l'activité « multitâche ». Cette prodigieuse capacité à gérer en même temps de multiples activités n'existe qu'aux yeux des observateurs éblouis. La succession rapide des actions peut s'apparenter à de l'efficacité, alors qu'elle ne constitue qu'un appauvrissement de la qualité. Plutôt que le philosophe, écoutons cette fois le neurologue qui répond ainsi au premier : « Soyons clair, le *multitasking* n'existe pas. Il est antinomique de notre fonctionnement cérébral. Placé en demeure de faire plusieurs choses à la fois, le cerveau se contente de passer d'une activité à l'autre, séquentiellement. Chaque transition coûte des erreurs et du temps. Par ailleurs, une bonne partie des ressources cognitives est alors happée par la gestion du processus de *multitasking* (il faut garder les infos en mémoire, arbitrer entre les tâches, ramener les données pertinentes en mémoire de travail, etc.). Il n'est dès lors pas étonnant que les mécanismes d'apprentissage et de mémorisation soient altérés, au niveau neuronal le plus basique, lorsqu'un sujet doit jongler entre deux tâches. Au plan comportemental, nos brillants "multitaskeurs" développent à long terme de sérieux troubles de l'attention, une grande distractibilité et, c'est plus inattendu, une moindre capacité à administrer de concert plusieurs tâches cognitives (en raison d'une capacité altérée à filtrer les interférences endo et exogènes)[1]. »

Il est peut-être utile de s'interroger aussi sur le mode de pensée incorporé dans le média Internet, car il porte en lui, comme tout média, une option épistémologique et une

1. Michel Desmurget, « Pauvre Poucette », art. cit.

incitation à penser d'une certaine manière. Ce que Michel Serres observe avec fascination chez les Petits Poucets, nombre de praticiens de la recherche documentaire le déplorent : la multiplicité des sollicitations proposées par la page d'accueil des moteurs de recherche incite les élèves à pratiquer un cheminement aléatoire, par essais et erreurs, au hasard. De fait, Internet favorise sa propre logique, une logique inductive. Face à l'éclatement des messages, il privilégie l'intelligence des liens, mais aussi celle des relations aléatoires (qui sont par ailleurs, rappelons-le sans mauvais esprit, un bon indicateur des préférences des internautes). On peut se réjouir du développement de cette logique de découverte qui ne peut recevoir le blâme de l'historien des sciences. Le risque est cependant grand que l'élève, dans sa fascination de pouvoir aller n'importe où, emprunte précisément les chemins qui ne mènent nulle part. Rien ne vaut une bonne hypothèse de travail pour conduire ses recherches, sans doute après cette période de « flânerie aléatoire ». Mais quel espace de réflexion et de concentration lui donnera la force de la formuler ?

Les inquiétudes les plus grandes concernent les changements dans les pratiques de la lecture. La lecture numérique est une lecture d'information, discontinue, segmentée, attachée au fragment plus qu'à la totalité. Face à l'écran, le lecteur a tendance à balayer la page pour aller au plus vite à l'information recherchée, à sauter de lien en lien, avec, reconnaissons-le, le plaisir de trouver parfois la pépite qu'il ne cherchait pas. À l'opposé, la lecture de l'imprimé est plus souvent une lecture d'étude ou de réflexion. Elle est aussi, comme le rappelle la psychologue Maryanne Wolf dans un livre dont le titre, *Proust and the Squid*, indique une dette à l'égard du beau texte de Proust *Sur la lecture*, non seulement un phénomène qui n'a rien de naturel, mais un acte qui, tard dans l'histoire de l'humanité, a transformé le cerveau humain. Cet acte a développé notre capacité de penser, d'avoir des émotions, de faire des inférences et de comprendre les autres humains. La lecture de l'imprimé, montre-t-elle, est un facteur de développement de l'imagination et de la pensée. La lecture profonde, ajoute Maryanne Wolf, est indissociable de la pensée profonde[1]. Si nous perdons ces endroits calmes ou si nous les remplissons avec du « contenu », nous sacrifions quelque chose d'important non seulement pour nous-mêmes, mais également pour notre culture. Et Nicholas Carr de renchérir à son tour : « Le type de lecture profonde qu'une suite de pages imprimées stimule est précieux, non seulement pour la connaissance que nous obtenons des mots de l'auteur, mais aussi pour les vibrations intellectuelles que ces mots déclenchent dans nos esprits[2]. » Dans les espaces de calme ouverts par la lecture soutenue et sans distraction d'un livre, nous faisons nos propres associations, construisons nos propres inférences et analogies, nourrissons nos propres idées.

Alain Giffard, spécialiste de la lecture numérique, caractérise lui aussi cette lecture de l'imprimé par son association avec la réflexion. Celle-ci, précise-t-il, est rendue possible par « la possibilité de quitter aussi fréquemment et longuement qu'il est nécessaire la ligne, la page, le texte ». Le livre tel que nous le connaissons, « s'il se révèle extrêmement performant comme support de la lecture continue, sait aussi se faire discret au moment où le lecteur détourne son regard pour réfléchir, comme il peut facilement être retrouvé, plus tard, pour une reprise de la lecture ». Le paradoxe, c'est que la lecture d'information ou de consommation, telle que la porte l'espace des lectures numériques (que l'auteur appelle « lectures industrielles »), suppose un lecteur responsable, compétent, capable de rectifier les erreurs du texte numérique, c'est-à-dire le contraire du consommateur[3]. La lecture numérique appelle ce que Olivier Donnat

1. Maryanne Wolf, *Proust and the Squid* : *The Story and Science Of the Reading Brain*, Cambridge, Icon Books, 2008.

2. Nicholas Carr, *Internet rend-il bête ?*, *op. cit.*

3. Alain Giffard, « Lecture numérique et culture écrite », disponible sur son blog.

nomme le « cumul des modes d'accès », c'est-à-dire une double formation, à la lecture classique et au numérique.

De plus, la lecture d'information, à la différence de la lecture d'étude, entraîne une pensée en réseau, non linéaire, par association : on prend l'habitude de sauter de lien en lien sans aucune obligation de suivre le raisonnement d'un texte. En revanche, et c'est sans conteste un atout inestimable, la pensée peut se développer sur des supports multiples : textes, images, sons. Reste à organiser et à relier ces « idées » éclatées : si l'école ne vous y aide pas, vous pourrez suivre des formations au *Mind Mapping*, proposées sur le Net. Plus que le contenu lui-même, ce sont les relations qui importent dans ces « cartes mentales ». La forme des cartes mime littéralement celle de nos neurones, est-il dit sur le site Internet qui propose ces formations, et « l'information y circule aussi aisément que dans notre cerveau. C'est là un avantage concurrentiel extraordinaire de rapidité de connexions entre des idées[1] ». Nous entrons effectivement dans le monde de la fluidité, de l'efficacité, et de la séduisante analogie entre le cerveau et la Toile : tous réticulés, les humains et les informations, de même que notre magnifique cerveau.

Comme la quantité d'informations reçues par notre cerveau est « exponentielle », et accessible à tout moment par quiconque en a besoin, « l'acte même d'apprendre se transforme radicalement », constatent les auteurs de *Faut-il encore apprendre ?* Les neurosciences donnent une définition canonique de l'apprentissage : « processus cérébral mis en jeu par un stimulus, alliant perception, traitement et intégration de l'information[2] ». Le cerveau doit désormais devenir expert dans la chasse aux « informations pertinentes », savoir les « organiser », et ne pas se laisser submerger par leur flux ininterrompu : surfer, jongler, scanner, résument-ils.

1. Xavier Delengaigne et Pierre Mongin, *Boostez votre efficacité avec Freemind*, Paris, Eyrolles, 2010.

2. Sandra Enlart et Olivier Charbonnier, *Faut-il encore apprendre ?*, *op. cit.* p. 46.

Nul doute que la représentation du savoir et la conception de l'acte d'apprendre sont totalement transformées. Mais cela va beaucoup plus loin, puisque la transmission n'est plus nécessaire, comme le dit Michel Serres dans une formule admirable de concision : « Que transmettre ? Le savoir. Le voilà, partout, sur la Toile, disponible, objectivé. Le transmettre à tous ? Désormais, tout savoir est accessible à tous. Comment le transmettre ? Voilà c'est fait[1]. » Voilà surtout un jeu de mots digne d'un régiment de transmissions. Pas plus difficile que cela, semble dire l'académicien : la puissance d'Internet rend totalement vaines nos interrogations sur ce que peuvent signifier aujourd'hui apprendre et transmettre. Malheureusement, nous n'en sommes pas tout à fait là. Il nous faut encore examiner en quoi consiste cette révolution de l'apprendre.

Information et connaissance

L'effet induit par la mise à la disposition de tous d'énormes bases de données est effectivement une vision radicalement nouvelle des savoirs, ramenés à un stock d'informations qu'il s'agirait de relier entre elles. Vision quantitative et cumulative : un immense réservoir de données en perpétuelle évolution. Ce réservoir est doté d'une très grande accessibilité ; sa consultation est facile et immédiate. Les données sont le fruit d'un travail collaboratif : élaborées collectivement, échangées, critiquées, améliorées par tous. Apprendre consiste désormais à rechercher l'information *pertinente*, dans une perspective d'*efficacité* maximale, tout en participant soi-même à la « co-construction » des savoirs. Et cela, dans le cadre d'une coopération à l'échelle de la planète entre tous les auteurs, sans hiérarchie ni privilège d'expertise. Le succès de Wikipédia, l'encyclopédie collaborative, témoigne de ce bouleversement. Apprendre, nous annonce O'Shea, brillant étudiant en philosophie représentatif de la *Net Generation*, consiste à collecter les informations

1. Michel Serres, *Petit Poucette, op. cit.*

dont on a besoin, pour accrocher le plus vite possible l'information recherchée, comme un « chasseur avisé » (*skilled hunter*). Il le dit fièrement : « Je ne lis pas de livres, je vais sur Google, et je peux absorber très vite les informations pertinentes[1]. » Il est clair que l'idée s'est imposée que nos esprits doivent fonctionner comme des machines traitant des idées à grande vitesse. Peut-être même certains sont-ils déjà ces machines ?

L'accessibilité est effectivement le grand atout d'Internet. En toute générosité, c'est d'ailleurs ainsi que le plus grand moteur de recherche définit sa mission : « organiser à l'échelle mondiale les informations dans le but de les rendre *accessibles et utiles* à tous[2] ». Comme un prodigieux bibliothécaire, il va chercher dans la seconde la réponse aux questions que vous lui posez. On comprend vite que cette nuée d'informations reçues, non triées et non hiérarchisées ne peut constituer une connaissance, et que, au contraire, elle peut produire un effet ravageur de dispersion, de « surcharge cognitive », de sentiment d'effroi devant l'avalanche de données. Là est le sens de la demande d'aide des élèves. Là est le bon sens des ministres de l'Éducation. Les professeurs devront enseigner à éliminer, trier, organiser, hiérarchiser, faire des liens, distinguer le vrai du faux et du « même pas faux », veiller à la fiabilité des informations, etc. De surcroît, la recherche d'informations ne nécessite pas seulement la capacité de faire le tri, qui suppose déjà des connaissances bien établies, mais aussi l'existence d'un code commun entre l'émetteur et le récepteur, puis une intelligence des données et de leur interprétation. Lourde tâche à nouveau, qui appelle évidemment une formation de

1. « *I don't read books, I go to Google, and I can absorb relevant information quickly.* » L'étudiant explique qu'il utilise Google Books « *to grab the information he needs* ». Le texte, « How Digital Technology Has Changed the Brain », dont cette citation est issue fait partie d'une série de huit articles écrits par Don Tapscott, un conseiller aux entreprises en management des jeunes, et parus dans *Business Week* en novembre 2008. Disponibles sur le Net.

2. Présentation de la société Google sur son site.

base à la « littératie », à la « numératie », à la cartographie, et même à la chronologie (de quand date ce document ?), à la rigueur intellectuelle, à la probité (ou l'art du copier-coller). Retour à la transmission, ainsi qu'à l'apprentissage des codes de la langue, du calcul, des catégories logiques et des concepts fondamentaux de nombre, d'espace et de temps. Grâce à la disponibilité des récits singuliers offerts par le Net, nous deviendrons sans doute plus sensibles au particulier, au divers, au « concret singulier », si chers à Michel Serres. Mais nous n'échapperons pas pour autant pas à notre condition symbolique, et donc à la nécessité de transmettre les « outils intellectuels » ou connaissances de base qu'exige l'usage d'Internet à des fins de connaissance, c'est-à-dire, précisons-le, de *compréhension.*

Nous n'éviterons pas non plus une réflexion sur les sens respectifs de l'information et de la connaissance. Rien d'étonnant en effet à ce qu'une technologie se définisse à l'aune de son utilité. C'est là sa principale raison d'être. De fait, une information n'est recherchée que lorsqu'on en a besoin. La machine répond à une demande expresse, à la manière d'un guichet[1]. Souvent d'ailleurs, la validité de l'information ne dépasse pas le moment où elle est fournie (météo, heure d'arrivée d'un train, population d'un pays, résultats de sondages...). C'est pour cela que la rapidité d'accès est précieuse. Les informations, disponibles en flux continu, ne sont pas destinées à être assimilées ou réutilisées (« le train de Lyon partira à 8 h 10 sur la voie 9 »). En revanche, la demande d'information présuppose une motivation, la formulation d'un besoin ou d'une question. Il s'agit d'obtenir l'information pertinente par rapport au problème que l'on se pose. Appliquée à la connaissance, cette dimension d'utilité est porteuse d'une grande ambiguïté. Car, dans l'enseignement,

1. La bibliothèque municipale de Lyon a ouvert un site de demande d'informations nommé : « Le guichet du savoir ». En fait, elle ne répond pas aux questions que vous posez, mais vous indique les ressources (en grande partie imprimées) qui peuvent vous aider dans votre recherche.

l'offre de savoir succède rarement à une demande ou à un besoin, et, s'il y a problème, c'est parce que l'enseignant a su créer la situation qui permet d'en poser un (on appelle cela « situation-problème », justement parce qu'elle est fictive). L'école précède la demande, et le rôle de l'enseignant est précisément de susciter les interrogations et les problèmes, et d'apporter des questions que les élèves ne se poseraient jamais dans leur vie quotidienne. Là est la grande différence : les programmes scolaires sont le fruit d'un choix collectif concernant les savoirs qu'une société estime devoir transmettre à tous les jeunes. Ils relèvent d'une décision politique. Ce qui ne dispense pas les enseignants de leur devoir de susciter des questions et des problèmes. Ils ont la lourde tâche de « motiver » leurs élèves à acquérir ces savoirs-là.

Cependant, et c'est là que le risque de confusion s'accentue, les « informations » ou données peuvent constituer une part importante de ces savoirs. Et aujourd'hui, il est possible de les trouver sur le Web. Extension fantastique des possibilités de recherche. Encore faut-il que les questions soient formulées, et que des outils théoriques tels que la langue et les concepts de base soient maîtrisés. D'où la place irremplaçable de l'école et de l'expertise de l'enseignant : c'est l'institution ainsi que la société dont elle émane qui décident, dans le corps des connaissances accumulées, quels sont les savoirs fondamentaux dont les élèves auront besoin. C'est le professeur qui sait indiquer les priorités et les hiérarchies entre toutes les informations disponibles, orienter l'élève dans le maquis de la Toile ou des bibliographies, faire signe – enseigner – vers les données qu'il est nécessaire d'intégrer dans sa mémoire. Faute de cela, la société de la connaissance sera une société de « *followers* intelligents », mais stressés par un système cognitif hyperactif, prévoient avec lucidité Sandra Enlart et Olivier Charbonnier[1]. Il est sans doute plus sûr de suivre le conseil d'un professeur compétent que de recher-

1. Sandra Enlart et Olivier Charbonnier, *Faut-il encore apprendre ?*, *op. cit.*, p. 22.

cher sur Twitter les gens qu'il serait intéressant de suivre : « Si vous tombez sur quelqu'un qui tweete des choses intéressantes, regardez qui cette personne suit, et suivez-la aussi. »

C'est justement cette prétendue compétence du professeur que met à mal le Net, avec l'effet appréciable de libérer les potentialités de chacun. Le savoir en réseaux a la caractéristique d'être décentré, distribué, tout en permettant des connexions entre les divers domaines de connaissance. Ce faisant, il opère la disqualification des autorités traditionnelles ; il signe la fin du livre et de son auteur, du professeur « qui oralise les contenus des livres » et qui parle dans une seule direction. Beaucoup se réjouissent de cette fin du monopole de l'expert. Petite Poucette en sait autant que les autorités (un maître, un responsable, un élu, un journaliste). Pour résumer le processus, Michel Serres emploie le terme séduisant de « déconcentration ». Car le savoir ne vient plus d'en haut, et, à l'horizontale, tout le monde peut parler, les réseaux se multiplient. On mesure l'ampleur de la révolution. Place au dialogue, à l'échange, à la démocratie du savoir, aux réseaux planétaires appelés à « balayer » nos formes politiques obsolètes, étriquées[1]. Dans ces hymnes à l'autonomie individuelle enfin conquise grâce à la technologie, on s'étonne quand même de l'absence d'une quelconque allusion au pouvoir de référencement du moteur de recherche, ni à l'utilisation commerciale des nombreux clics des chasseurs avisés.

Certains formulent cependant quelques inquiétudes. L'idée d'acquérir des connaissances deviendrait anachronique. Cette génération qui ne cherche pas à se souvenir – « pourquoi le ferait-elle quand le contenu mémorisé est déjà dépassé ? » – risque de perdre son identité. Elle serait dépendante de machines pour définir ce qu'elle est. Ajoutons qu'elle sera surtout victime d'une conception tellement appauvrie de l'acte d'apprendre – traiter une multitude d'informations – qu'on se demande bien ce qui

1. Michel Serres, *Petite Poucette*, *op. cit.*, p. 60.

pourrait encore la pousser à le faire. La fameuse *motivation*, cette force dont même les psychologues les plus matérialistes reconnaissent l'importance, de quoi est-elle faite sinon du plaisir escompté, plaisir de *comprendre* enfin ce qui jusqu'à présent nous était énigmatique, ou plus simplement plaisir de penser (*mind*) ou de faire fonctionner son cerveau (*brain*)[1] ?

Il n'en reste pas moins que nos esprits comme nos attitudes face à la connaissance sont en train de changer. Face à tous ces changements, il nous revient d'« accompagner les mutants » et d'inventer une autre manière d'apprendre.

Apprendre sans obligations ni sanctions

Des compétences nouvelles sont à développer, et pendant ce temps le système d'enseignement reste figé dans une vision dépassée de l'acte d'apprendre. Il devient absurde d'enfermer encore les enfants dans des lieux dédiés à la transmission des savoirs, quand ces derniers sont disponibles partout. Telle est l'opinion courante, si répandue qu'il nous faut maintenant l'examiner. Assistons-nous aujourd'hui au dépérissement de l'école espéré jadis par Ivan Illich, et à l'imminence de son remplacement par Internet ? Rien n'est moins sûr, mais il existe de fortes raisons de le croire :

1. L'espoir investi dans les nouvelles technologies est à la mesure des désillusions croissantes face à l'enseignement traditionnel. L'école ennuie les élèves d'aujourd'hui, et de

1. On trouve dans un livre récent publié par l'OCDE, dans le cadre d'une recherche intitulée « Sciences de l'apprentissage et recherche sur le cerveau », ce paragraphe émouvant de vérité : « Parmi toutes les motivations possibles pour apprendre (y compris le désir d'approbation et de reconnaissance), l'une des plus puissantes, si ce n'est la plus puissante, est *comprendre* [...]. Le plaisir le plus intense que le cerveau puisse ressentir est sans doute lié à la résolution de problèmes intrinsèques ou internes », CERI, *Comprendre le cerveau : naissance d'une science de l'apprentissage*, Paris, OCDE, 2007, p. 77. Souligné dans le texte.

plus elle leur enlève le goût d'apprendre. Ces technologies font apparaître cruellement, par contraste, les tares de cet enseignement. Unidirectionnel, du maître vers l'élève, dénué d'interactivité (l'élève ne peut pas parler), imprégné de hiérarchie et d'autorité, incapable de prendre en compte les motivations individuelles et le besoin de coopération de l'élève. Précisons que cette fascination pour les réseaux et la collaboration est en phase avec le discrédit contemporain des autorités patentées. Grâce à Internet, le savoir n'est plus monopolisé par ceux que l'institution a sélectionnés, formés et certifiés. Le savoir se partage.

2. Malgré les importants apports de la psychologie cognitive et des neurosciences, il reste une incertitude profonde sur ce que signifie réellement « apprendre ». Or les nouvelles technologies apportent une réponse séduisante en faisant un mixte des théories behavioristes (avec le couple stimulus/réponse si bien articulé à l'interactivité des ordinateurs), des théories constructivistes (on apprend par soi-même, confronté à un problème et en interaction avec d'autres, afin de s'adapter à des situations nouvelles), et du modèle biologique de la circulation neuronale. On assiste ainsi à l'émergence d'une nouvelle conception de l'apprendre, naturaliste et évolutionniste. Apprendre doit être spontané, inductif, immédiat, toujours lié à l'utilité ou à l'efficacité (« pertinence »). L'acquisition des connaissances est destinée à l'adaptation du sujet à son environnement, et l'apprentissage ne peut être que réponse à une question, recherche d'une solution à un problème. La notion contemporaine d'information renvoie explicitement à un comportementalisme adaptationniste, qui relie vie efficace et information adéquate. C'était la conviction de Norbert Wiener, le pape de la cybernétique, qui n'était pas en peine pour définir la vraie vie : « Vivre efficacement, c'est vivre avec une information adéquate. Information est le nom pour désigner le contenu de ce qui est échangé avec l'extérieur à mesure que nous nous y adaptons et que nous lui

appliquons les résultats de notre adaptation »[1]. Un modèle de vie adaptée, en parfaite congruence avec les valeurs de notre époque : efficience et performance ; au diable la science et la contemplation (*theoria*).

3. Le processus de détraditionalisation a accentué la fragilité de ce qui nous vient du passé. Les savoirs accumulés par les générations antérieures nous apparaissent comme un fardeau, même si nous savons que, sans eux, il est impossible de comprendre notre présent et encore moins de le transformer. Imaginons la réponse qui serait donnée aujourd'hui aux deux questions fondamentales posées en 1879 par Spencer : « Quelle est la connaissance la plus utile ? » *(What knowledge is most worth ?)* : celle dont nous avons besoin, ici et maintenant. « Que devrait-on enseigner ? » (*What should be taught ?*) : rien, a priori. Ce sera aux enfants de choisir. On le sait, il existe une difficulté réelle, attestée dans toutes les sociétés, à déterminer le corpus des connaissances à transmettre à tous, le « socle sommun de connaissances ». La proposition d'apprendre avec Internet permet de surmonter l'obstacle en le supprimant, tout en flattant une tendance profonde de nos sociétés au respect de la liberté des choix individuels, comme on l'a vu pour la catastrophique réforme des lycées de 2007 : optionnalisons tous azimuts, « les élèves choisiront ».

4. Internet réactualise un certain nombre de propositions anciennes dont chacune comporte une part de vérité. Petit florilège :

On apprend ailleurs qu'à l'école. On l'a dit, ce qui s'impose avec Internet, c'est la conviction que l'on peut apprendre de la vie quotidienne et de l'échange avec des pairs. Le modèle de la formation tout au long de la vie n'exclut pas la transmission, mais il donne la priorité au « tuteur » ou facilitateur qui met les ressources à disposition : « Le formateur ne se définit pas seulement comme le détenteur d'un savoir à transmettre. C'est davantage un "facilitateur"

1. Norbert Wiener, *Cybernétique et société*, Paris, UGE, 1962, p. 19.

qui s'efforce de mettre en place et d'impulser un processus d'apprentissage[1]. » Ce qui se joue, c'est l'effacement de la dimension de transmission des savoirs au profit de l'apport des ressources cognitives ou « ressources d'apprentissage ».

On apprend par soi-même, quand on en a besoin. Comme la plupart d'entre nous avons oublié comment nous avons appris ce qui compte vraiment, nous sommes convaincus que cela venait de notre propre questionnement. Rappelons les constats de Carl Rogers, qui l'amenèrent à privilégier « l'autodétermination » et la liberté pour apprendre : « J'ai finalement l'impression que le seul apprentissage qui influence réellement le comportement d'un individu est celui qu'il découvre lui-même et qu'il s'approprie[2]. » C'est vrai, mais, comme le dit Michel Serres pour le déplorer, le maître a l'audace d'offrir ce qui ne répond à aucune demande. Il y a des connaissances dont on ne ressent pas le besoin, et qui sont les conditions pour acquérir celles dont nous pourrions avoir besoin : lire, écrire, raisonner. C'est précisément cela, l'objet de la transmission.

On apprend par projet, et si l'on s'est donné un but de recherche. C'est le cas de tous les O'Shea de la planète. On ne doute pas de leur investissement personnel ni de leur motivation. C'est aussi la raison du développement de l'apprentissage par résolution des problèmes : le *problem solving*, qui remporte un grand succès en didactique des mathématiques, est censé développer une attitude active, de recherche. Il fut théorisé par George Polya, éminent mathématicien de Stanford, originaire de Hongrie[3]. Il faudrait analyser

1. Hugues Lenoir, *Éducation, Autogestion, Éthique*, Saint-Georges-d'Oléron, Les Éditions libertaires, 2010, p. 96.

2. Carl Rogers, *Liberté pour apprendre*, Paris, Dunod, 1972, p. 152. Ou encore : « Un enseignement autodéterminé qui engage la personne tout entière – avec ses sentiments autant qu'avec son intelligence – est celui qui pénètre le plus profondément et qui est retenu le plus longtemps. », p. 161.

3. George Polya, *How to Solve It*, New York, Anchor Books, 1946. Publié en France sous le titre *Comment poser et résoudre un problème*, Paris, Dunod, 1965.

la diffusion fulgurante de cette démarche, en dehors de son cadre d'origine. Résoudre un problème, ce n'est pas exactement « avoir un problème » ou « avoir un souci » et aller chercher la solution sur Internet.

On apprend en agissant : *learning by doing*. Cette conviction a donné le jour à une belle expérimentation lancée à Chicago par le physicien Leon Lederman, puis reprise en France par Georges Charpak en 1996 sous le nom de « La main à la pâte ». Là encore, elle comporte la possibilité d'un leurre, celui de la fameuse « interactivité » désormais offerte par des écrans toujours plus réactifs et conviviaux. Effleurer des écrans tactiles, agir sur des commandes multiples, entrer en interaction avec la machine et le logiciel, est-ce cela *agir* ?

On peut apprendre sans maître mais on n'apprend pas tout seul (on a besoin de l'accompagnement de l'adulte ou des pairs). Internet permet de réunir les deux propositions. Il n'y a plus de dispensateur de savoir, mais l'aide possible d'une communauté virtuelle.

On apprend à son propre rythme. « Tout le monde peut apprendre quand il veut, où il veut et à son rythme[1] », disent les promoteurs d'un apprentissage coopératif (et gratuit) conçu par des « zéros » pour des « zéros ». Il faut remarquer l'ampleur de cette glorification des nuls (*L'anglais pour les nuls, L'Alsace pour les nuls*), qui ne représente pas seulement un grand succès d'édition. Elle est la marque d'un monde qui accepte l'ignorance, et où il est bon de s'adresser à l'apprenant tel qu'il est. Peu importe que les progressions proposées dans les didacticiels gratuits proposés par des « zéros » eux-mêmes diplômés de grandes écoles à d'autres zéros demandeurs d'une formation exposent au début de chaque chapitre quels sont les « prérequis » et quelles connaissances mathématiques ou physiques il faut posséder pour entamer les exercices. À défaut de progression méthodique (qu'il faudra aller chercher dans les manuels

1. « La formation informatique à portée de tous », *Le Monde*, 19 mars 2013.

scolaires), on propose un travail collaboratif et des rassemblements périodiques.

On apprend sans peur et sans risque. Il semble qu'une grande part de l'attractivité des cours en *e-learning* repose sur l'absence d'engagement, de responsabilité, de sanction. Apprendre, parce que cela transforme des représentations antérieures, fait courir le risque de perdre ses certitudes et d'être confronté au vide. Il y a grand danger à prendre ce risque si l'on n'a pas le soutien d'un adulte qui nous assure de sa confiance et qui est lui-même porté par une institution. Apprendre, c'est aussi affronter le risque du regard d'autrui, du maître ou des autres élèves, de leur jugement et éventuellement de leur mépris. Comme pour les rencontres virtuelles, la disparition de la présence physique peut constituer un soulagement, et faciliter certaines acquisitions. Qui saura dire quelle perte de sens elle est capable d'entraîner ?

Aurons-nous encore besoin d'école ?

Arrivons pour finir à la question radicale : faut-il encore apprendre (à l'école) ? Sans doute apprendra-t-on tout au long de sa vie, et de plus en plus par le truchement du numérique. C'est l'une des prodigieuses innovations de notre époque. Pourtant, si l'on peut se prémunir contre les dogmes de l'efficacité et de l'immédiateté, nous aurons à affronter quelque chose de plus pernicieux : le déni de la différence entre adultes et enfants. La conception moderne de l'école reposait sur l'idée – toujours vraie – qu'il y a des distinctions à établir entre l'enfance et l'âge adulte. L'école est un lieu consacré aux générations qui ne sont pas encore adultes. Avec l'émergence des médias numériques, les catégories d'âge ont tendance à s'estomper. Et pourtant, il y a toujours une période de la vie où l'être humain ne peut grandir qu'en présence des adultes, où il espère que quelqu'un lui donnera les clés de ce monde obscur dans lequel il désire entrer. L'enfant a besoin aussi d'imiter, de parler, d'être aidé et soutenu. L'enfant n'apprend pas « en autonomie ». C'est un leurre.

L'école survivra parce qu'elle constitue l'espace dédié à la transmission de ce qui ne peut s'apprendre ailleurs. Comme le disait Olivier Reboul : « S'il existe des écoles, c'est précisément parce que la vie n'en est pas une. » À l'opposé des médias, l'école repose sur l'hypothèse que les adultes ont quelque chose de valable à enseigner aux jeunes et qu'il existe des connaissances nécessaires qui ne s'acquièrent pas en dehors d'une transmission explicite. Elle est en outre le seul lieu où l'on peut apprendre à réfléchir, à conceptualiser, à donner du sens au réel. C'est en tout cas, bien au-delà des savoir-faire procéduraux si chers à Michel Serres, ce que recherchent les programmes d'enseignement. Citons par exemple l'un des principes de l'enseignement des mathématiques aux États-Unis : « La recherche a mis en évidence le rôle important de la conceptualisation dans l'apprentissage des mathématiques. En reliant la connaissance déclarative et le savoir-faire procédural avec la connaissance conceptuelle, les élèves peuvent devenir de véritables apprenants. Ils seront capables de reconnaître l'importance de réfléchir sur son raisonnement et d'apprendre de ses erreurs. Les élèves acquièrent la compétence et la confiance en leur capacité à aborder un problème difficile et la volonté de persévérer face aux tâches ardues[1]. » Au-delà des mathématiques, l'école enseigne que les faits et les phénomènes peuvent faire l'objet d'une déduction rationnelle. Certes, la diversité est précieuse, et « le disparate a des vertus que la raison ne connaît pas[2] ». C'est sans doute vrai pour un être qui a eu la chance de bénéficier d'une transmission méthodique des savoirs rationnels. Pour ceux que l'on plonge dès l'enfance dans la Toile, ce disparate si séduisant les emprisonne dans ses filets.

1. *National Council of Teachers of Mathematics* (NCTM), *Principles and Standards for School Mathematics*, 2000. Notre traduction.

2. Michel Serres, *Petite Poucette*, *op. cit.*, p. 44.

L'école continuera parce qu'il est de la responsabilité de la collectivité de transmettre aux jeunes ce qui leur permet de ne pas être dépendants. C'est à elle de fournir aux nouvelles générations les outils qui leur permettront de s'approprier intelligemment les technologies du numérique, et même de compenser les déficits produits par leur usage exclusif. Neil Postman avait sans doute raison lorsqu'il affirmait la fonction « homéostatique » de l'institution scolaire. Il faudrait en permanence, pensait-il, se demander « quelles sont les tendances spécifiques de notre culture qui, à moins qu'elles ne soient contrecarrées, laisseront notre jeunesse avec une intelligence déficiente et une personnalité déformée[1] ». Plus l'usage d'Internet s'étendra, plus la responsabilité de l'école s'élargira. Car cette période de transition entre un « cerveau lecteur » et un « cerveau numérique » devrait nous permettre de cerner les richesses des deux systèmes de lecture, et de comprendre à quel point l'un et l'autre sont précieux[2]. Elle nous offre en outre l'occasion de nous interroger sur ce qu'il faudra plus que jamais apprendre, et sur ce qu'il est important de préserver. D'abord, préserver le temps de la réflexion, du calme et de l'imagination. Résister à la vitesse, à l'immédiat, au court, à cette tension permanente pour absorber la nouveauté. Ensuite, apprendre à ne pas se laisser submerger pas les informations, car, comme le pense Alain Bentolila, une société qui a trop d'informations peut s'effondrer par saturation. Si l'on n'y prend pas garde, Internet pourrait bien « prolonger le travail d'affaiblissement intellectuel déjà opéré par la télévision »[3]. L'école devra ensuite renforcer l'apprentissage de la rigueur intellectuelle, de l'expression orale, de la lecture de textes longs mais aussi de l'image, de la mémorisation des connaissances fondamentales, stratégiques. Toutes

1. Neil Postman, *Teaching as a conserving activity*, Delacorte Press, NY, 1979, Trad. frse, *Enseigner c'est résister*, Le Centurion, 1981. p. 56.
2. Maryanne Wolf, *Proust and the Squid*, *op. cit.*, p. 228-229.
3. Alain Bentolila, *Tout sur l'école*, *op. cit.*, p. 103.

pratiques qui ne sont pas portées par les écrans. Les jeunes seront tous producteurs de savoir, sans doute. Mais qui va assurer la formation intellectuelle de ces futurs producteurs de savoir ? Qui va leur enseigner la lecture et l'écriture, la justesse du jugement, du raisonnement, les concepts et les catégories, la précision des formulations, les méthodes pertinentes dans chaque domaine ? Qui va leur apprendre à apprendre ?

Les critiques radicales que l'on adresse aujourd'hui à la transmission et à l'institution enseignante ont ceci de bon qu'elles permettent de comprendre *a contrario* ce qu'elle a d'irremplaçable. Il nous faudra rétablir le bien-fondé d'une série de distinctions. Entre l'école et la vie, entre l'enfant et l'adulte, entre le travail et le divertissement. Nous devrons surtout redécouvrir la spécificité de l'enfance, et la nécessité pour grandir d'une vraie relation avec des adultes. Le risque de l'omniprésence des écrans, c'est l'effacement de ces êtres capables de dialoguer, susceptibles de transmettre leur passion pour ce qu'ils enseignent et de fournir des modèles pas forcément contraignants. Il nous faudra aussi reconnaître les savoirs nécessaires pour accéder à l'immense richesse d'Internet. S'approprier l'histoire de ces savoirs, c'est entrer dans des réseaux beaucoup plus profonds que ceux que l'on peut explorer sur la Toile planétaire, réseaux qui nous relient à tous les êtres qui nous ont précédés.

C'est aussi cela, le plaisir d'apprendre. Au-delà de l'efficacité, ce peut être le plaisir d'entrer dans une culture, de s'inscrire dans une histoire. Le plaisir de comprendre, c'est-à-dire de faire travailler son esprit pour s'approprier quelque chose de nouveau, s'en emparer, le faire sien. Ce quelque chose, on peut encore penser qu'il doit faire l'objet d'une transmission parce qu'une société a décidé qu'il était bon pour tous qu'il soit conservé et transmis. La disparition du couple transmettre/apprendre, ce ne serait rien d'autre que la disparition des collectivités instituées au profit de communautés dites collaboratives, le plus souvent affinitaires, largement pilotées par l'industrie des moteurs de recherche. Projet illusoire, tant ces communautés électives en supposent d'autres, non choisies, pour se soutenir. Mais surtout projet si peu conforme à l'idée que nous pouvons nous faire d'une véritable communauté qu'il est difficile de le vouloir en conscience.

L'école à venir

Faut-il le souligner, au terme de ces réflexions, notre démarche se situe aux antipodes d'une quelconque nostalgie. L'univers de la transmission, tel qu'il a présidé aux premiers siècles de l'école moderne, est mort et bien mort. Rien ne lui rendra la vie. La bonne manière de se rendre contemporain à son temps est de se livrer à son autopsie et d'établir cliniquement les causes de son décès. Il ne s'est joué là ni un passage de l'ombre à la lumière, ni complot sournois d'un obscurantisme d'un nouveau genre, mais une rupture culturelle et sociale de grande ampleur, à replacer dans la perspective du devenir moderne, et grosse de problèmes inédits. Ce sont ces problèmes qui importent et dont il s'agit de circonscrire la nature, tout aussi froidement, à distance égale de l'enthousiasme naïf et des déplorations vaines.

Car si l'univers de la transmission, centré sur le collectif et ses nécessités, a sombré sans retour, l'univers de l'apprendre, centré sur l'individu, peine à naître et se développe dans la douleur. Ce sont les difficultés de cette émergence laborieuse que ce livre s'est efforcé d'éclaircir.

L'analyse que nous proposons est que le saut d'un univers à l'autre n'est pas si simple. On ne peut pas se contenter de les opposer. Une fois défait le système culturel qui s'organisait autour de la transmission, il se découvre qu'il comporte un reste vivant et sans doute indépassable, tandis que, une fois consacré le principe de l'individu « acteur de ses apprentissages », on s'aperçoit qu'il ne peut tout à fait suffire, qu'il comporte une limite, qu'il a besoin d'un renfort extérieur.

Nous avons vécu une bataille dans le champ éducatif entre deux conceptions des voies de l'acquisition du savoir depuis la fin du XIXe siècle. Elle a occupé la plus grande partie du XXe siècle. Elle s'est soldée par une victoire sans appel du camp de la liberté d'apprendre sur celui de l'obligation de transmettre. Sans appel, mais non sans problème. Si l'impératif de transmission poussait à négliger l'indispensable concours de l'élève, la valorisation de la démarche de construction individuelle tend à faire perdre de vue l'indispensable appui du mécanisme intergénérationnel. Le moment est venu d'établir une paix durable, sur la base d'une juste appréciation du rapport de force entre les deux camps et moyennant la reconsidération de ce que leurs prétentions ont de fondé ou d'intenable.

C'est d'une étape supplémentaire que nous avons besoin pour échapper aux mécomptes et aux méprises, probablement inévitables, liés au passage d'un âge de l'école à un autre. Une étape consistant à articuler ces termes, transmettre et apprendre, posés longtemps dans un antagonisme qui a dispensé d'en interroger sérieusement la teneur. Il ne s'agit pas de « revenir » à la transmission, comme si, d'ailleurs, c'était possible. Il s'agit de dégager son principe actif des expressions historiques dans lesquelles il s'était coulé, afin de le mettre au service d'une autre philosophie de l'individu et de la société. Il s'agit parallèlement de délivrer l'apprendre des mythologies de divers ordres dans lesquelles il est enfermé. Ainsi débarrassé de la gangue mystificatrice où il est pris, il se révèle traversé par le besoin d'une médiation. Les deux lignes convergent en fait. Tout est à repenser, tout est à faire en ce domaine. Nous voudrions avoir contribué à le mettre en évidence. Le XXIe siècle devrait être celui d'un nouvel élan né du dépassement des unilatéralismes du passé.

Table

Deuxième partie

Résistances de la transmission

Troisième partie

Comment apprend-on ? théories et débats

DANS LA MÊME COLLECTION

Marcel Gauchet, La Condition historique, *2003.*
Yves Michaud, L'Art à l'état gazeux, *2003.*
Paul Ricoeur, Parcours de la reconnaissance, *2004.*
Jean Lacouture, La Rumeur d'Aquitaine, *2004.*
Nicolas Offenstadt, Le Chemin des Dames, *2004.*
Olivier Roy, La Laïcité face à l'islam, *2005.*
Alain Renaut et Alain Touraine, Un débat sur la laïcité, *2005.*
Marcela Iacub, Bêtes et victimes et autres chroniques de *Libération, 2005.*
Didier Epelbaum, Pas un mot, pas une ligne ? 1944-1994 : des camps de la mort au génocide rwandais, *2005.*
Henri Atlan et Roger-Pol Droit, Chemins qui mènent ailleurs, dialogues philosophiques, *2005.*
René Rémond, Quand l'État se mêle de l'Histoire, *2006.*
David E. Murphy, Ce que savait Staline, *traduit de l'anglais (États-Unis) par Jean-François Sené, 2006.*
Ludivine Thiaw-Po-Une (sous la direction de), Questions d'éthique contemporaine, *2006.*
François Heisbourg, L'Épaisseur du monde, *2007.*
Luc Boltanski, Élisabeth Claverie, Nicolas Offenstadt, Stéphane Van Damme (sous la direction de), Affaires, scandales et grandes causes. De Socrate à Pinochet, *2007.*
Axel Kahn et Christian Godin, L'Homme, le Bien, le Mal, *2008.*
Philippe Oriol, L'Histoire de l'affaire Dreyfus, I, L'affaire du capitaine Dreyfus (1894-1897), *2008.*
Marie-Claude Blais, Marcel Gauchet, Dominique Ottavi, Conditions de l'éducation, *2008.*
François Taillandier et Jean-Marc Bastière, Ce n'est pas la pire des religions, *2009.*
Hannah Arendt et Mary McCarthy, Correspondance, 1949-1975, *2009.*
Didier Epelbaum, Obéir. Les déshonneurs du capitaine Vieux : Drancy, 1941-1944, *2009.*
Béatrice Durand, La Nouvelle Idéologie française, *2010.*

Zaki Laïdi, Le Monde selon Obama, *2010.*
Bérénice Levet, Le Musée imaginaire d'Hannah Arendt, *2011.*
Simon Epstein, 1930, Une année dans l'histoire du peuple juif, *2011.*
Alain Renaut, Un monde juste est-il possible ?, *2013.*
Yves Michaud, Le Nouveau Luxe. Expériences, arrogance, authenticité, *2013.*
Nicolas Offenstadt, En place publique. Jean de Gascogne, crieur au XVe siècle, *2013.*
François Heisbourg, La Fin du rêve européen, *2013.*
Axel Kahn, L'Homme, le Libéralisme et le Bien commun, *2013.*

« Répliques »
sous la direction d'alain finkielkraut

Ce que peut la littérature, *2006.*
Qu'est- ce que la France ?, *2007.*
La Querelle de l'école, *2007.*
L'Interminable Écriture de l'Extermination, *2010.*

Pour l'éditeur, le principe est d'utiliser des papiers composés de fibres naturelles, renouvelables, recyclables et fabriquées à partir de bois issus de forêts qui adoptent un système d'aménagement durable.

En outre, l'éditeur attend de ses fournisseurs de papier qu'ils s'inscrivent dans une démarche de certification environnementale reconnue.

Cet ouvrage a été composé
par Nord Compo à Villeneuve-d'Ascq
et achevé d'imprimer en France
par CPI Bussière
à Saint-Amand-Montrond (Cher)
pour le compte des Éditions Stock
31, rue de Fleurus, 75006 Paris
en janvier 2014

Imprimé en France

Dépôt légal : février 2014.
N° d'édition : 01. – N° d'impression : 2006218.
54-10-7061/2